Jürgen Seefeldt und Ludger Syré

Portale zu Vergangenheit und Zukunft – Bibliotheken in Deutschland

Jürgen Seefeldt und Ludger Syré

Portale zu Vergangenheit und Zukunft – Bibliotheken in Deutschland

Im Auftrag von Bibliothek & Information Deutschland e.V. (BID) herausgegeben

Mit einem Vorwort von Barbara Lison

3., überarbeitete Auflage

2007
Georg Olms Verlag
Hildesheim · Zürich · New York

Die Deutsche Nationalbibliothek verzeichnet diese Publikation
in der Deutschen Nationalbibliografie;
detaillierte bibliografische Daten sind im Internet über
http://dnb.ddb.de abrufbar.

∞ ISO 9706

www.olms.de

Printed in Germany
Gedruckt auf säurefreiem, alterungsbeständigem Papier
Umschlagentwurf: Barbara Gutjahr
Gestaltung: Franziska Land
Herstellung: Druckhaus Köthen GmbH
ISBN: 978-3-487-13347-8

Inhaltsverzeichnis

Vorwort

Als die erste Auflage dieses Buches 2003 zum 69. IFLA-Weltkongress der Bibliothekare in Berlin präsentiert wurde, konnten die Autoren und Herausgeber nicht absehen, zu welch einem „Bestseller" sich diese Publikation entwickeln würde. „Portale" – das erste Titelstichwort ist inzwischen zum Symbol für dieses Buch geworden, wie auch die Bibliotheken selber Portale zum Wissen sind – erfuhr einen reißenden Absatz, so dass nur vier Monate später bereits eine zweite durchgesehene Auflage erscheinen musste. Die englische Auflage, die ebenfalls zum IFLA-Weltkongress herauskam, ist mittlerweile vergriffen.

Angesichts dieser regen Nachfrage schien es angebracht, für den 3. Leipziger Kongress für Information und Bibliothek 2007 eine aktualisierte deutsche Neuauflage und ebenfalls eine zweite englische Version zu veröffentlichen. Schließlich gibt es wieder durch die IFLA geprägte Anlässe, zu denen Informationen über die deutschen Bibliotheken von Belang sind: Einer der herausragenden Anlässe ist die IFLA-Präsidentschaft von Prof. Dr. Claudia Lux, die von 2007 bis 2010 als dritte deutsche Bibliothekarin dem Weltverband vorsitzen wird. Aus diesem Grunde hoffen die Herausgeber, dass das Goethe-Institut auch diese Neuauflage wieder in möglichst viele Sprachen dieser Welt übertragen wird – die erste Auflage liegt derzeit auch über die Homepage des Goethe-Instituts als Netzpublikation in acht Weltsprachen vor sowie als gedrucktes, im Georg Olms Verlag erschienenes Buch in sechs Sprachen.

Die Absicht der BID, die „Portale zu Vergangenheit und Zukunft" wieder verfügbar zu machen, war verbunden mit dem Wunsch, die Neuauflage auch zu aktualisieren. Aber tatsächlich hat sich erst bei der Überarbeitung herausgestellt, welche gravierenden Veränderungen während der vergangenen vier Jahre in der und für die deutsche Bibliothekslandschaft eingetreten sind. Die Arbeit der beiden Autoren wurde von der zunächst geplanten partiellen Überarbeitung zu einer in Teilen gänzlichen Neuformulierung einzelner Kapitel. Denn nicht nur Zahlen und Namen waren zu revidieren, sondern es galt auch, Beispiele und Grafiken zu aktualisieren, neues Bildmaterial zu beschaffen und möglichst viele

Barbara Lison

der wichtigsten Innovationen zu berücksichtigen, die seit 2003 in den deutschen Bibliotheken eingeleitet und umgesetzt wurden.

Was hat sich also in den vergangenen vier Jahren getan, dass eine derartig durchgreifende Überarbeitung notwendig wurde?

Zunächst ist einmal generell hervorzuheben, dass die deutschen Bibliotheken vielfach zu den Innovationsmotoren bei den kulturellen und wissenschaftlichen Dienstleistungen in Deutschland gehören. Die Tatsache, dass innerhalb von vier Jahren so viel Entwicklung stattfand, um eine Neuauflage der „Portale" zu veranlassen, zeigt die Dynamik unseres Metiers, und das sowohl als Reaktion auf das technische und gesellschaftliche Umfeld als auch als genuiner Impetus eines innovationsorientierten Dienstleistungssektors.

Stichworte in diesem Zusammenhang sind die Entwicklung neuer, in erster Linie digitaler, Dienstleistungen der Bibliotheken, die seit 2003 realisiert wurden, wie zum Beispiel die Etablierung des Vascoda-Portals, die Langzeitarchivierungsmaßnahmen zum Erhalt des Kulturellen Erbes (Kopal) und der Siegeszug der Virtuellen Fachbibliotheken. Aber auch bereits länger exis-

Die 1518 gegründete wissenschaftliche *Stadtbibliothek Ulm* (Baden-Württemberg) wurde 1968 mit der 1896 gegründeten städtischen Freien Bibliothek/Lesehalle zusammengelegt. 1999 erhielt der Kölner Architekt Gottfried Böhm den Auftrag zum Bau einer neuen Stadtbibliothek. Die Einweihung der pyramidenartigen Zentralbibliothek aus Glas und Metall, in der Nähe des historischen Ulmer Münsters gelegen, erfolgte am 15. April 2004. Auf 6.700 qm stehen über 350.000 Bücher/Medien zur Verfügung. Die Abbildung zeigt die Zentralbibliothek als Umschlagbild eines Flyers anlässlich der 2004 ausgetragenen gemeinsamen Bibliothekstage von Baden-Württemberg und Bayern in Ulm und Neu-Ulm.

tierende Dienstleistungen und Verfahren wurden in den vergangenen drei Jahren so stark weiterentwickelt, dass hier ebenfalls eine spürbare Anpassung des Sachstandes erforderlich war.

Deutliche Veränderungen ergaben sich gleichfalls auf den Feldern der überregionalen Zusammenarbeit, so etwa bei den Verbundsystemen, dem Deutschen Leihverkehr und den elektronischen Dokumentlieferdiensten. Das „Kompetenznetzwerk für Bibliotheken", gegründet als Träger der wichtigsten zentralen Dienstleistungen für Bibliotheken nach der Schließung des Deutschen Bibliotheksinstituts, hat als überregionale, dezentral organisierte Service-Agentur seine Arbeit inzwischen nicht nur aufgenommen, sondern auch personell und finanziell auf eine solide Basis gestellt.

Zudem gibt es seit der Veröffentlichung des Strategiepapiers „Bibliothek 2007" endlich wieder eine politische Diskussion über Bibliotheken. Diese wird zum einen auf nationaler Ebene über die „Enquête-Kommission Kultur" des Deutschen Bundestages geführt, zum anderen forciert über die regionalen Organisationseinheiten des Deutschen Bibliotheksverbandes e.V. mit den jeweiligen Landespolitikern und zuständigen Landesministerien. Verschiedene Initiativen zu Bibliotheksgesetzen auf Landesebene geben Anlass zu einiger Hoffnung, Bibliotheken rechtlich fester als bisher zu verankern. Bibliotheken sind also wieder im Gespräch, und dies vor allem im Zusammenhang mit ihren Funktionen im Prozess des lebenslangen Lernens, für die Wissenschaft und Forschung, für die Erhaltung des Kulturellen Erbes und die kulturelle Identitätsfindung in unserer sich wandelnden Gesellschaft.

Die vom Bundestag Mitte 2006 verabschiedete Föderalismusreform erfordert auch von den Bibliotheken eine Neuorientierung ihrer politisch-strategischen Ausrichtung. Die Kultur- und Bildungsautonomie der Bundesländer ist noch stärker geworden, was die Umsetzung bundesweit wichtiger Initiativen und Standards sowie die Außendarstellung des deutschen Bibliothekswesens gegenüber dem Ausland nicht gerade erleichtert.

Und auch der Beruf des Bibliothekars selbst erfährt einige gravierende Änderungen: Mit dem Stichwort „Bologna-Prozess" ist ein Hochschulreformprozess in Gang gesetzt worden, der mit vielen Änderungen in der Ausbildung des Berufsnachwuchses im Bibliotheksbereich verbunden ist.

Nicht zuletzt hat sich auch für den Dachverband der deutschen Bibliotheksverbände seit 2003 Neues ergeben. Der neue Name „BID", Bibliothek & Information Deutschland, ist die Folge des Beitritts der DGI, der Deutschen Gesellschaft für Informationswissenschaft und Informationspraxis, der auf dem 2. Leipziger Bibliothekskongress im Jahr 2004 vollzogen wurde.

Neben dieser positiven Erweiterung in der Lobbyvertretung aller Einrichtungen im Informationssektor gibt es in vielen Städten Deutschlands im wahrsten Sinne des Wortes sichtbare Weiterentwicklungen: In den vergangenen Jahren entstanden zahlreiche neue und architektonisch bemerkenswerte Bibliotheken, mal als kompletter Neubau, mal als Umnutzung eines bereits bestehenden historischen Gebäudes. Auch diese sollen in Auswahl mit neuem Fotomaterial kurz vorgestellt werden.

Diese Publikation verdanken wir in allererster Linie den beiden Autoren, Jürgen Seefeldt und Ludger Syré, die beide unkompliziert und „ohne Widerworte" auf das Ansinnen der BID eingingen, in kürzester Frist eine Überarbeitung der zweiten Auflage vorzunehmen. Ihnen gilt mein Dank in ganz besonderer Weise – es war eine große Freude für mich, mit Ihnen zusammenzuarbeiten.

Gleichermaßen dankbar bin ich den Übersetzern und Übersetzerinnen, allen voran Diann Pelz-Rusch für die erste Auflage und Janet MacKenzie für die Überarbeitung der zweiten englischen Fassung sowie all denjenigen, die im Auftrage des Goethe-Instituts den Text in weitere Sprachen übertragen haben oder werden.

Der Georg Olms Verlag sorgte wieder in sehr kooperativer und hochprofessioneller Weise für die Herstellung des auch optisch attraktiven Bandes. Dafür sei ihm ausdrücklich gedankt.

Als neues Wahrzeichen der Universität und als Bindeglied zwischen Campus und Stadt entstand für die *Universitätsbibliothek Cottbus* (Brandenburg) ein spektakulärer Neubau (Architekten Herzog und de Meuron, Basel). Das zukunftsweisende Konzept des Neubaus fußt auf der Neuausrichtung der Informations- und Medienversorgung an der Brandenburgischen Technischen Universität. Die 2004 zum Informations-, Kommunikations- und Medienzentrum (IKMZ) zusammengefassten Einrichtungen sind gemeinsam im Neubau untergebracht. Aufgrund dieses Konzeptes wurde die Universitätsbibliothek 2006 als „Bibliothek des Jahres" ausgezeichnet.

Die optische Attraktivität wird natürlich gerade durch das beigefügte Bildmaterial erreicht; allen, die uns hier weitergeholfen haben, danke ich ganz herzlich.

Diese Publikation, so hoffe ich sehr, wird sicher wieder einen hohen Verbreitungsgrad erreichen. Vor allem wünsche ich ihr eine breite Aufmerksamkeit! Die deutschen Bibliotheken und die dort Beschäftigten haben sie verdient!

Barbara Lison
Sprecherin der BID – Bibliothek & Information Deutschland

Das deutsche Bibliothekswesen in Zahlen (Stand: 31.12.2005)

Bibliotheken insgesamt (alle Sparten, alle Träger, haupt- und ehrenamtlich geleitet – mit Datenmeldung zur DBS)

Anzahl der Bibliotheken einschl. Institutsbibliotheken und Zweigstellen (Standorte)	11.556
Gesamt-Medienbestand (print- und non-print-Medien in ME)	320,0 Mio.
Entleihungen (in Medieneinheiten)	515,5 Mio.
Ausgaben für Medien-Erwerbung (in Euro)	336,0 Mio.
Personalstellen (inner- und außerhalb des Stellenplans)	21.409
Gesamtausgaben (Sach- und Personalkosten) in Euro – ohne Spezialbibliotheken	1.509,3 Mio.
Eingetragene (aktive) Benutzer	11,65 Mio.
Bestellungen im Deutschen Leihverkehr (gebend)	4,92 Mio.

Wissenschaftliche Universal-, Regional- und Hochschulbibliotheken (mit Datenmeldung zur DBS)

Anzahl der Bibliotheken einschl. Institutsbibliotheken u.a. Nebenstellen (Standorte)	806
Gesamt-Medienbestand (print- und non-print-Medien in ME)	173,5 Mio.
Print-Bestand (Bücher, Zeitungen, Zeitschriften in ME)	157,6 Mio.
Entleihungen (in Medieneinheiten)	79,4 Mio.
Ausgaben für Medien-Erwerbung (in Euro)	232,4 Mio.
Personalstellen (inner- und außerhalb des Stellenplans)	8.944
Gesamtausgaben (Sach- und Personalkosten) in Euro	718,3 Mio.
Bestellungen im Deutschen Leihverkehr (gebend)	4,61 Mio.
Benutzerarbeitsplätze gesamt	85.669
- davon Computerarbeitsplätze	13.386
Eingetragene (aktive) Benutzer	2,75 Mio.

Öffentliche Bibliotheken (mit Datenmeldung zur DBS, ohne Schulbibliotheken)

	Haupt- und ehrenamtlich geleitet, alle Träger	Hauptamtlich geleitet, alle Träger
Anzahl der Bibliotheken einschl. Zweigstellen (Standorte) (registriert: 11.308)	10.584	3.950
Medienbestand (in Medieneinheiten)	125,4 Mio.	95,3 Mio.
Entleihungen (in Medieneinheiten)	356,3 Mio.	295,5 Mio.
Ausgaben für Medien-Erwerbung (in Euro)	88,9 Mio.	70,2 Mio.
Gesamtausgaben (Sach- und Personalkosten) in Euro	791,0 Mio.	756,0 Mio.
Besuche in Bibliotheken	103,0 Mio.	97,0 Mio.
Eingetragene (aktive) Benutzer	8,6 Mio.	6,94 Mio.
Personalstellen gesamt	11.724	11.586
Bestellungen im Deutschen Leihverkehr (gebend)	0,25 Mio.	0,24 Mio.

Spezialbibliotheken (mit Datenmeldung zur DBS)

Anzahl der Bibliotheken einschl. Institutsbibliotheken u.a. Nebenstellen (registriert: 2.225)	166
Gesamt-Medienbestand (print- und non-print-Medien in ME)	21,1 Mio.
Print-Bestand (Bücher, Zeitungen, Zeitschriften in ME)	17,8 Mio.
Entleihungen (in Medieneinheiten)	1,6 Mio.
Ausgaben für Medien-Erwerbung (in Euro)	14,7 Mio.
Personalstellen gesamt	741
Eingetragene (aktive) Benutzer	0,32 Mio.
Bestellungen im Deutschen Leihverkehr (gebend)	0,06 Mio.

Quelle: Deutsche Bibliotheksstatistik (DBS) 2005 (Stand: 31.12.2005)

1 Geschichte

Entwicklungslinien der deutschen Bibliotheksgeschichte

Für jeden, der die Struktur und die gegenwärtige Situation des deutschen Bibliothekswesens verstehen möchte, ist ein kurzer Ausflug in die deutsche Geschichte unerlässlich. Der Blick auf die historische Landkarte Deutschlands in den verschiedenen Epochen vermittelt zwei wichtige Erkenntnisse:

- Der mitteleuropäische Raum, der die Menschen mit germanischer Volkssprache vereinigte, wies im Laufe der Jahrhunderte eine unterschiedliche territoriale Ausdehnung aus. Bei stets schwankendem Grenzverlauf bildete er spätestens seit der ersten Jahrtausendwende das „Deutsche Reich".
- Dieses gliederte sich zu allen Zeiten in einzelne Territorien, deren Zahl in den früheren Jahrhunderten nur mit Mühe überschaubar war, seit 1803 bzw. 1815 jedoch erheblich schrumpfte. Die Gliederung nach Ländern setzte sich nach Gründung des Deutschen Reiches 1871 fort und bestimmt bis heute den Aufbau der Bundesrepublik Deutschland, die seit 1949 ein föderativer Staat mit heute 16 Ländern ist.

Da Deutschland insgesamt also zu keiner Zeit ein zentralistischer Staat war, entwickelte und entfaltete sich das kulturelle Leben in erster Linie in den einzelnen Territorien und Ländern und nahm regionale Ausprägungen an. Auf diese historische Tradition greift das Grundgesetz als die Verfassung der Bundesrepublik Deutschland zurück, wenn es die Zuständigkeit für nahezu alle kulturellen und bildungspolitischen Belange in die Kompetenz der Bundesländer verweist. Das erklärt im Wesentlichen, warum sich auch das Bibliothekswesen auf regionaler Ebene entwickelte und bis in die Gegenwart durch eine dezentrale Grundstruktur geprägt wird.

Vom Mittelalter zur Säkularisation

Auch wenn es bereits in den großen Städten der römischen Provinz Germanien Bibliotheken gegeben haben mag, beginnt die Geschichte des deutschen Bibliothekswesens nicht in der Antike, sondern im Mittelalter. Ausgehend von Italien und Spanien, entwickelten sich seit dem 6. Jahrhundert n. Chr. die Klöster durch die Einrichtung von Bibliothek (armarium) und Schreibstube (scriptorium) zu Orten der Buchkultur und damit zu Mittlern antiker Traditionen.

Unter dem Einfluss der irischen und angelsächsischen Mission entstanden in der Karolingerzeit (9. und 10. Jahrhundert) auch auf deutschem Boden erste *Dombibliotheken* (u.a. in Köln, Mainz, Würzburg, Freising) und *Klosterbibliotheken*, unter denen Fulda, Lorsch, St. Gallen, Reichenau und Murbach die größten waren, d.h. einige hundert Bände besaßen. Bis zum Ende des Mittelalters vermehrte sich vor allem durch die neuen Orden (Kartäuser, Zisterzienser, Augustinerchorherren, Prämonstratenser) die Zahl der Klosterbibliotheken stark. Insbesondere die den Städten zugewandten Bettelorden (Dominikaner und Franziskaner) fühlten sich der

Die *Dombibliothek Hildesheim* (Niedersachsen), die ihre Anfänge auf die Bistumsgründung 815 zurückführt, besitzt ein in der 2. Hälfte des 15. Jahrhunderts in lateinischer und französischer Sprache abgefasstes Stundenbuch, das eine einzigartige Form aufweist: die 266 Pergamentblätter des Codex Rotundus (HS 728) sind zu einem Durchmesser von 9 cm kreisrund beschnitten.

Wissenschaft und der Lehrtätigkeit verpflichtet und sahen deshalb in Bibliotheken unentbehrliche Arbeitsinstrumente.

Neben die bisherigen Träger wissenschaftlichen Lebens traten seit dem Hochmittelalter (900 – 1300) neue Stätten der Vermittlung und Lehre, die Schulgemeinschaften; sie schlossen sich allmählich zur selbstständigen Institution der *universitas magistrorum et scholarium* zusammen und bildeten die Keimzelle der heutigen Universität. Die gegenüber Italien (Salerno, Bologna), Frankreich (Paris), Spanien (Salamanca) und England (Oxford) in Deutschland mit rund 150 Jahren Verspätung einsetzende Gründung von Universitäten führte auch zu neuen Büchersammlungen, die allerdings noch bescheiden blieben, da die Professoren die wichtigen Werke in ihrer Privatbibliothek hielten und die Studenten die Texte der Professoren mit- oder abschrieben. Im damaligen Deutschen Reich ist Prag (1348) die älteste Universitätsgründung. Ihr folgten Wien (1365), Heidelberg (1386), Köln (1388) und Erfurt (1392).

Das Evangeliar Heinrichs des Löwen, entstanden um 1188 im Kloster Helmarshausen im Auftrag des Welfenherzogs, gilt als eine der prachtvollsten Leistungen mittelalterlicher Buchkunst. Die Pergamenthandschrift (Cod. Guelf. 105 Noviss. 2°, abgebildet Fol. 19r) wird in der *Herzog August Bibliothek in Wolfenbüttel* (Niedersachsen) verwahrt und hat vier Eigentümer (Niedersachsen, Bayern, Bundesrepublik Deutschland, Stiftung Preußischer Kulturbesitz).

Kennzeichnend für die Entwicklung der Buchkultur seit der Spätantike ist der Übergang von der Buchrolle zum Buch (Codex), die Ablösung des Beschreibstoffes Papyrus durch das Pergament und später durch das billigere Papier, die Aufbewahrung der Bücher in Schränken, später in Nischen und auf langen Pulten, die Vermehrung des Buchbestandes durch das Abschreiben der Texte und nachträgliche Ausmalen der Handschriften sowie die Dominanz der lateinischen Sprache.

Da im Mittelalter das Bildungswesen in den Händen des Klerus lag, waren Buchbestände im Besitz von Laien sehr selten. Besaß Kaiser Karl der Große (742 – 814) noch eine bemerkenswerte Hofbibliothek, der allerdings keine Kontinuität beschieden war, begnügten sich die nachkarolingischen Herrscher häufig damit, Klöster und Dome mit prachtvollen Handschriften zu beschenken. Erst als sich das Bildungsideal des Adels wandelte und Schriftkenntnis und Gelehrsamkeit Fuß fassten, entstanden auch an den Adelssitzen, allen voran den Königshöfen, Büchersammlungen.

Seit dem 13. Jahrhundert setzte sich die Schriftkultur auch in den Städten durch, doch blieb die Zahl bürgerlicher Privatbibliotheken gering und erlebte erst in der Zeit des Humanismus mit dem Typ der *Gelehrtenbibliothek* eine erste Blüte. Einen neuen Bibliothekstyp bildeten seit dem 14. Jahrhundert die *Ratsbüchereien*, die der städtischen Verwaltung dienten und zahlreiche der späteren wissenschaftlichen Stadtbibliotheken begründeten. Ein besonders frühes Beispiel ist die im Jahre 1370 erstmals bezeugte Ratsbibliothek Nürnberg.

Mit der Erfindung des Buchdrucks durch Johannes Gutenberg Mitte des 15. Jahrhunderts und der rund hundert Jahre älteren Umstellung des Beschreibstoffes von Pergament auf Papier waren die Grundlagen für ein weiteres, schnelleres Anwachsen der Bibliotheksbestände gege-

Die 1493 durch Anton Koberger in Nürnberg gedruckte Schedelsche Weltchronik zählt mit 1.809 (nachträglich kolorierten) Holzschnitten zu den bilderreichsten Werken aus der Zeit des Frühdrucks. Ihr Verfasser, der Nürnberger Arzt und Humanist Dr. Hartmann Schedel, besaß die seinerzeit größte Privatbibliothek der Stadt. Die Abbildung zeigt das Exemplar der *Fürstlich Hohenzollernschen Hofbibliothek in Sigmaringen* (Baden-Württemberg).

ben. Der sich rasch und stark ausbreitende Buchdruck beflügelte die Ausbreitung der Gedanken der Reformation, in deren Gefolge wiederum viele Bibliotheken in Schulen, Kirchen und in den Städten entstanden. Andererseits führte die Reformation in weiten Gebieten Deutschlands durch die Aufhebung vieler Klöster zum Ende von Klosterbibliotheken und zur Vernichtung der als „unnütz" angesehenen Literatur der mittelalterlichen Theologie.

Zu einer Welle von Bibliotheksgründungen führte die Gegenreformation; hier vor allem waren es die Jesuiten, die für ihre Kollegien Bibliotheken vorschrieben und offenbar als erster Orden den Übergang von der *Pultbibliothek* zur *Saalbibliothek* vollzogen. Die konfessionelle Spaltung setzte sich im Bereich der Universitäten fort; Beispiele für evangelische Universitäten sind Marburg (1527) und Gießen (1607), für katholischen Universitäten Dillingen (1551) und Würzburg (1582). Die Bibliotheken der deutschen Universitäten verharrten freilich in einem eher desolaten Zustand. Die Zahl der Studenten schwankte sehr stark, überstieg jedoch bis Ende des 18. Jahrhunderts nie die Zahl von 4.500 immatrikulierten Studierenden im Deutschen Reich.

In das 15. und 16. Jahrhundert fielen außerdem die Anfänge der ersten *Hofbibliotheken*, die teils auf humanistisches Bildungsstreben, teils auf fürstliches Repräsentationsbedürfnis zurückgehen und deren Entwicklung eng an die bibliophile Neigung und das persönliche Interesse des Herrschers gebunden blieb. Neben der Kaiserlichen Hofbibliothek zu Wien (offizielles Gründungsdatum 1368) sind hier vor allem die Hofbibliotheken zu München (gegr. 1558) und Dresden (um 1556) sowie die Sammlungen der Heidelberger Kurfürsten zu nennen, die 1558 zur

Der Goldeinband um das Berthold-Missale (Cod. bibl. 4° 32), aus dem Besitz der *Württembergischen Landesbibliothek in Stuttgart* (Baden-Württemberg), entstand im zweiten Viertel des 12. Jahrhunderts, vermutlich in einer Komburger Werkstätte. Die Darstellung des thronenden Christus geht auf byzantinische Vorlagen zurück, die besonders durch die im Kloster Reichenau am Bodensee gepflegte Buchmalerei verbreitet wurden.

Die *Bibliothek des Benediktinerklosters Ottobeuren* im bayerischen Allgäu ist ein hervorragendes Beispiel für die Saalbibliothek des Barock. Die rundum angeordneten Bücherregale setzen sich nach oben in einer auf 44 Stuckmarmorsäulen ruhenden Galerie fort. Mitten im Saal steht die Statue der griechischen Göttin Pallas Athene als der Beschützerin der Wissenschaften.

Bibliotheca Palatina, der damals berühmtesten deutschen Bibliothek, vereinigt wurden.

Nach dem Niedergang in der Zeit des Dreißigjährigen Krieges (1618 – 1648) setzte erst im 18. Jahrhundert nach ausländischem Vorbild ein Aufschwung des Bibliotheksbaus ein. Die sowohl in den Klöstern als auch den Schlössern eingerichteten und prunkvoll ausgestatteten barocken Saalbibliotheken folgten teils praktischen Bedürfnissen, teils ästhetischen Gesichtspunkten. Durch die steigende Buchproduktion wuchs die Bedeutung der Bibliothekskataloge.

Kennzeichnend für das 17. und 18. Jahrhundert wurde aber vor allem der Aufstieg der Hofbibliotheken, die sich nun fast alle deutschen Fürsten schufen. Eine der wichtigsten fürstlichen Sammlungen entstand in der kleinen Residenzstadt Wolfenbüttel (Herzogtum Braunschweig-Lüneburg). Zur bedeutendsten deutschen Bibliothek bis in die Zeit vor dem Zweiten Weltkrieg entwickelte sich die 1661 gegründete kurfürstliche Hofbibliothek in Berlin, die heutige Staatsbibliothek zu Berlin – Preußischer Kulturbesitz.

Seit der Epoche des Humanismus nahm die Zahl der *Privatbibliotheken* in der Hand von Dichtern und Gelehrten sprunghaft zu. Bedeutendste neu gegründete Universität in der Zeit der Aufklärung wurde Göttingen (1737). Da die Universitätsbibliothek Göttingen als eine Dienstleistungsreichrichtung für die Forschung etabliert wurde, betrieb sie eine sorgfältige Buchauswahl und berücksichtigte dabei vor allem die von den

1914 erhielt die Königliche Bibliothek zu Berlin in der Straße Unter den Linden ein neues Gebäude in wilhelminischem Stil (Architekt: Ernst von Ihne), in dem auch die Königliche Akademie der Wissenschaften und die Universitätsbibliothek untergebracht wurden. Prunkstück dieses Gebäudes der heutigen *Staatsbibliothek zu Berlin* war der (im Krieg zerstörte) runde Kuppellesesaal. Das Foto zeigt einen von acht Innenhöfen mit einem Nebeneingang.

Wissenschaftlern benötigten Neuerscheinungen. Die Bücher wurden systematisch nach Fachgruppen aufgestellt. Als erste Reformuniversität war bereits 1694 die Universität Halle eröffnet worden, die bald die am stärksten besuchte deutsche Hochschule wurde.

Die größte Umverteilung des Buchbesitzes, die es jemals in der Geschichte gegeben hat, erfolgte durch die im Jahre 1803 durchgeführte *Säkularisation*. Sie vollzog in Süd- und Westdeutschland gewissermaßen jenen Vorgang nach, den die protestantischen Fürsten in den übrigen Teilen Deutschlands im Zuge der Reformation durchgeführt hatten. Im Ergebnis bedeutete sie eine breit angelegte Enteignung kirchlichen Eigentums zugunsten der Landesherren. Die Buchbestände der aufgehobenen Klöster gelangten in staatliche Bibliotheken, vor allem in die Hof- und die Universitätsbibliotheken.

Vom 19. Jahrhundert bis zum Zweiten Weltkrieg

Die napoleonische Ära zu Beginn des 19. Jahrhunderts brachte zudem mit dem Ende zahlreicher Kleinstaaten in Deutschland auch das Ende vieler kleiner, nicht lebensfähiger Universitäten. Beispielgebend für die neue Universitätslandschaft wurde Preußen, wo im Zuge weit reichender staatlicher Reformen auch das Hochschulwesen erneuert wurde und die Idee der modernen Gebrauchsbibliothek Fuß fasste, welche die Entwicklung der Wissenschaftlichen Bibliothek im 19. Jahrhundert prägte.

Eine grundlegende Erneuerung des deutschen Bibliothekswesens griff nach 1871 um sich, zunächst wiederum in Preußen. Damals begann eine rege Neubautätigkeit. Für die Aufbewahrung der immer schneller wachsenden Büchermengen (Aufblühen aller Wissenschaften, Entstehung neuer Wissenschaftszweige) setzte sich das Magazin durch. Die Öffnungszeiten wurden erweitert, die Ausleihbedingungen liberalisiert. Um den Nutzern der Bibliotheken an den einzelnen Hochschulorten die Bestände aller Bibliotheken zu erschließen, ergriff man Initiativen zur Zusammenarbeit und Koordinierung: In diesem Zusammenhang entstanden der „Preußische Gesamtkatalog", die „Berliner Titeldrucke", die „Instruktionen für die alphabetischen Kataloge" (PI) sowie das „Auskunftsbüro" und der „Auswärtige Leihverkehr".

Die rapide Steigerung der Literaturproduktion erzwang in den Bibliotheken eine auf strenger Auswahl beruhende Erwerbungspolitik und führte später zur Einrichtung von Sammelschwerpunkten und zur gegenseitigen Nutzung der Bestände im Rahmen des Leihverkehrs. Auch die Steigerung der Auflagenhöhe dank des technischen Fortschritts in der Papier- und Buchherstellung (Erfindung der Schnellpresse, Verwendung holzhaltiger Papiere) und die daraus folgende Verbilligung der Bücher seit etwa 1840 wirkte sich nachhaltig auf die Bibliotheken aus.

Seit Mitte des 19. Jahrhunderts führte die immer stärkere Differenzierung der Disziplinen

Die *Staatsbibliothek Bamberg* (Bayern) verdankt ihre Entstehung 1803 der Notwendigkeit, die Buchbestände der säkularisierten Klöster und Stifte des ehemaligen Hochstifts Bamberg mit der Bibliothek der ebenfalls aufgehobenen Universität zusammenzuführen. Seit 1965 befindet sich die Bibliothek in der früheren fürstbischöflichen Neuen Residenz mit ihren barocken Schauräumen; das Foto zeigt die Carlsbergbibliothek mit den sog. Dominikanerregalen. Seit 1972 ist Bamberg erneut Sitz einer Universität.

Nach englischen und französischen Vorbildern folgte auch in Deutschland auf die Saalbibliothek die Magazinbibliothek; die räumliche Trennung von Lesesaal, Magazin und Verwaltung setzte sich durch. Beispielgebend wurde der moderne Zweckbau der *Universitätsbibliothek Halle* (Sachsen-Anhalt, Architekt: Ludwig von Tiedemann). Die oberen Geschosse waren ausschließlich, die unteren teilweise Büchermagazin. Das 1880 errichtete Gebäude wurde 1995-1999 denkmalgerecht restauriert.

an den Universitäten zur Entstehung eigener Handbibliotheken, die sich im Laufe der Zeit zu eigenständigen, neben der *Zentralbibliothek* bestehenden *Institutsbibliotheken* auswuchsen. Die Spezialisierung der Forschung und die steigende Zahl der Publikationen ließen innerhalb und außerhalb der Hochschulen einen neuen Bibliothekstyp entstehen: die *Spezialbibliothek*. Die Zeiten, in denen alle Bibliotheken sich wenigstens tendenziell als universale Sammlungen verstanden, waren vorüber. Für den zukunftsträchtigen Bereich der Technik entstanden im 19. Jahrhundert eigene Hochschulen mit entsprechend speziell ausgerichteten Bibliotheken (Aachen, Charlottenburg, Dresden, Karlsruhe). Neben dem Staat schufen auch Firmen, Vereine und Gesellschaften z.T. bedeutende Spezialsammlungen für fast alle Bereiche des gesellschaftlichen und wirtschaftlichen Lebens.

Kennzeichnend für die weitere Geschichte der *Hof- bzw. Landesbibliotheken* wurde der Übergang vom Eigentum der Fürsten in das Eigentum des Staates infolge der Revolution von 1918/1919. Freilich hatte schon in den Zeiten der Monarchie eine großzügigere Öffnung der Hofbibliotheken für das wissenschaftlich interessierte Publikum eingesetzt. Viele von ihnen konnten jedoch mit dem wachsenden Buchangebot nicht Schritt halten und stagnierten in ihrer Entwicklung.

Das Magazin der heutigen *Universitäts- und Landesbibliothek Halle* (Sachsen-Anhalt) besteht aus einer Kombination von frei im Raum stehenden gusseisernen Stützen, die durch vier Etagen reichen und die ebenfalls gusseiserne Zwischendecken tragen, sowie hölzernen Bücherregalen. Die durchlässigen Roste der Decken ermöglichen eine zusätzliche Belichtung durch das Glasdach.

Weder aus der Bibliothek der Deutschen Nationalversammlung 1848/49 in der Frankfurter Paulskirche, die auf ein Geschenk einzelner Verleger zurückgeht, noch aus der 1872 gegründeten *Reichstagsbibliothek* entwickelte sich eine deutsche Nationalbibliothek. Das Foto zeigt den Bibliothekssaal im Deutschen Reichstag zu Berlin um 1895 (Architekt: Paul Wallot). Raum und Bestände der Reichstagsbibliothek wurden im Zweiten Weltkrieg zerstört.

Der nach der Französischen Revolution in vielen europäischen Staaten sich durchsetzende Gedanke einer *Nationalbibliothek* blieb in Deutschland sowohl 1848 als auch nach der Reichsgründung von 1871 ohne nachhaltige Wirkung. Die Gründung der *Deutschen Bücherei* in Leipzig 1912 blieb privater Initiative, nämlich der des Börsenvereins der Deutschen Buchhändler, vorbehalten. So entstand eine Sammelstelle wenigstens für das gesamte deutschsprachige Schrifttum, das seit dem Jahr 1913 vollständig gesammelt und in der *Deutschen Nationalbibliografie* verzeichnet wurde.

Nachdem sich bereits in der zweiten Hälfte des 18. Jahrhunderts mit Lesezirkeln und Lesegesellschaften sowie kommerziellen *Leihbibliotheken* Vorläufer eines öffentlichen Bibliothekswesens gebildet hatten, die das Interesse des gehobenen Bürgertums an Bildungs-, Fach- und Unterhaltungsliteratur befriedigten, wurde 1828 in Großenhain in Sachsen eine Schulbibliothek eröffnet, die wenig später von der Gemeinde den Auftrag zur Förderung der Bildung erhielt und heute als die erste öffentliche *Stadtbibliothek* in Deutschland gilt.

Getragen vom Gedanken der Volksbildung und durch Initiative liberaler Vereine, der Kirchen und der Arbeiterbewegung erlebte Deutschland seit der Mitte des 19. Jahrhunderts eine Welle von Bibliotheksgründungen. In vielen Städten entstanden *Volksbüchereien*. Doch erst unter dem Einfluss der amerikanischen public libraries entstand die Idee einer öffentlich zugänglichen Bibliothek für alle und führte in vielen Orten zur Zusammenlegung der bisherigen Stadtbibliothek mit der Volksbücherei zur sog. *Einheitsbücherei*. Zur Bücherhallenbewegung, an deren Anfang Städte wie Freiburg, (Berlin-)Charlottenburg, Essen und Hamburg (Hamburger Öffentliche Bücherhallen – HÖB) standen, entwickelte sich Anfang des 20. Jahrhunderts im Rahmen des „Richtungsstreits“ eine Gegenbewegung, die

Die Stadt Leipzig, Mittelpunkt des Buch- und Verlagswesens im Deutschen Reich, das Königreich Sachsen und der Börsenverein der Deutschen Buchhändler zu Leipzig gründeten 1912 die *Deutsche Bücherei*. Anklänge an die frühitalienische Renaissance und Elemente des Jugendstils bestimmen innen und außen die Architektur des 1916 eingeweihten Gebäudes am Deutschen Platz (Entwurf: Oskar Pusch).

Das Gebäudeensemble der *Bibliothek der Hansestadt Lübeck* (Schleswig-Holstein) – eine Wissenschaftliche Bibliothek mit integrierter Öffentlicher Bibliothek – umfasst sowohl Bauten aus dem Mittelalter als auch aus dem 19. und 20. Jahrhundert. Der an die Räume des ehemaligen Franziskanerklosters angrenzende neogotische Bibliothekssaal von 1877 schließt im Baustil an die Vorbilder des Mittelalters an.

auf die Lenkung und Belehrung des Lesers zielte und deshalb an die Stelle des in der Einheitsbücherei üblichen freien Zugangs zur Literatur das Beratungsgespräch an der Ausleihtheke setzte.

Während sich in der Zeit der Weimarer Republik (1919-1933) vor allem die Kommunalisierung der Volksbüchereien vollzog, da die bislang vielfach als Träger aufgetretenen Vereine diese Aufgabe wegen der wirtschaftlichen Entwicklung nicht mehr wahrnehmen konnten, geriet das öffentliche Bibliothekswesen – in weitaus stärkerem Maß als das wissenschaftliche – nach 1933 unter Kontrolle und Lenkung durch den Nationalsozialismus.

Das nationalsozialistische Regime (1933-1945) unterdrückte das Recht auf freie Meinungsäußerung und brachte für die Literatur, Kunst und Kultur wie für alle übrigen Bereiche des öffentlichen Lebens das Ende der Freiheit. Nichts illustriert den totalen Machtanspruch des Nazi-Regimes sinnfälliger als die Bücherverbrennung im Mai 1933, die Einführung der Zensur und die Flucht einer großen Anzahl Intellektueller ins Exil. Starken Repressionen war auch das kirchliche Volksbüchereiwesen ausgesetzt, das sich seit der zweiten Hälfte des 19. Jahrhunderts entwickelt hatte, in der Katholischen Kirche vom Borromäusverein (BV) und vom St. Michaelsbund getragen, in der Evangelischen Kirche maßgeblich bestimmt durch die Innere Mission.

Vom geteilten zum vereinigten Deutschland

Der Zweite Weltkrieg (1939-1945) verursachte nicht nur beträchtliche Schäden an Beständen und Gebäuden der Bibliotheken; seine weiteren Folgen führten vielmehr mit der deutschen Teilung auch zu tiefgreifenden Veränderungen der Bibliothekslandschaft. Die während des Krieges ausgelagerten Bestände der Preußischen Staatsbibliothek kamen zwar z.T. nach Berlin zurück, blieben aber geteilt und konnten erst ein knappes halbes Jahrhundert später wieder vereinigt werden. Neben die Deutsche Bücherei in Leipzig trat Ende 1946 als westdeutsche Paralleleinrichtung die erneut auf Initiative des Buchhandels gegründete *Deutsche Bibliothek* in Frankfurt am Main als Sammelstelle für die deutsche Literaturproduktion und als nationalbibliografisches Zentrum.

Das Bibliothekswesen der Hochschulen nahm in Westdeutschland seit den 1960er Jahren einen stürmischen Aufschwung, der vor allem von der damals einsetzenden Bildungsexpansion getragen wurde. Die Bundesrepublik Deutschland erlebte eine Welle von Universitätsneugründungen, den Ausbau bestehender Universitäten, die Etablierung neuer Hochschultypen (Gesamthochschule, Fachhochschule), die Erweiterung der Technischen Hochschulen zu Universitäten. Die Antwort auf die Expansion und Differenzierung von Wissenschaft und Forschung waren außerdem die Gründung der *Zentralen Fachbibliotheken* für die angewandten Wissenschaften (Technik, Wirtschaft, Medizin und Landbau) sowie die Einrichtung weiterer Spezialbibliotheken, die Förderung des Bibliothekswesens durch die Deutsche Forschungsgemeinschaft namentlich auf dem Sektor der kooperativen Erwerbung (Sondersammelgebietsplan), der Bau neuer Hochschulbibliotheken mit großen, systematisch aufgestellten Freihandbeständen, der Aufbau von Lehrbuchsammlungen und IuD-Einrichtungen, die Automatisierung der bibliothekarischen Arbeitsabläufe und die Vernetzung aller Bibliotheksfunktionen.

Das öffentliche Bibliothekswesen vollzog nach 1945 allmählich den Übergang von der Literaturpädagogik der Thekenbücherei zur Angebotsbibliothek mit Freihandaufstellung. Bei den Beständen trat die früher dominierende Belletristik zugunsten der Literatur für Ausbildung, Beruf und Freizeit zurück; im Übrigen wurden neben Sachbüchern auch wissenschaftliche Werke angeschafft und der Bestand mit weiteren Medienarten abgerundet. Für bestimmte Benutzergruppen entstanden Spezialabteilungen, insbesondere für Kinder und Jugendliche als eine wichtige Zielgruppe der *Öffentlichen Bibliothek*. In den Großstädten wurde die Literaturversorgung zu einem System aus Zentralbibliothek, Zweigstellen und Fahrbibliotheken ausgebaut

Auch im öffentlichen Bibliothekswesen entwickelten sich Formen der Kooperation, die aber nicht das Ausmaß und die Intensität erlangen konnten, die für das wissenschaftliche Bibliothekswesen dieser Zeit typisch waren. Auch nahm zwischen beiden Sparten, beginnend mit dem Leihverkehr, die Zusammenarbeit zu. Spätestens seit dem *Bibliotheksplan '73* werden beide Sparten als Einheit begriffen, wenn sich auch die Zusammenarbeit erst langsam intensivierte.

In der Deutschen Demokratischen Republik (DDR, 1949-1990), dem zweiten deutschen Staat, behielten sowohl die Staatsbibliothek in Berlin als auch die Deutsche Bücherei in Leipzig ihre zentralen Funktionen bei. Nach der Beseitigung der föderalen Länderstrukturen 1952 wurden später die noch bestehenden Regionalbibliotheken zu sog. *Wissenschaftlichen Allgemeinbibliotheken* der Bezirke umgestaltet; lediglich die Sächsische Landesbibliothek in Dresden behielt ihren alten Namen. Die Volksbüchereien in den Städten und Landkreisen erhielten die Bezeichnung *Staatliche Allgemeinbibliothek*. Neben den Bibliotheken der alten Universitäten (Berlin, Greifswald, Halle, Jena, Leipzig, Rostock) gab es bis zur deutschen Wiedervereinigung 1990 über 50 weitere Hoch-, Fach- und Ingenieurschulbibliotheken, darunter zahlreiche Neugründungen.

Großen Anteil an der wissenschaftlichen Literaturversorgung der DDR hatten die Bibliotheken der Forschungsinstitute der Akademie der Wissenschaften und die Zentralen Fachbibliotheken. Der Staat verfolgte das Ziel, nicht nur in den Städten hauptamtlich geleitete Bibliotheken zu unterhalten, sondern jede Kommune mit einer Öffentlichen Bibliothek auszustatten und das Land mit einem flächendeckenden Bibliotheksnetz zu überziehen. Bis zum Ende der achtziger Jahre entstanden über 600 ländliche Zentralbibliotheken. Für die Leseförderung bei Kindern und Jugendlichen und für die Verbreitung des Lesens als sinnvolle Freizeitgestaltung hatten sie eine nicht zu unterschätzende Bedeutung.

Die deutsche Wiedervereinigung bedeutete für das Bibliothekswesen in den fünf neuen Bundesländern und Berlin einen tiefgreifenden Strukturwandel, in mancher Hinsicht sogar einen Neuanfang, und blieb zudem für das Bibliothekswesen der westlichen Länder nicht folgenlos. Nach einer über 40-jährigen Trennung wuchs das Bibliothekswesen West- und Ostdeutschlands wieder zusammen, was sich am sinnfälligsten in der Zusammenführung von Bibliotheken zeigte.

Über der Ausleihtheke der *Stadt- und Landesbibliothek Potsdam* (Brandenburg), einer ehemaligen Wissenschaftlichen Allgemeinbibliothek, befindet sich eine Wandmalerei aus den 1980er Jahren. Die bald nach der Wende modernisierte *Hauptbibliothek* des Potsdamer Bibliothekssystems spiegelt den Übergang von der DDR-Innenarchitektur zu den Standards westdeutscher Bibliotheken zu Beginn des 21. Jahrhunderts. Das Angebot umfasst eine Artothek, eine Musikbibliothek und als Sonderbestände Brandenburgica und eine Gottfried-Benn-Sammlung.

Eine Bibliothek an zwei (bzw. drei) Standorten bilden seitdem die Deutsche Nationalbibliothek in Frankfurt am Main, Leipzig und Berlin, die von 1990 bis Mitte 2006 *Die Deutsche Bibliothek* hieß, ferner die *Staatsbibliothek zu Berlin – Preußischer Kulturbesitz* und die *Zentral- und Landesbibliothek Berlin*.

Sowohl im öffentlichen als auch im wissenschaftlichen Bibliothekswesen galt es nach 1990, die aus der Epoche der DDR stammenden Defizite zu beheben. Diese betrafen vor allem den Zustand der Bibliotheksgebäude, die Zusammensetzung der Buchbestände und die technische Ausstattung.

Viele Bibliotheksgebäude sind in den Jahren 1990 bis 2007 gründlich renoviert und dabei teilweise auch erweitert worden (Universitätsbibliothek Leipzig, Hauptbibliothek der Franckeschen Stiftungen in Halle, Universitäts- und Landesbibliothek Halle), einige warten noch auf eine grundlegende Sanierung (Staatsbibliothek zu Berlin, Haus Unter den Linden) oder auf eine anderweitige Lösung ihrer Raumprobleme (Universitätsbibliothek der Humboldt-Universität Berlin). In verschiedenen Städten sind neue Häuser entstanden, so für die Universitätsbibliotheken in Erfurt, Frankfurt/Oder und Greifswald, für die Thüringer Universitäts- und Landesbibliothek Jena, die Sächsische Landesbibliothek – Staats- und Universitätsbibliothek Dresden, die Universitätsbibliotheken in Cottbus und Weimar sowie die Bibliothek der Fachhochschule Fürstenwalde und die Landesbibliothek Mecklenburg-Vorpommern in Schwerin. Die Herzogin Anna Amalia Bibliothek in Weimar wurde erheblich erweitert; die Sanierung des historischen Gebäudes erlitt durch einen verheerenden Brand 2004 jedoch einen herben Rückschlag. Auch zahlreiche Öf-

Die Bibliothek Unter den Linden, das heutige Haus 2 der *Staatsbibliothek zu Berlin*, wird seit einigen Jahren grundlegend renoviert und umgebaut. Es beherbergt die historischen Bestände und Sondersammlungen, darunter eine der größten Kartensammlungen der Welt. Das Foto zeigt eine Weltkarte aus dem 1633 in Amsterdam erschienenen „Atlas, das ist Abbildung der gantzen Welt mit allen darin begriffenen Ländern und Provinzen" von Mercator und Hondius.

fentliche Bibliotheken, die zu DDR-Zeiten unzureichend untergebracht und ausgestattet waren, haben ihr neues Domizil in umgenutzten älteren Gebäuden in den Innenstädten erhalten, u.a. die Stadtbibliotheken in Annaberg-Buchholz, Brandenburg, Eisenach, Fürstenwalde, Guben, Schkeuditz.

Die politisch-ideologische Ausrichtung des ostdeutschen Staates spiegelte sich auch in den Bibliotheksbeständen wider; viele wurden nach der Wende entbehrlich. Auf der anderen Seite fehlten für viele Fachgebiete die grundlegenden Monografien und Zeitschriften, im Bereich der Belletristik aber auch die Werke der in der DDR offiziell unerwünschten Autoren. Die Wissenschaftlichen Bibliotheken erhielten schon bald nach der Wende aus verschiedenen Programmen Fördermittel zur Ergänzung ihrer Buchbestände, während die Öffentlichen Bibliotheken im Wesentlichen auf die bescheidenen Eigenmittel ihrer kommunalen Träger angewiesen waren.

Schließlich galt es, die DDR-Bibliotheken in möglichst kurzer Zeit auf den technischen Stand der Zeit zu bringen, die bislang nirgendwo vorhandenen Selbstbedienungskopiergeräte aufzustellen, die Datenverarbeitung einzuführen und die bibliothekarischen Arbeitsabläufe und Geschäftsgänge zu automatisieren. Erst dadurch wurde den Bibliotheken beispielsweise die Teilnahme an Verbundsystemen und überregionalen bibliothekarischen Unternehmen (Zeitschriftendatenbank) ermöglicht. Die Integration in das gesamtdeutsche Bibliothekswesen durch Einbeziehung in den Leihverkehr erfolgte schon unmittelbar nach der Wiedervereinigung 1990; später folgte die Beteiligung an den Bibliotheksprogrammen der Deutschen Forschungsgemeinschaft wie den Sammelschwerpunkten sowie an weiteren Projekten.

Im Bereich des wissenschaftlichen Bibliothekswesens wurden viele Bibliotheken umgestaltet und neu strukturiert, teilweise auch neu benannt. Neben die o.g. alten Universitäten traten Neu- bzw. Wiedergründungen, so in Erfurt, Frankfurt/Oder, Magdeburg und Potsdam. Der Typ der Fachhochschule war in der DDR nicht vertreten, wurde jedoch nach 1991 eingeführt. Neu konstituiert wurden die Akademien der Wissenschaften in Berlin und Leipzig mit ihren Bibliotheken und Archiven. Die ostdeutschen Zentralen Fachbibliotheken wurden wegen der ungleich besser ausgestatteten westdeutschen Paralleleinrichtungen weitgehend funktionslos. Gleiches galt für viele Behördenbibliotheken. Die Landesbibliotheken trennten sich nach Auflösung der Wissenschaftlichen Allgemeinbibliotheken wieder von den jeweiligen örtlichen Stadtbibliotheken und übernahmen die regionalen Funktionen für die 1990 wieder erstandenen Länder; in Bundesländern ohne Landesbibliothek fielen die regionalen Aufgaben an Universitätsbibliotheken, die ihre Doppelfunktion auch im Namen kenntlich machen (Halle/Sachsen-Anhalt, Jena/Thüringen). Die Sächsische Landesbibliothek in Dresden wurde 1996 mit der Bibliothek der Technischen Universität zusammengeführt und 2002 mit ihr in einem gemeinsamen Neubau vereinigt.

Nach zehnjährigen Restaurierungsarbeiten konnte 2002 die *Universitätsbibliothek Leipzig* (Sachsen) wieder eröffnet werden. Die 1891 im Stil der Neorenaissance errichtete Bibliotheca Albertina (Architekt: Arwed Rossbach) war in der Endphase des Zweiten Weltkriegs zu zwei Dritteln durch Bomben zerstört und in den folgenden Jahrzehnten dem Verfall preisgegeben worden. Durch die Überdachung der Innenhöfe entstanden neue Lesezonen. Insgesamt stehen den Besuchern 400.000 Bände in Freihandaufstellung und 700 Leseplätze zur Verfügung, u.a. im rekonstruierten historischen Lesesaal.

Stärker als die Wissenschaftlichen Bibliotheken gerieten die in kommunale Trägerschaft entlassenen Stadtbibliotheken nach 1990 aufgrund der schwierigen wirtschaftlichen Lage der öffentlichen Haushalte in eine Krisensituation. Vor allem die kleinen Bibliotheken in den ländlichen Gebieten und die fast 3.000 haupt- und nebenberuflich geleiteten Gewerkschaftsbibliotheken (Betriebsbüchereien) mussten schließen. Ein gewisser Ausgleich entstand allerdings durch die Einrichtung zahlreicher neuer Bücherbusdienste in den ländlichen Gebieten, die über einige Jahre hinweg aus Bundesmitteln finanziert wurden. In den Bibliotheken setzte, wie auch sonst in Behörden und Betrieben, ein rigoroser Personalabbau ein. Die Nachfrage nach „anderer" Literatur und nach Neuen Medien konnte zunächst nur schwer gedeckt werden. Die *Staatlichen Büchereifachstellen*, in der DDR als Ländereinrichtungen unbekannt, waren neu einzurichten und sorgten in den Folgejahren für den geordneten Umbau der Öffentlichen Bibliotheken und gaben viele neue Impulse zur Angleichung der fachlichen Maßstäbe in West- und Ostdeutschland. Der seit 1998 einsetzende Rückbau der Fachstellen durch die Bildungs- und Kultusministerien stellt inzwischen viele erfolgreiche Entwicklungen wieder in Frage.

Eine nützliche Rolle bei der Integration des westdeutschen und ostdeutschen Bibliothekswesens spielte das *Deutsche Bibliotheksinstitut* (DBI) in Berlin. Es war 1978 auf gesetzlicher Grundlage gegründet und nach der Vereinigung Deutschlands erweitert worden. Seine Zielsetzung war es, überregional und spartenübergreifend praxisorientierte Forschung zu betreiben und vielfältige Dienstleistungen für Bibliotheken bereitzustellen. Das von Bund und Ländern gemeinsam finanzierte Institut wurde aufgrund einer Empfehlung des Wissenschaftsrates per Gesetz 2000 aufgelöst und stellte sein Wirken Ende 2002 endgültig ein. Damit verlor das deutsche Bibliothekswesen seine einzige zentrale staatliche Infrastruktureinrichtung. Einige der bislang vom DBI wahrgenommenen Aufgaben, so etwa die Systembetreuung der Zeitschriftendatenbank oder die Herausgabe der Fachzeitschrift „Bibliotheksdienst", wurden von anderen Institutionen übernommen; andere Arbeiten mussten komplett eingestellt worden.

Die Bemühungen um die Gründung eines neuen Dienstleistungszentrums für das deutsche Bibliothekswesen sind bislang zwar erfolglos geblieben, jedoch konnte erreicht werden, dass die Kultusministerkonferenz der Länder den DBV beauftragte, ein Kompetenznetzwerk für Bibliotheken (KNB) aufzubauen. Seit 2004 koordiniert das KNB als eine von den Ländern gemeinsam finanzierte Stelle eine Reihe überregionaler Aufgaben in dezentraler Form. Das KNB unterstützt Planungs- und Entscheidungsprozesse auf Bundes- und Länderebene und soll die Rolle der Bibliotheken im internationalen Raum stärken und die internationalen Beziehungen fördern. Seit Herbst 2006 bietet das vom KNB aufgebaute „Bibliotheksportal.de" der breiten Öffentlichkeit Zugang zu wesentlichen Daten und Fakten über alle Bereiche des Bibliothekssektors in Deutschland.

Die Universität Erfurt ist die jüngste deutsche Universität, hat aber eine ins Spätmittelalter zurückreichende Tradition. Sie nahm 1392 als dritte Universität auf dem Gebiet der heutigen Bundesrepublik Deutschland den Lehrbetrieb auf, wurde 1816 geschlossen und 1994 neugegründet. Zur Literaturversorgung der geisteswissenschaftlich ausgerichteten Universität nahm die *Universitäts- und Forschungsbibliothek Erfurt/Gotha* (Thüringen) im Jahre 2000 ein neues Gebäude im Zentrum des künftigen Universitätscampus in Betrieb (Architektenbüro Koch, Vogt und Zschornack). Auf rund 15.000 qm hat es Platz für rund 700.000 Bände in Freihandaufstellung und 240.000 Bände im Magazin und bietet den 4.000 Studierenden 360 Lese- und Arbeitsplätze.

2 BILDUNG UND KULTUR

Politischer und verwaltungsorganisatorischer Aufbau der Bundesrepublik Deutschland

Die Kenntnis des politischen und verwaltungsorganisatorischen Aufbaus Deutschlands und des Schul- und Hochschulwesens ist eine wichtige Voraussetzung zum Verständnis der Struktur und Gliederung des deutschen Bibliothekswesens.

Die Bundesrepublik Deutschland, die vier Jahre nach dem Ende des Zweiten Weltkriegs, im Mai 1949, als föderativer Bundesstaat auf demokratisch-parlamentarischer Grundlage gegründet wurde, besteht seit der Vereinigung beider deutscher Staaten am 3. Oktober 1990 aus 16 Ländern: den Flächenstaaten Baden-Württemberg, Bayern, Brandenburg, Hessen, Mecklenburg-Vorpommern, Niedersachsen, Nordrhein-Westfalen, Rheinland-Pfalz, Saarland, Sachsen, Sachsen-Anhalt, Schleswig-Holstein und Thüringen sowie den Stadtstaaten Berlin, Bremen und Hamburg. Die Hauptstadt Deutschlands ist Berlin.

Die 16 Länder der Bundesrepublik Deutschland mit ihren Hauptstädten und Wappen

Einige Eckdaten (Stand: 31.12.2005 – Quelle: Statistisches Jahrbuch 2006)

Wohnbevölkerung	82,438 Mio.
Ausländeranteil	8,8%
Fläche	357.045 m²
Zahl der Städte und Gemeinden	12.446
Bruttosozialprodukt pro Einwohner	27.350 €
Arbeitslosenquote (Stichtag: 1.12.2006)	9,6%
Erwerbstätige	36,567 Mio.
Beschäftigte im Öffentlichen Dienst	4,67 Mio.
Einnahmen der Öffentlichen Haushalte (Bund, Länder, Gemeinden)	636 Mrd. €
Gesamtausgaben der Öffentlichen Haushalte für Bildung, Wissenschaft und Kultur (Bund, Länder, Gemeinden)	92,2 Mrd. €
Anteil der Gesamtausgaben für Bildung, Wissenschaft und Kultur am Bruttoinlandsprodukt	4,1%

Die grundlegenden Festlegungen für die Verfassungsordnung Deutschlands finden sich im Grundgesetz. Das Bundesstaatsprinzip gibt die Möglichkeit, staatliche Aufgaben auf die Ebene der Länder und der Gemeinden zu verlagern, was eine stärkere Berücksichtigung regionaler Besonderheiten erlaubt.

Verfassungsorgane bei Bund und Ländern sind entsprechend der Gewaltenteilung:

- die Parlamente (Bundestag, Landtage)
- der Bundespräsident, die Bundesregierung, die Länderregierungen
- die Bundesgerichte und Landesgerichte.

Das parlamentarische System der Bundesrepublik Deutschland sieht zwei Vertretungen vor: die direkt gewählte Volksvertretung mit ca. 600 Abgeordneten (Bundestag) und die Ländervertretung (Bundesrat), die durch die 16 Landesregierungen beschickt wird. Der Bundesrat wirkt vor allem bei Gesetzen mit, die wesentliche Interessen der

Länder berühren. Die Leitlinien der deutschen Politik und die Berufung der Bundesminister bestimmt der Bundeskanzler. Staatsoberhaupt ist der Bundespräsident, der nicht vom Volk direkt, sondern durch die Bundesversammlung gewählt wird; diese besteht aus den Abgeordneten des Bundestages und einer gleichen Anzahl von Mitgliedern, die von den Länderparlamenten gewählt werden.

Nach dem Grundgesetz (GG) bauen sich Staat und Verwaltung von unten nach oben, d.h. von den Gemeinden über die Länder bis zum Bund auf. Die Gesetzgebung bei regionalen Aufgaben obliegt den einzelnen Ländern, gesamtstaatliche Aufgaben bleiben in der Verantwortung des Bundes. Das Grundgesetz – 2006 durch eine umfassende Föderalismusreform geändert – wird ergänzt durch den Einigungsvertrag zwischen der DDR und der Bundesrepublik vom 31. August 1990, der Verfassungsrang hat und auch für das Bibliothekswesen von Belang ist. Die Verwaltungstätigkeit wird zum größten Teil von den Gemeinden und den Ländern ausgeübt. Die Rechtsprechung ist in erster Linie Aufgabe der Länder (d.h. der Landesgerichte). Dagegen sind die Obersten Gerichte Einrichtungen des Bundes: Höchstes Gericht ist das Bundesverfassungsgericht in Karlsruhe. Gemeinden, Länder und Bund haben eigene Hoheitsrechte und die Länder verfügen jeweils über eine eigene Verfassung. Sie beziehen finanzielle Einnahmen aus dem ihnen zustehenden Steueraufkommen.

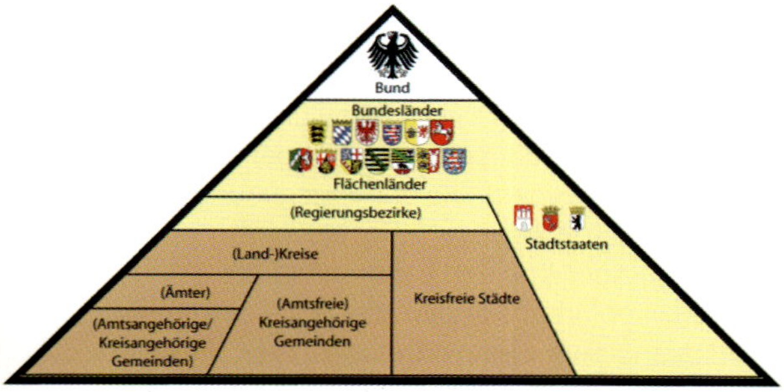

Das Schaubild zeigt den föderalen, dreigegliederten Aufbau von Staat und politischer Verwaltung in der Bundesrepublik Deutschland in Form einer Pyramide.

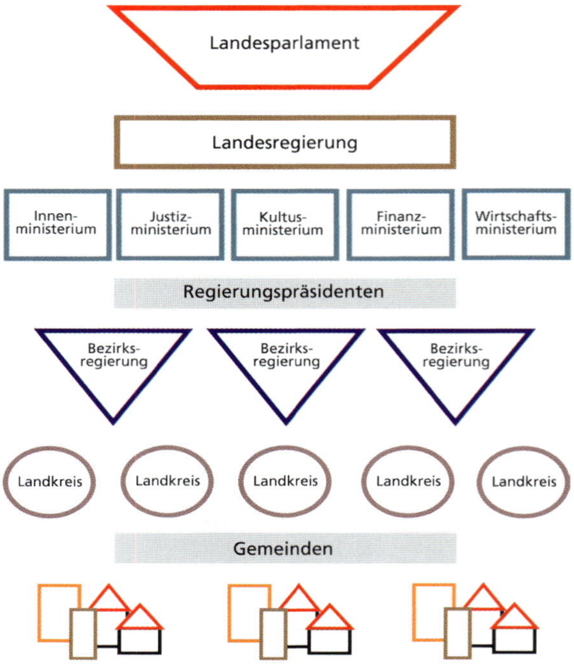

Modellhafter Verwaltungsaufbau eines Bundeslandes

Die Zuständigkeit für alle kulturellen Angelegenheiten, für Wissenschaft und Kunst sowie für das Schul- und Unterrichtswesen liegt im Wesentlichen bei den Ländern. An dieser „Kulturhoheit" haben auch die Städte und Gemeinden Anteil, die im Rahmen der Vorschriften der Gemeindeordnung ihres jeweiligen Landes eigene Kompetenzen ausüben (kommunale Kulturautonomie). Ein „Bibliotheksgesetz" existiert in Deutschland nicht, jedoch bemühen sich einige Landesverbände des DBV um Initiativen zur Realisierung von Bibliotheksgesetzen auf Landesebene. Auch ein Bundeskulturministerium gibt es nicht, allerdings hat der Bund seit 1998 noch verbleibende zentrale kulturelle Aufgaben unter der Verantwortung eines Staatsministers als „Beauftragter der Bundesregierung für Kultur und Medien" (BKM) gebündelt; dieser tritt zugleich als Repräsentant der Bundesregierung in Kulturfragen gegenüber dem Ausland auf.

Nach der zum 1.9.2006 in Kraft getretenen Änderung des Grundgesetzes (Föderalismusreform) wurde die Zuständigkeit bei der Gesetzgebung zwischen Bund und Ländern neu geregelt, d.h. die wenigen Kompetenzen des Bundes in Kulturfragen wurden nahezu vollständig gestrichen und für Bildungsfragen stark reduziert. Immerhin verbleibt das „Lebenslange Lernen" in der Verantwortung der Bundesregierung, wohingegen eine bundesweite finanzielle Kulturförderung seitdem ausgeschlossen ist.

Da einige Unternehmen im Bereich von Wissenschaft und Forschung weiterhin eine gesamtstaatliche Bedeutung haben, ist dem Bund in engen Grenzen noch möglich, sog. Gemeinschaftsaufgaben zu fördern. Sie betreffen vor allem den Ausbau und Neubau von Hochschulen sowie die „Rahmenvereinbarung Forschungsförderung" (Wissenschaftsgemeinschaft Gottfried Wilhelm Leibniz - WGL). Einige der durch Bund und Länder geschaffenen Einrichtungen und Vereinbarungen sind auch für das Bibliothekswesen bedeutsam: So fördert das Bundesministerium für Bildung und Forschung (BMBF) unter anderem die Deutsche Forschungsgemeinschaft (DFG) sowie mehrere Datenbanken und Modellprojekte, darunter das IuD-Programm zur Förderung von Information und Dokumentation, ferner den Aufbau Digitaler Bibliotheken sowie die Fortentwicklung von Fachinformationszentren.

Während die Länder in der Grundgesetzänderung von 2006 eine Stärkung ihrer Kultur- und Bildungsautonomie sehen, befürchten viele Kritiker eine Entwicklung zu mehr „Kleinstaaterei", die spürbare Reduzierung der Fördermittel für Kultur und Bildung sowie ein Auseinanderdriften vieler Standards zulasten notwendiger einheitlicher Regelungen.

Die Verabschiedung von Gesetzen in den einzelnen Bundesländern ist Aufgabe von Landesparlamenten, die in den Flächenstaaten Landtage, in den Stadtstaaten Abgeordnetenhaus bzw. Bürgerschaft heißen. Politisch regiert und verwaltet werden die Länder durch Landesregierungen, an deren Spitze ein Ministerpräsident bzw. Regierender Bürgermeister steht. Innerhalb eines 8-10köpfigen Kabinetts (Senats) sind in der Regel die Kulturministerien bzw. die Wissenschaftsministerien für das öffentliche bzw. das wissenschaftliche Bibliothekswesen eines Landes zuständig. In den größeren Bundesländern gibt es staatliche Mittelbehörden (Bezirksregierungen, Regierungspräsidien, Aufsichts-, Struktur- und Genehmigungsdirektionen u.a.) mit einer entweder regional zugeschnittenen oder aufgabenbezogenen Verwaltungszuständigkeit (z.B. den sog. Regierungsbezirk). Eine der wesentlichen Aufgaben dieser Behörden ist die staatliche Aufsicht über die Gemeinden (Kommunalaufsicht). Die im Bibliotheksbereich von den meisten Ländern eingerichteten bzw. geförderten Staatlichen Büchereistellen (Fachstellen, Beratungsstellen, Büchereizentralen) haben ihren Wirkungsbereich vielfach im Rahmen der Regierungsbezirke; dort wo Regierungsbezirke aufgelöst wurden oder eine Zentralisierung der Fördereinrichtungen stattfand, sind solche Landesfachstellen für das gesamte Bundesland tätig. In den Flächenstaaten fällt den Landkreisen und den Kreisfreien Städten (Stadtkreisen) neben ihrer originären Aufgabe der kommunalen Selbstverwaltung auch die Funktion einer unteren staatlichen Verwaltungsbehörde zu.

Grundsätzlich sind die Städte und Gemeinden für alle öffentlichen Aufgaben in ihrem Gebiet zuständig, soweit nicht Landes- oder Bundesgesetze andere Regelungen vorsehen. Unter die kommunale Selbstverwaltung fallen Pflichtaufgaben – etwa die Durchführung der Sozialhilfe oder die Einrichtung von Schulen – und sogenannte freiwillige, d.h. frei gestaltbare, nicht einklagbare Aufgaben: Zu diesen gehört der gesamte Kulturbereich mit dem Unterhalt von Theatern, Orchestern, Museen und Bibliotheken. Durch Kommunalwahlen werden die politischen Gemeindevertreter (Gemeinderat, Stadtrat, Bürgermeister) gewählt, die für einzelne Aufgaben Ausschüsse einsetzen; für die kommunale Bibliothek als wichtige Aufgabe der Daseinsvorsorge ist in der Regel der Kulturausschuss politisch verantwortlich. Eine Gemeindeverwaltung untergliedert sich – je nach Ortsgröße und Organisationsstruktur – in Dezernate, Fachbereiche und Ämter. Die kommunale Öffentliche Bibliothek kann hierbei ein eigenständiges Stadtamt oder eine dem Schul- und Kulturamt zugeordnete nichtselbstständige Institution sein. Eine ähnliche Zuordnung kennen kommunale Museen, Archive, Volkshochschulen oder Musikschulen. Zahlreiche Kommunen sind dazu übergegangen, bestimmte kommunale Einrichtungen von der Kernverwaltung zu entkoppeln und in Form von kaufmännisch geführten Eigenbetrieben in neue Betriebs- und Organisationsformen zu überführen, dazu gehören inzwischen auch mehrere Groß- und Mittelbibliotheken. Geführt wird ein solcher Eigenbetrieb durch die Werkleitung und den Werkausschuss, dem in der Regel Mitglieder des Gemeinderats angehören.

Vielfältige Steuereinnahmen decken den Finanzbedarf von Bund, Ländern und Gemeinden. Kommunen und Länder erhalten freie sowie zweckgebundene Anteile aus dem gesamten Steueraufkommen. Die Kommunen können auch eigene Gemeindesteuern (z.B. Gewerbesteuer, Grundsteuer), Abgaben und Gebühren festlegen, während die Landkreise mithilfe jährlicher Umlagen der kreisangehörigen Gemeinden finanziert werden. Die Aufwendungen für die kommunal und staatlich getragenen Bibliotheken werden aus den Gesamteinnahmen gedeckt. Die Höhe der Ausgaben und Einnahmen wird in den jährlich von den Parlamenten beschlossenen Haushaltsplänen ausgewiesen. Im Zuge der begonnenen Verwaltungsmodernisierung, die zu einer stärkeren Dienstleistungsorientierung, Neuordnung der Organisationsstruktur und höheren Kostentransparenz der öffentlichen Einrichtungen führen soll, wird auch die Finanzverwaltung reformiert: Bis 2010 werden alle Gemeinden, später die Länder, die gesamte Rechnungslegung von der kameralistischen Haushaltsführung auf eine kaufmännische doppische Buchführung und Budgetierung umstellen.

Bildungseinrichtungen

Allgemeinbildende Schulen

Das deutsche Bildungswesen ist ganz besonders durch die föderative Struktur Deutschlands geprägt. Die überwiegende Mehrheit der Schulen und Hochschulen sind öffentliche Einrichtungen. Innerhalb der Bildungs- und Kulturpolitik der Länder genießen die gesetzlich verankerten Schulen und Bildungseinrichtungen mit ihren traditionell stärker ausgeprägten pädagogischen und erzieherischen Funktionen naturgemäß einen höheren Stellenwert als Bibliotheken.

Im Rahmen ihrer Kulturhoheit regeln ausschließlich die Länder die Gesetzgebung für Bildung und Unterricht. Finanziell werden die meisten Schulen von den Gemeinden und Gemeindeverbänden unterhalten, ein inzwischen wachsender Teil der Schulen befindet sich in privater oder kirchlicher Trägerschaft. Während der Schulträger für die Sachkosten (Bau, Einrichtung und Unterhaltung) aufzukommen hat, tragen die Länder die Kosten für das Lehrpersonal.

Von Land zu Land bestehen, je nach politischer Ausrichtung der jeweiligen Regierung, Unterschiede in der Ausgestaltung des Schulsystems. Um bundesweit ein Mindestmaß an Einheitlichkeit herzustellen, fungiert die Ständige Konferenz der Kultusminister der Länder (KMK) als vermittelnde Instanz: Die KMK verabschiedet beispielsweise Empfehlungen zu Fragen der Schulzeitdauer, der Lehrplanbestandteile, der Bewertung der schulischen Leistungen oder der gegenseitigen Anerkennung von Prüfungen und Zeugnissen. Eine ähnlich wichtige Rolle spielt die Hochschulrektorenkonferenz (HRK) für die Hochschulen.

Im Jahr 2005 existierten in Deutschland rund 40.000 Schulen mit circa 400.000 Klassen, rund 672.000 Lehrern und 9,6 Mio. Schülern; der durchschnittliche Ausländeranteil unter den Schülern lag bei 9,9%. 2005 wurden ca. 835.000 Kinder in den Grundschulen neu eingeschult, 1,6 Mio. Jugendliche (das sind ca. 72% der Schulabgänger) entschieden sich für eine berufliche Ausbildung, 0,6 Mio. Jugendliche (gleich ca. 28% der Schulabgänger) begannen ein Studium an einer Hochschule.

Der Schulbesuch ist in allen Ländern gebührenfrei. Schulpflicht besteht vom 6. bis zum 18. Lebensjahr. Nach dem Besuch der Grundschule (i.d.R. vier Jahre) schließt sich der Wechsel auf eine weiterführende Schule an (Hauptschule, Realschule, Gymnasium). Nur in einigen Bundesländern existieren Gesamtschulen, in denen die verschiedenen Schultypen integriert sind. Schüler, die eine Berufsausbildung beginnen, sind zum Besuch einer Berufsschule verpflichtet. Bis 2010 soll das Abitur als Abschluss der gymnasialen Schulausbildung in allen Bundesländern nach 12 Schuljahren (statt 13) erreicht werden. Vom Schulträger finanzierte Schulbibliotheken mit zufriedenstellender Ausstattung existieren in nur einem kleinen Teil der allgemeinen Schulen, vorwiegend in Gymnasien und Gesamtschulen, insgesamt liegt die Quote bei ca. 15 %, Tendenz leicht steigend.

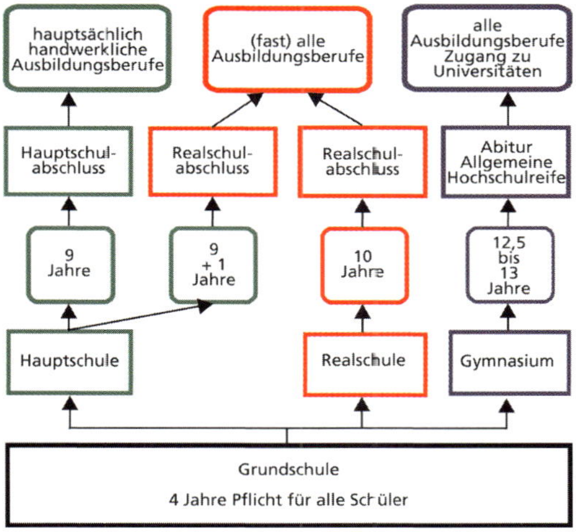

Modellhafter Aufbau des dreigliedrigen Schulsystems in Deutschland

Berufsbildung

Das Berufsbildungsgesetz regelt die Grundlagen und Prinzipien der beruflichen Ausbildung in Deutschland. Hauptbestandteil und charakteristisches Merkmal der beruflichen Erstausbildung in nahezu allen Branchen ist das sogenannte Duale System; es beruht auf dem Zusammenwirken zweier grundverschiedener Bildungsträger, einerseits der privaten Betriebe, andererseits der öffentlichen Berufsschulen. Während die Kommunen Träger der Berufsschulen sind und die Länder die Verantwortung für die Gestaltung des Unterrichts tragen, ist auch der Bund, und zwar durch die Ausgestaltung der Rahmenbedingungen, in der beruflichen Bildung engagiert. Für die Kontrolle der innerbetrieblichen Umsetzung der staatlichen Vorgaben sind die Industrie- und Handelskammern und die Handwerkskammern zuständig. Arbeitgeberverbände und Gewerkschaften (als Vertreter der Arbeitnehmer) verständigen sich in entsprechenden Ausschüssen über die Formulierung von Ausbildungsinhalten.

Die meisten Jugendlichen beginnen ihre Ausbildung (Lehre) nach Abschluss der Haupt- oder Realschule bzw. des Gymnasiums, wobei der Besuch einer praxisbegleitenden Berufsschule mit einem Anteil berufsbezogener Schulfächer Pflicht ist. Die Auszubildenden unterschreiben einen Vertrag, der den Arbeitgeber verpflichtet, dem Jugendlichen die notwendige Zeit zum Berufsschulunterricht zu gewähren. Die Ausbildung dauert in der Regel drei Jahre. Am Ende der Lehre müssen die Auszubildenden eine Prüfung ablegen, die von einer autorisierten, unabhängigen Institution, meist den Industrie- und Handelskammern bzw. Handwerkskammern, abgenommen wird. Das Abschluss-Zertifikat ist in der Wirtschaft allgemein anerkannt.

Im Bibliothekswesen gibt es nach dem Dualem System derzeit nur einen Ausbildungsberuf, der in Nachfolge des früheren Berufs „Assistent an Bibliotheken" 1999 neu entstand: In einer dreijährigen Ausbildung können Absolventen von Haupt-, Realschulen und Gymnasien zum „Fachangestellten für Medien- und Informationsdienste" (FAMI) in fünf unterschiedlichen Fachrichtungen (Bibliotheken, Archive, allgemeine Informations- und Dokumentationsstellen, Bildagenturen, medizinische Dokumentationseinrichtungen) ausgebildet werden.

Der öffentliche und private Mediensektor: Bildstellen, Medienzentren, kommerzielle Anbieter

Mit der steigenden Bedeutung audiovisueller und digitaler Medien im Bildungsbereich wuchs auch das Aufgabenfeld der sogenannten Bildstellen und Medienzentren, die in Deutschland in den 1930er Jahren entstanden.

Heute gibt es rund 600 von Städten und Landkreisen getragene Medienzentren sowie 15 Landesmedienzentren, die vor allem die mediale Arbeit der Schulen und Schulbibliotheken unterstützen und wichtige Beiträge zur Verbesserung der Medienkompetenz von Schülern und Lehrern leisten. Zu ihrem Aufgabengebiet gehören unter anderem die Beschaffung und Bereitstellung audiovisueller Medien und ihre Erschließung zu

Unterrichtszwecken, die Beratung zum Einsatz und Kauf von AV-Medien (Videos, Filme, DVDs, Bildungssoftware, CD-ROMs) und AV-Technik (Video- und DVD-Rekorder, Digitalkameras, Filmvorführgeräte, PCs) sowie die Vermittlung von Erkenntnissen zur Mediendidaktik und -wirkung. So werden etwa bei der Durchführung von gemeinsam konzipierten Filmprojekten den Kindern und Jugendlichen Kenntnisse und Fertigkeiten vermittelt, die für den Alltag oder einen späteren Beruf gewinnbringend sein können. Als Partner von Schulen und ihrem Lehrpersonal, vermehrt auch von Schulbibliotheken und Öffentlichen Bibliotheken, sind sie wichtige Anlaufstellen zum Erlernen eines kritischen wie kreativen Umgangs mit den modernen Medien.

Betrachtet man den gesamten öffentlichen wie auch kommerziellen Medienmarkt, so zählt Deutschland mit rund 350 Zeitungen und 100 empfangbaren Fernsehsendern nach Japan, Großbritannien und der Schweiz zu den Ländern mit der höchsten Mediendichte: Täglich verkauft die Tagespresse rund 25 Mio. Zeitungen, für den Betrieb von Radioempfängern sind 38 Mio. Genehmigungen, für den TV-Empfang circa 34 Mio. Genehmigungen erteilt. Etwa 60% der deutschen Haushalte sind inzwischen mit einem Personal Computer inkl. Internetzugang ausgestattet, Tendenz steigend.

Neben der Presse, den öffentlich-rechtlichen und den privaten Rundfunk- und Fernsehanbietern spielen der Kinofilm, die Musikbranche und der Unterhaltungssektor mit elektronischen Spielen gesellschaftlich und wirtschaftlich eine weiterhin wachsende Rolle. Die Entwicklung der Unterhaltungs- und Medienindustrie wird in den kommenden Jahren maßgeblich durch die fortschreitende Digitalisierung von Inhalten und Vertriebskanälen geprägt. Mit überdurchschnittlichen Zuwachsraten boomt der Verkauf und der kommerzielle Verleih von DVD-Spielfilmen, PC- und Konsolenspielen. Längst sind alle Formen von Medien und Unterhaltungssparten – Buch, Film, Musik, Internet und Spiel – auch in Vertrieb und Werbung miteinander verbunden und beeinflussen Alltagsleben und Freizeitverhalten eines jedes Einzelnen. Die Öffentlichen und Wissenschaftlichen Bibliotheken reagieren auf diese Entwicklung und bauen seit Jahren ihre Bestände an AV- und digitalen Medien sowie ihre Internetzugänge kontinuierlich aus; ihnen ist es aber nur teilweise gelungen, mit dem rasanten Fortschreiten der Technik und der medialen Angebotsbreite Schritt zu halten.

Die um 1600 gegründete *Landschaftsbibliothek Aurich* (Niedersachsen) pflegt als Regionalbibliothek für Ostfriesland das besondere Sammelgebiet landeskundliche Literatur. Der 1995 errichtete, mehrfach preisgekrönte Erweiterungsbau enthält in Ergänzung der 1964 gebauten Magazinbibliothek eine Freihandbibliothek.

Berufliche Fort- und Weiterbildung

Fort- und Weiterbildung verfolgt in Deutschland zwei Hauptziele: Zum einen will sie früher erworbene berufliche Qualifikationen auf den neuesten Stand technologischer und arbeitsorganisatorischer Entwicklungen bringen, zum anderen dient sie zur Erweiterung und Vertiefung des fachlichen Wissens. Die Wirtschaftsunternehmen sind dabei die wichtigsten Träger beruflicher Weiterbildung. Aber auch Bund, Länder und Gemeinden engagieren sich mit eigenen Akademien und Fachschulen sowie umfangreichen internen Fortbildungsprogrammen an der Weiterqualifizierung ihrer Mitarbeiter. Neben den Betrieben und Fachschulen gibt es einen Markt von privaten Anbietern, z.B. die Technischen Akademien, die Bildungswerke der Wirtschaft oder die Berufsfortbildungswerke der Gewerkschaften. Allein im Bibliotheksbereich treten bundesweit mehr als 25 staatliche oder privat unterhaltene Organisationen mit zum Teil recht umfangreichen Fortbildungsangeboten auf.

Erwachsenenbildung und Volkshochschulen

Neben den beruflichen Weiterbildungsmöglichkeiten spielt die Erwachsenenbildung als Bestandteil der allgemeinen Bildung eine bedeutende Rolle. Die Erwachsenenbildung ist – im Gegensatz zum Schulwesen – weitgehend von staatlicher Aufsicht frei. Ihre wichtigsten Träger sind die Volkshochschulen (VHS), die es in Deutschland seit rund 80 Jahren gibt. Heute existieren etwa 1.000 Volkshochschulen, die von Gemeinden, Kreisen, Kirchen, Gewerkschaften und privaten Vereinigungen getragen werden. Die VHS kennt keine Beschränkungen in ihren Themen oder ihrem Teilnehmerkreis. Die Teilnahme ist jedoch kostenpflichtig. Daneben bieten im Sinne des überall proklamierten lebenslangen Lernens zahlreiche private und staatlich unterstützte Einrichtungen Fernunterrichtskurse an, wobei in den letzten sieben Jahren die Nutzung internetbasierter Lehrgänge an Umfang und Bedeutung gewonnen hat.

Die Zusammenarbeit zwischen den kommunalen Öffentlichen Bibliotheken und den Einrichtungen der Erwachsenenbildung ist vielerorts immer noch recht unzureichend ausgeprägt. In einigen Orten findet man jedoch erfolgversprechende Ansätze, gelegentlich auch eine Personalunion in der Leitung von Volkshochschule und Öffentlicher Bibliothek oder auch die gemeinsame Unterbringung in einem Gebäude. Gerade die räumliche Zusammenlegung ermöglicht die Einrichtung von „Selbstlernzentren", wie sie als Modellprojekte in mehreren Städten entstanden sind.

Universitäten und andere Hochschulen

In Deutschland besuchen derzeit rund zwei Mio. Studierende die ca. 330 deutschen Hochschulen, wobei Experten davon ausgehen, dass bis 2014 die Studentenzahl um eine halbe Million auf knapp 2,6 Millionen steigen wird. Zu den

Die 1962 gegründete, 1965 eröffnete *Ruhr-Universität Bochum* (Nordrhein-Westfalen) ist die erste Universitätsneugründung der Bundesrepublik Deutschland und zugleich ein Musterbeispiel für den Hochschulbau seit den 1960er Jahren. Die Universitätsbibliothek liegt genau in der Mitte zwischen den Gebäuden der Fakultäten (siehe Pfeil). Mit über 1,2 Mio. Bänden bietet sie fast ihren gesamten Buchbestand im Freihandbereich an, in dem 400 Leseplätze zur Verfügung stehen.

Einrichtungen für Forschung, Lehre und Studium gehören neben 80 Universitäten auch rund 100 weitere Gesamthochschulen, Technische, Medizinische, Theologische, Kunst- und Musikhochschulen sowie 156 Fachhochschulen und die beiden Hochschulen der Bundeswehr. Sie sind zum überwiegenden Teil staatliche Einrichtungen in Trägerschaft der Länder. Neben den ca. 45 staatlich anerkannten kirchlichen Hochschulen etablieren sich zunehmend von privaten Stiftungen oder Unternehmen getragene Hochschulen mit speziellem Aufgabenprofil und Lehrangebot. Hochschullehrer und sonstige Bedienstete staatlicher Einrichtungen werden als Beamte und Beschäftigte des öffentlichen Dienstes eingestellt. Dank der Hochschulautonomie haben die Hochschulen das Recht, wichtige Regelungen, etwa Prüfungsordnungen, selbstständig zu erlassen. Bis zur Verabschiedung der am 1.9.2006 in Kraft getretenen Föderalismusreform mit Grundgesetzänderung galt auf Bundesebene ein Hochschulrahmengesetz (HRG). Ferner werden Forschungsförderung, Hochschulzugang und finanzielle Ausbildungsförderung für Studierende

Die *Wirtschaftswissenschaftliche Zweigbibliothek Ingolstadt* (Bayern) der Universitätsbibliothek Eichstätt, Sitz eines von 53 in Deutschland angesiedelten Europäischen Dokumentationszentren (EDZ), wurde 1989 im umgebauten ehemaligen Seminar der Steyler Missionare eröffnet. Im Kirchenschiff mit Chor und Empore wurden ein Lesesaal und eine fünfgeschossige Regalanlage (Bücherturm) für die Freihandaufstellung untergebracht.

(BAföG) auf Bundesebene per Gesetz geregelt; aufgrund des Hochschulbauförderungsgesetzes (HBFG) beteiligt sich der Bund mit 50% der Kosten an der Errichtung von Hochschulgebäuden und ihrer Grundausstattung mit Datentechnik und wissenschaftlicher Literatur. Im Rahmen der Exzellenzinitiative des Bundes und der Länder unterstützt der Bund ab 2007 mit jährlichen Zuschüssen den Ausbau von „Elite-Universitäten" zu international konkurrenzfähigen Forschungs- und Ausbildungsreinrichtungen.

Die mit dem Bologna-Prozess 1999 einsetzende Einführung konsekutiver Bachelor- und Master-Studiengänge in allen deutschen Hochschulen soll bis zum Jahr 2010 flächendeckend abgeschlossen sein. Nach dem Willen der Bildungspolitiker sollen dann die bislang üblichen Studienabschlüsse, wie z.B. das Diplom, der Magister und das Staatsexamen abgelöst werden. Auch haben vereinzelt Bestrebungen begonnen, die bisher öffentlich-rechtlichen Hochschulen in privatrechtliche Organisationsformen zu überführen, so etwa in Nordrhein-Westfalen.

Während für die Hochschulen in den USA ca. 1,1% des Bruttoinlandsprodukts als öffentliche Ausgaben und weitere 1,2% aus privaten Zahlungen zur Verfügung gestellt werden, stammen in Deutschland rund 1% aus öffentlichen Mitteln und 0,1% von privaten Zahlern; in Schweden und Finnland betragen die Gesamtausgaben jeweils 1,7% des Bruttoinlandsprodukts. Die Mehrzahl der Bundesländer ist inzwischen dazu übergegangen, für Studenten Studiengebühren einzuführen, die dem Hochschuletat zur Verfügung gestellt werden, um mit den zusätzlichen Einnahmen das Qualitätsniveau der Lehre zu sichern.

Hochschulbibliotheken dienen in erster Linie den Hochschullehrern und den Studierenden als zentrale Informationseinrichtung; sie haben sich heute aber auch der breiten Bevölkerung geöffnet. Die Hochschulbibliotheken sind durch einschlägige Gesetze, Erlasse und Verordnungen der Länder relativ fest in die universitären Strukturen eingefügt und damit weitgehend in ihrer Existenz gesichert. Allerdings stellen aktuelle Entwicklungen diese Grundsätze zum Teil wieder in Frage, wenn in einigen der neuen Hochschulbaurichtlinien der Länder die Ausstattung mit Hochschulbibliotheken nur noch als Teilbereich von Rechenzentren vorgesehen ist.

In Deutschland haben sich folgende Typen von Hochschulen herausgebildet:

- Universitäten, Technische Universitäten und Gesamthochschulen: Voraussetzung für das Studium an einer Universität oder gleichgestellten Hochschule ist die allgemeine oder fachgebundene Hochschulreife, die in der Regel nach 12 Schuljahren erworben wird. Die tatsächliche Studienzeit beträgt im Durchschnitt sechs Jahre, obwohl die Regelstudienzeit für die meisten Fächer sich auf viereinhalb Jahre beläuft. Unter anderem sollen die neu eingefügten Studiengebühren auch zur Reduzierung der Studiendauer beitragen. Die zahlenmäßig größten Universitätsstädte sind Berlin (drei Universitäten mit insgesamt 110.000 Studenten), Köln (64.000 Studenten), München und Münster (je

44.000 Studenten), Hamburg (40.000 Studenten) und Bonn (38.000 Studenten).

- Fachhochschulen: Die Studiengänge an den 156 Fachhochschulen unterscheiden sich von den Studiengängen der Universitäten durch eine stärkere Anwendungs- und Praxisbezogenheit. Die Regelstudienzeit liegt zwischen drei und vier Jahren, die tatsächliche Studienzeit liegt kaum darüber. Durchschnittlich 25-28% aller Studenten entscheiden sich für das Studium an einer Fachhochschule.
- Kunsthochschulen: Unterschiedliche Hochschulen gibt es für Bildende Künste, Gestaltung, Theater, Musik, Film und Fernsehen. Die Aufnahme erfolgt aufgrund einer Eignungsprüfung.

In einigen Ländern existieren weitere Hochschultypen, so die Pädagogischen Hochschulen (Lehrerausbildung) und Berufsakademien (praxisorientiertes Fachstudium).

Zusammenfassend ist festzustellen, dass das deutsche Bildungswesen im internationalen Vergleich zwei Besonderheiten aufweist: Zum einen gestattet die durch den Föderalismus bedingte Kulturhoheit den Ländern eine weitgehend eigenständige Ausgestaltung des allgemeinen Bildungswesens, was durch die Föderalismusreform von 2006 noch weiter verstärkt wurde. Zum anderen betraut der Gesetzgeber die Betriebe mit einem Teil der Berufsausbildung, indem er ihnen den praktischen Teil der beruflichen Erstausbildung überlässt.

Das Bildungswesen in Deutschland zeichnet sich vor allem durch einen hohen Grad an interinstitutioneller Offenheit gegenüber individuellen Bildungsbedürfnissen aus. Es zielt auf Durchlässigkeit und Chancengleichheit. So ist es inzwischen keine Besonderheit mehr, dass ehemalige Hauptschüler nach verschiedenen Zusatzqualifizierungen später ein Universitätsstudium absolvieren. Auf dem tertiären Bildungssektor konkurrieren zwei Hochschulformen, wobei die kürzeren und praxisnäheren Fachhochschulstudiengänge sowie die Ausbildung an Berufsakademien im Bereich der praktischen Berufe gegenüber den universitären Studiengängen an Attraktivität gewonnen haben. Der einsetzende Bologna-Prozess und mit ihm eine Akademisierung der Studiengänge der Fachhochschulen lässt diese Abgrenzungen allerdings zunehmend verwischen.

Ein Ort der außeruniversitären Forschung ist Weimar. Das im Winter 2005 eröffnete Studienzentrum der *Anna Amalia Bibliothek* (Thüringen) ist Teil des neuen Weimarer Bibliotheksquartiers, das darüber hinaus aus mehreren Schlössern und einem unterirdischen Magazin besteht. Der im Innenhof des Roten Schlosses entstandene Bücherkubus mit dem systematisch aufgestellten Freihandbestand (Kapazität: 200.000 Bände) bildet das moderne Pendant zum Rokokosaal des Stammhauses (Grünes Schloss). Nach Vollendung aller Baumaßnahmen bietet die Bibliothek ideale Bedingungen für die Erforschung der deutschen Literaturgeschichte von der Aufklärung bis zur Romantik.

Die internationalen PISA-Untersuchungen haben für Deutschland aber auch einige Defizite zutage gebracht: So erreichen Schüler aus bildungsfernen und sozial schwächeren Familien sowie aus Familien mit Migrationshintergrund im Schnitt wesentlich schlechtere Bildungs- und Berufsabschlüsse als in anderen Staaten. Die seit der Veröffentlichung der PISA-Ergebnisse einsetzenden Bemühungen des Bundes und der Länder zur Verbesserung des Bildungsniveaus der jugendlichen Schüler haben im besonderen Maße die Leseförderung im Fokus. Eine Vielzahl schulischer und außerschulischer Aktivitäten verfolgt seitdem das Ziel, die Lesemotivation und das Lesevermögen der Kinder und Jugendlichen aus allen Schichten zu steigern. In einigen Bundesländern wurden Sonderprogramme aufgelegt, mit deren Hilfe etwa die Öffentlichen Bibliotheken kreative Leseförderaktionen in Zusammenarbeit mit Kindergärten und Schulen entwickeln konnten. Darüber hinaus setzt sich die 1988 gegründete *Stiftung Lesen* (Mainz) für die Leseförderung ein. Unter der Schirmherrschaft des Bundespräsidenten, maßgeblich unterstützt durch den Börsenverein des Deutschen Buchhandels sowie weiterer Medienpartner und Kultursponsoren, organisiert sie bundesweite Förderprojekte, Schulkampagnen und Buchhandelsaktionen. Zur Aus-, Fort- und Weiterbildung von Multiplikatoren wurde 2004 die Akademie für Leseförderung der Stiftung Lesen an der Gottfried Wilhelm Leibniz Bibliothek in Hannover aufgebaut.

Börsenverein des Deutschen Buchhandels e.V.

Buchhandel

Einer der wichtigsten Partner der Bibliotheken ist der Buchhandel. In Deutschland blickt er auf eine ebenfalls bis ins Mittelalter reichende Tradition zurück. Er besitzt nicht nur eine herausragende kulturelle Bedeutung, sondern stellt auch einen nicht unerheblichen Wirtschaftsfaktor dar. Das in der Regel gute Verhältnis zwischen Buchhandel und Bibliotheken ist jedoch nicht in allen Punkten störungsfrei. So gibt es gegensätzliche Positionen in einer Reihe von Sachverhalten, die im Einzelfall auch zu gerichtlichen Auseinandersetzungen führten, wie etwa in Fragen des Urheberrechts und der Lizenzrechte. Die exorbitant hohen Preissteigerungen insbesondere bei (elektronischen) Zeitschriften, durch die die Bibliotheksetats überproportional belastet werden, zwangen die Bibliotheken zu Abbestellungen von Abonnements.

Von den im Jahr 2005 rund 2.770 steuerpflichtigen Buchverlagen, den 5.120 Buchhandlungen und den über 80 Zwischenbuchhändlern ist ein großer Teil (6.255 Firmen) im Börsenverein des Deutschen Buchhandels e.V. organisiert. Dieser 1825 in Leipzig gegründete Spitzenverband des herstellenden und verbreitenden Buchhandels hat heute seinen Sitz in Frankfurt am Main. Dort findet seit 1949 alljährlich die Internationale Frankfurter Buchmesse statt, die

Als wichtigster Lieferant versorgt der Sortimentsbuchhandel die Bibliotheken mit den Neuerscheinungen des deutschen Buchmarktes. Dank der Buchpreisbindung überspannt die Bundesrepublik Deutschland ein engmaschiges und effektiv organisiertes Netz von Buchhandlungen, an dem neben großen Ladengeschäften, die ihr Angebot großflächig und verkaufsfördernd präsentieren können, auch sehr viele mittlere und kleinere Buchhandlungen Anteil haben, die sich durch Kundennähe und Service auszeichnen. Der feste Ladenpreis garantiert zudem ein breit gefächertes, rund 800.000 lieferbare Titel umfassendes Angebot. Nicht vorrätige Titel können häufig innerhalb eines Tages beschafft werden.

größte Buchmesse der Welt (mit zuletzt rund 7.225 ausstellenden Verlagen im Jahr 2006). Auf ihr wird jedes Jahr der renommierte Friedenspreis des Deutschen Buchhandels verliehen. Auch die traditionelle Leipziger Frühjahrsbuchmesse konnte mit einem neuen eigenen Profil ihre Position als international bedeutsame Bücher- und Autorenschau in Deutschland festigen. Der Börsenverein gibt eine Fachzeitschrift, das „Börsenblatt des Deutschen Buchhandels", heraus, das nicht nur für Neuerscheinungen wirbt, sondern auch redaktionelle Beiträge aus der Welt des Buches enthält. Im Verlag des Börsenvereins erscheint das Verzeichnis Lieferbarer Bücher (VLB), das Buchhändler und Bibliotheken über alle verfügbaren Titel einschließlich ihrer Preise informiert.

Wie in verschiedenen anderen Ländern gelten in Deutschland für Bücher feste Ladenpreise, die es aus marktwirtschaftlichen Gründen für kein anderes Produkt gibt. Das in der Vergangenheit auf privatrechtlicher, im Grunde auf freiwilliger Basis organisierte System des Sammelrevers für den Verkauf preisgebundener Verlagserzeugnisse wurde im Oktober 2002 durch ein Gesetz abgelöst, dessen Kernstück die Verpflichtung zur Festsetzung und Bekanntgabe verbindlicher Ladenpreise ist. Ausnahmen von der Preisbindung sind nur in bestimmten Fällen möglich. Dazu zählt der Bibliotheksrabatt, der für die allgemein zugänglichen Wissenschaftlichen Bibliotheken 5% und für die Öffentlichen Bibliotheken einschließlich der Schulbibliotheken 10% beträgt.

Die Preisbindung für Bücher ist Garant einer Titelvielfalt, die in keinem anderen Land der Welt mit Ausnahme Großbritanniens so groß ist wie in Deutschland. Trotz des Vormarsches neuer Medien ist die Buchproduktion in der Vergangenheit stets gestiegen und lag 2006 bei 90.000 Neuerscheinungen, davon 78.000 Erstauflagen. Unter diesen nimmt die Belletristik (14%) den ersten Rang ein, aber auch die Kinder- und Jugendliteratur (7%) ist gut vertreten, gefolgt von den übrigen Sachgruppen wie Literatur, Wirtschaft, Medizin, Recht, Theologie usw. Die weitaus meisten neuen Bücher erscheinen in München; auch Berlin, Frankfurt am Main, Stuttgart, Köln und Hamburg sind bedeutende Verlagsorte. Diese Städte sind es auch, die die höchste Anzahl von Buchhandlungen aufzuweisen haben.

Als Indikator für die kulturelle Offenheit eines Landes mag die Zahl der Übersetzungen angesehen werden. Etwa 8% der Bücher, die 2005 in Deutschland erschienen, sind aus einer anderen Sprache übersetzt worden. Unter den Herkunftssprachen dominiert das Englische (60%), mit großem Abstand folgt das Französische (9,4%). Besonders hoch ist die Zahl der Übersetzungen bei der Belletristik, aber auch bei Kinder- und Jugendbüchern und Comics. Hinsichtlich der Lizenznachfrage für deutsche Titel zeigt sich die Öffnung des Ostens für die Weltwirtschaft: Noch vor der englischen Sprache rangierten 2005 Polnisch, Tschechisch, Chinesisch, Russisch, Koreanisch und Spanisch.

In vielen Fällen fördert das Goethe-Institut die Übersetzung in fremde Sprachen; das ist besonders bei Büchern bedeutsam, die wenig wirtschaftlichen Gewinn versprechen.

3 Bibliotheksvielfalt

Das breit gefächerte Bild der Bibliotheken in Deutschland

Vielfalt der Unterhaltsträger

Zu den Merkmalen, die das deutsche Bibliothekswesen prägen, zählt die Vielfalt der verschiedenen Bibliothekstypen. Nicht selten haben diese ihren Ursprung in einer bestimmten historischen Epoche, sind also eng mit der kultur- und geistesgeschichtlichen Entwicklung Deutschlands und seiner Territorien verbunden. Meist sind sie einem bestimmten Trägertypus zuzuordnen. Es erscheint deshalb sinnvoll, zunächst einen Blick auf die unterschiedlichen Unterhaltsträger der Bibliotheken zu werfen und die wichtigsten zu nennen: die öffentlichen, die kirchlichen und die privaten Träger.

Öffentliche Träger

Der Bund

Unter den vom Bund getragenen Bibliotheken ist vor allem die *Deutsche Nationalbibliothek* hervorzuheben, die zum Geschäftsbereich des Beauftragten der Bundesregierung für Kultur und Medien (BKM) gehört. Bedeutend sind aber auch die *Bibliothek des Deutschen Bundestages* in Berlin, mit 1,3 Millionen Bänden eine der größten Parlamentsbibliotheken der Welt, die Bibliotheken der Bundesministerien, Bundesbehörden, Bundesgerichte, Bundesforschungsanstalten sowie der beiden Universitäten der Bundeswehr in Hamburg und Neubiberg (bei München).

Da aber – wie dargestellt – die Zuständigkeit für Wissenschaft und Bildung, Kultur und Kunst, fast ausschließlich den Ländern vorbehalten ist, tritt der Bund als Bibliotheksträger nur noch in wenigen Fällen in Erscheinung.

Im Übrigen beteiligt sich der Bund an der Finanzierung einzelner Bibliotheken und Einrichtungen mit überregionaler Bedeutung. Gemeinsam von Bund und Ländern werden die rund 80 außeruniversitären Forschungsinstitute gefördert, die in der *Wissenschaftsgemeinschaft Gottfried Wilhelm Leibniz* zusammengeschlossen sind und über entsprechende Spezialbibliotheken verfügen. Infrastruktureinrichtungen der Wissenschaft und deshalb Mitglied der Leibniz-Gemeinschaft sind die *Zentralen Fachbibliotheken* für Medizin, Technik und Wirtschaft. Eine Mischfinanzierung genießen auch die großen Forschungseinrichtungen wie die *Max-Planck-Gesellschaft*, die *Fraunhofer-Gesellschaft* oder die *Hermann von Helmholtz-Gemeinschaft Deutscher Forschungszentren*, die bedeutende Spezialbibliotheken unterhalten.

Die Länder

Wegen der grundgesetzlich verbrieften Kulturhoheit sind in Deutschland die Länder die wichtigsten Träger wissenschaftlicher Bibliotheken. In die Zuständigkeit der Bundesländer fallen nämlich nahezu alle Hochschulen und damit auch die Hochschulbibliotheken, außerdem die Staats-, Landes- und Regionalbibliotheken. Zu erwähnen sind zudem die Bibliotheken der Länderparlamente, der Landesbehörden und Landesforschungsanstalten, der staatlichen Archive und Museen.

Die Gemeinden

Bedeutendste Träger der Öffentlichen Bibliotheken sind die Städte und Gemeinden, die im Rahmen der ebenfalls grundgesetzlich verankerten kommunalen Selbstverwaltung von ihrem Recht, eine Stadtbibliothek oder Gemeindebücherei zu unterhalten, Gebrauch machen können und dies in vielen Fällen auch tun (kulturelle Daseinsvorsorge). In manchen Bundesländern unterhalten die Landkreise eigene Fahrbibliotheken, zentrale Kreisbibliotheken oder Kreisergänzungsbibliotheken sowie zusammen mit Gemeinden und dem Land Büchereizentralen; in einigen Fällen gewähren sie den Kommunen für ihre Stadt- und Gemeindebibliotheken finanzielle Zuschüsse.

Öffentlich-rechtliche Stiftungen

Mehrere öffentlich-rechtliche Stiftungen sind Träger bedeutender Bibliotheken. Hier sind die *Stiftung Preußischer Kulturbesitz* mit der Staatsbibliothek zu Berlin und die *Klassik Stiftung Weimar* mit der Herzogin Anna Amalia Bibliothek in Weimar in erster Linie zu nennen. Weitere öffentlichrechtliche Stiftungen, die eigene Bibliotheken unterhalten und dafür auf die Finanzzuwendungen der Gebietskörperschaften angewiesen sind, sind die *Franckeschen Stiftungen* in Halle an der Saale mit ihrer sog. Hauptbibliothek und die *Stiftung Germanisches Nationalmuseum* in Nürnberg mit ihrer bedeutenden Spezialbibliothek. Als Stiftungen geführt werden die *Zentral- und Landesbibliothek Berlin*, unter deren Dach die Berliner Stadtbibliothek, die Amerika-Gedenk-Bibliothek (AGB) und die Senatsbibliothek vereinigt sind, sowie seit 2007 die *Deutsche Zentralbibliothek für Wirtschaftswissenschaften.*

Die *Zentralbibliothek der Katholischen Universität Eichstätt* (Bayern) erhielt 1987 einen transparenten, mit Formen und Farben spielenden Neubau in der Auenlandschaft der Altmühl (Architekt: Günter Behnisch), der wegen seines hohen Gestalt- und Erlebniswertes preisgekrönt wurde. Zu den Einrichtungen für die Benutzer zählen Carrels, die ein konzentriertes Arbeiten ermöglichen, aber auch den Blick in Richtung Fluss zulassen.

Kirchliche Träger

Sowohl die Katholische als auch die Evangelische Kirche besitzen eine große Zahl von Bibliotheken. Dem Typ der geisteswissenschaftlichen *Spezialbibliothek* gehören die Dom-, Diözesan- und Landeskirchlichen Bibliotheken an, außerdem die Bibliotheken der Priesterseminare und anderer kirchlicher Einrichtungen und Verbände. Integraler Bestandteil des wissenschaftlichen Bibliothekswesens sind zudem die Bibliotheken der kirchlichen Hochschulen wie beispielsweise der Katholischen Universität Eichstätt. Kleine, meist ehrenamtlich geführte *Öffentliche Bibliotheken* unterhalten die Kirchen auf der Ebene ihrer Pfarr- und Kirchengemeinden. In nicht wenigen ländlichen Regionen erfüllen kirchliche Bibliotheken wegen des Fehlens kommunaler Einrichtungen die Aufgaben der allgemeinen Literaturversorgung.

Zu den Privatbibliotheken zählt die *Fürst Thurn und Taxis Hofbibliothek in Regensburg* (Bayern), eine wissenschaftliche Universalbibliothek mit 212.000 Bänden, 350 Handschriften und 1.700 Inkunabeln und Frühdrucken, die bereits 1782 der Öffentlichkeit zugänglich gemacht wurde. Der 1732 geschaffene barocke Kuppelsaal, benannt nach seinem Maler Cosmas Damian Asam, beherbergt die Altbestände der Bibliothek.

Private Träger

Private Träger von Bibliotheken können sowohl Firmen und Vereine als auch Privatpersonen sein. Viele große Wirtschaftsunternehmen besitzen für Zwecke der Forschung und Entwicklung eigene Bibliotheks- und Informationseinrichtungen, die sich auf die Literaturbedürfnisse der Mitarbeiter dieser Firmen spezialisiert haben und meist nicht öffentlich zugänglich sind. Dem Typ der wissenschaftlichen Spezialbibliothek gehören auch die Bibliotheken an, die von Vereinen mit wirtschaftlicher, berufsständischer, wissenschaftlicher oder ideeller Zielsetzung zur Unterstützung ihrer Arbeit aufgebaut wurden. Privatpersonen als Besitzer großer, der Öffentlichkeit zugänglicher Bibliotheken sind in Deutschland selten geworden. Nur in Ausnahmefällen haben sich private Sammlungen in der Hand des Adels erhalten (Regensburg, Sigmaringen). Als größtes Bibliothekssystem in einer Großstadt in Deutschland gelten die in Trägerschaft einer Stiftung des privaten Rechts stehenden, 1899 gegründeten *Öffentlichen Bücherhallen* im Stadtstaat Hamburg (HÖB).

Vielfalt der Bibliothekstypen

Die einzelnen Bibliothekstypen unterscheiden sich nicht nur nach ihren Trägern, den öffentlichen oder privaten Geldgebern, sondern auch nach ihrer historischen Entwicklung, nach dem Umfang und der Zusammensetzung ihrer Bestände und nach dem Kreis ihrer Benutzer. Ein wesentliches Unterscheidungskriterium sind zudem die jeweiligen Aufgaben und Funktionen. In der Realität kommt es hier zu zahlreichen Überschneidungen, insbesondere bei Bibliotheken mit nominell ausgewiesener Doppelfunktion (z.B. Stadt- und Landesbibliothek). In der folgenden Zusammenstellung soll daher die jeweils zentrale Funktion einer Bibliothek zum typisierenden Merkmal gemacht werden.

Bibliotheken von nationaler Bedeutung

Neben der Deutschen Nationalbibliothek spielt eine Reihe weiterer großer Bibliotheken mit nationaler Bedeutung eine herausgehobene Rolle im deutschen Bibliothekswesen.

Die Deutsche Nationalbibliothek

Im Unterschied zu vielen anderen Staaten kam es in Deutschland aufgrund der territorialen Zersplitterung und der inneren politischen Gegensätze lange Zeit hindurch nicht zur Bildung einer Nationalbibliothek.

Die durch den Börsenverein der Deutschen Buchhändler mit Unterstützung der Stadt Leipzig und des Königreichs Sachsen im Jahre 1912 in Leipzig gegründete *Deutsche Bücherei* konnte nach der deutschen Teilung 1945 ihre nationalbibliothekarische und nationalbibliografische Aufgabe für die Westzonen nicht mehr erfüllen. Daher entstand auf verlegerische und bibliothekarische Initiative 1946 die *Deutsche Bibliothek* in Frankfurt am Main. Mit der Vereinigung Deutschlands 1990 sind beide Institutionen unter dem Namen *Die Deutsche Bibliothek* zusammengeführt worden. 2006 wurde die Bibliothek per Gesetz in *Deutsche Nationalbibliothek* umbenannt. An den Standorten in Leipzig, Frankfurt am Main und Berlin, wo sich das 1970 errichtete Deutsche Musikarchiv (DMA) befindet, nimmt sie ihre Aufgaben wahr; das DMA wird nach Vollendung des Erweiterungsbaus der Deutschen Bücherei an den Standort Leipzig umziehen.

Mit rund 22 Mio. Einheiten, davon 13 Mio. in Leipzig, neun Mio. in Frankfurt am Main sowie über einer Million Musikalien und Tonträger in Berlin ist die Deutsche Nationalbibliothek die mit Abstand größte Bibliothek in Deutschland. Sie hat, so formuliert es das am 29.6.2006 in Kraft getretene „Gesetz über die Deutsche Nationalbibliothek", den Auftrag,

- die ab 1913 in Deutschland veröffentlichten Medienwerke und
- die ab 1913 im Ausland veröffentlichten deutschsprachigen Medienwerke, Übersetzungen deutschsprachiger Medienwerke in andere Sprachen und fremdsprachige Medienwerke über Deutschland

im Original zu sammeln, zu inventarisieren, zu erschließen, bibliografisch zu verzeichnen, auf Dauer zu sichern und für die Allgemeinheit nutzbar zu machen.

Bibliotheksname	Buchbestand (in Bänden)	Entleihungen am Ort (in ME)	Ausgaben für Erwerbung und Einband (in Euro)	Aktive Benutzer	Öffnungs-stunden pro Woche	Fernleihen/ Dokument-lieferungen
Berlin SBB	10,25 Mio.	1,47 Mio.	10,61 Mio.	57.450	70,0	78.800
Frankfurt a.M., Leipzig, Berlin DNB	15,30 Mio.	0,95 Mio.	2,16 Mio.	39.112	79,0	13.000
Hannover TIB	2,55 Mio.	0,65 Mio.	8,76 Mio.	11.530	57,5	491.000
Kiel ZBW	2,71 Mio.	0,14 Mio.	1,44 Mio.	7.025	50,0	76.000
Köln ZBMED	1,40 Mio.	0,57 Mio.	4,80 Mio.	6.000	73,0	484.000
München BSB	9,10 Mio.	1,61 Mio.	11,19 Mio.	44.039	74,0	505.700

Nationale Universalbibliotheken und Zentrale Fachbibliotheken: Gesamtstatistik 2005

(Quelle: Deutsche Bibliotheksstatistik 2006, Stand: 31.12.2005)

Das in nur sechs Jahren errichtete, 1997 eingeweihte neue Gebäude der *Deutschen Nationalbibliothek in Frankfurt am Main* (Hessen, Architekten: Arat, Kaiser, Kaiser) hat eine Hauptnutzfläche von 77.000 qm. Es bietet Platz für 18 Mio. Publikationen, d.h. bei einem zu erwartenden täglichen Zuwachs von 1.000 Titeln wird die Kapazität bis ins Jahr 2035 ausreichen. Den Besuchern steht ein Lesesaalbereich (3.200 qm) mit 350 Arbeitsplätzen und einer Präsenzbibliothek von 100.000 Bänden zur Verfügung.

Das Pflichtexemplarrecht verpflichtet jeden Verleger, zwei Exemplare seiner Neuerscheinungen abzuliefern, handelt es sich nun um Veröffentlichungen in Papierform, um Mikroformen, audiovisuelle Medien oder sonstige Darstellungen. Aufgrund des neuen Gesetzes sind auch Medienwerke in unkörperlicher Form, also Netzpublikationen, ablieferungspflichtig. Die gesetzlichen Vorgaben werden durch die Pflichtabgabeverordnung und die Sammelrichtlinien präzisiert. Der eindeutig definierte Sammelauftrag macht die Deutsche Nationalbibliothek zur Universalbibliothek für den deutschen Sprachraum, d.h. sie sammelt und erschließt Literatur aus allen Wissensgebieten. Aufgrund ihrer Archivfunktion leiht sie nicht aus, sondern stellt ihre Bestände der Allgemeinheit für die Präsenznutzung zur Verfügung.

Die Deutsche Nationalbibliothek ist nicht nur die zentrale Archivbibliothek und das zentrale Musikarchiv für die Bundesrepublik Deutschland, sondern auch das nationalbibliografische Zentrum. Diesen Teil ihres Auftrags erfüllt sie durch die Bearbeitung und Herausgabe der *Deutschen Nationalbibliografie* (DNB), die sich in mehrere Reihen gliedert. Der bibliografische Nachweis wiederum ist Ausgangspunkt für vielfältige zentrale Dienstleistungen, die externen Nutzern und Kunden zugutekommen, keineswegs nur in Deutschland. Der Vertrieb der Daten der deutschen Nationalbibliografie erfolgt auf den verschiedensten Informationsträgern, von der gedruckten Titelkarte über die Diskette und CD-ROM bis zur Online-Datenbank BIBLIODATA und der Datenübernahme vom FTP- oder WWW-Server und ist in den Datenformaten

MAB, USMARC oder UNIMARC möglich. Mithilfe des CIP-Dienstes (Cataloging in Publication), an dem rund 5.500 Verlage mit 50.000 Titeln pro Jahr teilnahmen, informierte die Deutsche Nationalbibliothek seit 1974 sowohl den Buchhandel als auch die Bibliotheken frühzeitig über Neuerscheinungen. In Kooperation mit der MVB (Marketing- und Verlagsservice des Buchhandels GmbH), die das *Verzeichnis Lieferbarer Bücher* (VLB) in gedruckter und digitaler Form herausgibt, übernimmt seit 2003 ein *Neuerscheinungsdienst* diese Aufgabe.

Besondere Aufmerksamkeit widmet die Deutsche Nationalbibliothek den Dokumenten der deutschsprachigen Emigration und des Exils während der Jahre der nationalsozialistischen Herrschaft von 1933 bis 1945. Die *Sammlung Exil-Literatur* am Leipziger Standort und das *Deutsche Exilarchiv* der Deutschen Nationalbibliothek Frankfurt am Main enthalten die von deutschen Emigranten im Ausland veröffentlichen Bücher, Broschüren und Zeitschriften sowie die Nachlässe einzelner Emigranten und die Archive von Exilorganisationen.

Die Deutsche Bücherei Leipzig beherbergt eine internationale Forschungsbibliothek zur Dokumentation des Holocaust. Die *Anne-Frank-Shoah-Bibliothek* verfolgt das Ziel, die weltweit erscheinende Literatur über die Verfolgung und Vernichtung der Juden Europas durch das nationalsozialistische Deutschland bereitzustellen. Publikationen über andere Völker und Gruppen, die aus ethnischen, politischen, religiösen oder anderen Gründen verfolgt wurden, gehören ebenfalls zum Sammelspektrum.

Dokumentationszentrum der Buchkultur ist das *Deutsche Buch- und Schriftmuseum* in Leipzig. In einer Zeit, in der die audiovisuellen und elektronischen Medien in Konkurrenz zum Buch treten, gewinnt die Bewahrung wertvoller Zeugnisse der Buch- und Schriftkultur an Bedeutung. Das 1884 gegründete und damit älteste Buchmuseum der Welt präsentiert seine reichhaltigen und kostbaren Bestände, darunter die weltweit größte Sammlung von Wasserzeichenpapieren, einer breiten Öffentlichkeit in Sonder- und Dauerausstellungen.

Das *Zentrum für Bucherhaltung* (Leipzig), bis 1998 Teil der Deutschen Bücherei, ist seitdem eine selbstständige GmbH, die sich um die Konservierung und Restaurierung des Buches als physischen Gegenstand bemüht. Zehntausende von Büchern, deren Rohstoffe nicht auf textiler Basis (Hadern), sondern auf der Grundlage von Holzschliff entstanden, sind seit Mitte des 19. Jahrhunderts vom Säurezerfall bedroht. Mit maschinellen und handwerklichen Methoden werden bedrohte Papiere durch die sog. Papierspaltung gefestigt und durch Entsäuerung haltbar gemacht. Mikroverfilmung sichert zudem die Texte gefährdeter Bücher.

Die Deutsche Nationalbibliothek kooperiert mit nationalen und internationalen bibliothekarischen Einrichtungen und beteiligt sich an zahlreichen Projekten. Beispielhaft seien genannt: die Aufstellung gemeinsamer Regeln, Standards und Normen, die kooperative Führung von Normdateien als Datenbanken, die Entwicklung von Strategien und Methoden zur Massenentsäuerung, die Definition eines Metadatenstandards zur Erschließung digitaler und digitalisierter Ressourcen, die Funktion des Nationalen ISSN-Zentrums für Deutschland.

Das 1970 gegründete und der Deutschen Bibliothek Frankfurt am Main als Abteilung angegliederte *Deutsche Musikarchiv Berlin* (DMA) ist die zentrale Sammlung von Musikalien und Tonträgern und das musikbibliografische Informationszentrum Deutschlands. 1978 zog das DMA in das Herrenhaus Correns („Siemens-Villa") in Berlin-Lankwitz. Es besitzt gegenwärtig rund eine Million Medieneinheiten.

Der im Wesentlichen auf die Pflege der deutschsprachigen Literatur begrenzte Sammelauftrag unterscheidet die Deutsche Nationalbibliothek von den Nationalbibliotheken vieler anderer Länder, die auch die wichtigsten ausländischen bzw. fremdsprachigen Publikationen erwerben und dadurch zu großen Universalbibliotheken mit einem beträchtlichen Bestand an in- und ausländischer Literatur geworden sind. Diese zweite Teilaufgabe einer Nationalbibliothek erfüllen in Deutschland vor allem zwei bedeutende Universalbibliotheken: die Staatsbibliothek zu Berlin – Preußischer Kulturbesitz (gegründet 1661) und die Bayerische Staatsbibliothek in München (gegründet 1558). Beide sind aus fürstlichen Hofbibliotheken hervorgegangen, üben aber aufgrund ihrer herausragenden Bestände und ihrer zahlreichen Dienstleistungen überregionale Funktionen aus. Mit ihren umfassenden deutschen und internationalen Altbeständen, ihren zahlreichen Sonderbeständen und ihrer Teilnahme sowohl am Sondersammelgebietsprogramm der DFG als auch an der Sammlung Deutscher Drucke können sie als die zentralen oder nationalen Universalbibliotheken bezeichnet werden. Für die angewandten Wissenschaften werden sie durch die drei Zentralen Fachbibliotheken ergänzt, auf dem Gebiet der deutschen Nationalliteratur durch die übrigen Bibliotheken der Arbeitsgemeinschaft Sammlung Deutscher Drucke.

Die Staatsbibliothek zu Berlin – Preußischer Kulturbesitz

Die Staatsbibliothek zu Berlin – Preußischer Kulturbesitz (SBB-PK) setzt die Tradition der Preußischen Staatsbibliothek fort, die vor dem Zweiten Weltkrieg eine der größten und bedeutendsten wissenschaftlichen Universalbibliotheken Europas war, deren erfolgreiche Entwicklung durch die Auswirkungen des Krieges und der deutschen Teilung jedoch ein abruptes Ende gefunden hatte. Die getrennte Entwicklung der Deutschen Staatsbibliothek, die sich für das Territorium der DDR zusammen mit der Deutschen Bücherei Leipzig die Aufgaben einer „Nationalbibliothek“ geteilt hatte, und der Staatsbibliothek Preußischer Kulturbesitz, die aus den im Westen verbliebenen Beständen der früheren Preußischen Staatsbibliothek entstanden war, konnte mit der Vereinigung Deutschlands beendet werden. In den beiden Häusern Unter den Linden und Potsdamer Platz im wiedervereinigten Berlin versucht die Staatsbibliothek, an ihren alten Rang als herausragende Forschungsbibliothek anzuknüpfen und zentrale Aufgaben für das deutsche Bibliothekswesen zu übernehmen.

33 Jahre nach Ende des Zweiten Weltkriegs, 1978, konnte die damalige Staatsbibliothek Preußischer Kulturbesitz ihre Bestände zusammenführen und am Potsdamer Platz in Berlin-Tiergarten (damals Berlin West) ein neues Gebäude (Architekt: Hans Scharoun) beziehen, das heutige *Haus 2 der Staatsbibliothek zu Berlin – Preußischer Kulturbesitz.* Es fungiert als Ausleih- und Arbeitsbibliothek sowie als Informationszentrum, während Haus 1 als Präsenz- und Forschungsbibliothek geführt wird.

Die Bibliothek besitzt einen beeindruckenden Druckschriftenbestand. Über zehn Mio. Bücher und Zeitschriften aus allen Wissensgebieten, Ländern, Zeiten und Sprachen stehen der Wissenschaft zur Verfügung. Schwerpunkte bilden die auf Osteuropa, Ostasien und den Orient bezogene Literatur, die Amtsdruckschriften und Parlamentaria, die Veröffentlichungen internationaler Organisationen, die Zeitschriften und Zeitungen sowie Kinder- und Jugendbücher. Mit 2,5 Mio.

Mikrofiches und Mikrofilmen ist die Staatsbibliothek auch auf dem Gebiet der Mikroformen gut vertreten. Von herausragender Bedeutung sind die Sonderbestände. Hier sind insbesondere zu nennen: die abendländischen Handschriften (u.a. 18.300 Handschriften und 320.000 Autografen), die musikwissenschaftlichen (u.a. 457.000 Musikdrucke, 66.500 musikalische Autografen), kartografischen (u.a. 1 Mio. Kartenblätter) und orientalischen (41.600 Handschriften) Sondersammlungen. Überragenden Umfang hat das Bildarchiv mit 12 Mio. Fotos, Grafiken, Stichen, Dias und anderen bildlichen Darstellungen.

Im System der überregionalen Literatur- und Informationsversorgung nimmt die Staatsbibliothek zahlreiche Aufgaben wahr. Im Rahmen des von der Deutschen Forschungsgemeinschaft (DFG) geförderten Programms der überregionalen Literaturversorgung betreut sie mehrere Sammelschwerpunkte, darunter die Rechtswissenschaft. Im kooperativen Erwerbungsprogramm Sammlung Deutscher Drucke ist sie für den Zeitraum 1871 bis 1912 zuständig. Sie sammelt deutsche und ausländische Amtsdruckschriften und die Veröffentlichungen internationaler Organisationen.

Mit ihren bibliografischen Dienstleistungen knüpft die Bibliothek teilweise an entsprechende Tätigkeiten der Preußischen Staatsbibliothek an. Sie erstellt den internationalen Gesamtkatalog der Wiegendrucke (Inkunabeln), führt die Zentralkartei der Autografen, die mittlerweile 1,2 Millionen handgeschriebene Dokumente elektronisch verwaltet, ist an mehreren anderen Erschließungsprojekten beteiligt, beispielsweise für die deutschen Drucke des 16. und 17. Jahrhunderts, und sie betreut bibliothekarisch die Zeitschriftendatenbank. Schließlich ist zu erwähnen, dass die Staatsbibliothek zu Berlin die Internationale ISBN-Agentur und die Internationale ISMN-Agentur betreibt, die beide der weltweiten Verbreitung der Standard-Nummerierungssysteme für Bücher und Musikalien dienen.

Mit der Internationalen Standardbuchnummer, abgekürzt ISBN, wird eine nichtperiodische Veröffentlichung eines Verlages durch eine codierte Zahlenkombination eindeutig identifiziert. Es handelt sich um eine zunächst 10-stellige, seit dem Jahr 2007 verpflichtend 13-stellige Nummer, die überwiegend in Warenwirtschaftssystemen des Buchhandels eingesetzt wird. Aber auch die meisten Bibliotheken verwenden sie für ihre Bestellsysteme und EDV-Katalogisierung. Die Erweiterung war erforderlich, um neue Verlage in Osteuropa und aus dem englischen Sprachraum berücksichtigen zu können. Die ISBN13 ist Teil der European Article Number (EAN), die künftig auch von den USA verwendet wird. Die nunmehr vorangestellte Ziffernfolge „978" weist auf Verlagsprodukte hin; mit der Zuweisung der Zahlengruppe „979" verdoppelt sich der verfügbare Nummernraum.

Die *Bayerische Staatsbibliothek in München* erhielt erstmals 1843 ein eigenes, nach Plänen Friedrich von Gärtners errichtetes Bibliotheksgebäude, das bei seiner Errichtung unter funktionalen Aspekten als bester deutscher Bibliotheksbau galt, mit dem monumentalen Treppenaufgang im Innern aber auch auf repräsentative Wirkung zielte. Die begrenzte Magazinkapazität zwingt die BSB, wie viele andere deutsche Bibliotheken, einen großen Teil ihres Bestandes auszulagern.

Die Bayerische Staatsbibliothek in München

Mit rund neun Mio. Bänden nationaler und internationaler Literatur ist die Bayerische Staatsbibliothek (BSB) in München die zweitgrößte wissenschaftliche Universalbibliothek der Bundesrepublik Deutschland und eine der bedeutendsten Quellensammlungen der Welt. Sie ist zugleich die zentrale Landesbibliothek des Freistaates Bayern und die staatliche Fachbehörde für alle Angelegenheiten des bayerischen Bibliothekswesens; seit 1663 sammelt sie die in Bayern erscheinenden Pflichtstücke. Dank ihrer mehr als 47.000 Zeitschriften- und Zeitungsabonnements ist sie nach der British Library die größte Zeitschriftenbibliothek Europas.

Die 1558 als Hofbibliothek des Hauses Wittelsbach gegründete, seit 1919 den heutigen Namen tragende Bayerische Staatsbibliothek sammelt Publikationen aller Länder und Fachrichtungen. Besondere Schwerpunkte bilden Altertumswissenschaften, Geschichte, Musik, der ost- und südosteuropäische Raum sowie der Orient und Ostasien. Aufgrund ihrer Tradition und Entwicklung liegt ein besonderer Schwerpunkt auf den Handschriften und den vor 1700 erschienenen Drucken sowie der ausländischen Literatur der Nachkriegszeit.

Mit 90.200 Handschriften ist die Handschriftensammlung eine der größten der Welt. Ebenso bedeutsam ist die Inkunabelsammlung (19.900 Bände). Da die Bayerische Staatsbibliothek auch bei den im deutschen Sprachraum erschienenen Drucken des 16. und 17. Jahrhunderts eine Spitzenstellung einnimmt, wurde sie federführend an entsprechenden nationalbibliografischen Erschließungsprojekten sowie an der Sammlung Deutscher Drucke (für den Zeitraum 1450 bis 1600, Notendrucke bis 1800) beteiligt. Im Rahmen des Sammelschwerpunktprogramms der Deutschen Forschungsgemeinschaft hat die Bayerische Staatsbibliothek mehrere Sammelgebiete übernommen. Wie sehr die Bibliothek auf dem Sektor der Erwerbung international ausgerichtet ist, lässt sich daran erkennen, dass vier Fünftel aller Buchkäufe im Ausland abgewickelt werden.

Die *Deutsche Zentralbibliothek für Medizin in Köln und Bonn* (Nordrhein-Westfalen), deren Vorläufer auf das Jahr 1908 zurückgehen, ist die größte medizinische Fachbibliothek Europas. Die früher über mehrere Etagen eines Klinikgebäudes verteilte Bibliothek besitzt seit 1999 ein eigenes Gebäude, das inmitten des Kölner Universitätsklinikums liegt. Die Bereichsbibliothek für Ernährung, Umwelt und Agrarwesen befindet sich im Gebäude der ehemaligen Deutschen Zentralbibliothek für Landbauwissenschaften in Bonn.

Ähnlich wie die Staatsbibliothek zu Berlin ist auch die Bayerische Staatsbibliothek in München an zahlreichen nationalen und internationalen Gemeinschaftsprojekten beteiligt. Sie pflegt partnerschaftliche Beziehungen zu internationalen Gremien und ausländischen Bibliotheken. Ausgehend von der Einsicht, dass das Erbe der Vergangenheit auf dem Buch basiert und das Buch auch künftig eine tragende Rolle spielen wird, dass aber daneben die elektronischen Medien völlig neue Möglichkeiten eröffnen, richten sich die Bemühungen der Bibliothek einerseits auf die Erhaltung des Altbestands und andererseits auf die Etablierung der modernen Technik. Die Bayerische Staatsbibliothek unterhält daher sowohl das Institut für Buch- und Handschriftenrestaurierung als auch das Münchener Digitalisierungszentrum.

Die Zentralen Fachbibliotheken

Die drei Zentralen Fachbibliotheken in Hannover, Köln und Kiel dienen der überregionalen Literaturversorgung in den angewandten Wissenschaften. Sie ergänzen auf ihren Spezialgebieten, die sie jeweils in großer Breite und Tiefe pflegen, die Deutsche Nationalbibliothek und die beiden zentralen Universalbibliotheken in Berlin und München bei der Wahrnehmung nationaler Aufgaben. Sie sammeln die Veröffentlichungen ihrer Fachgebiete mit größtmöglicher Vollständigkeit einschließlich der nichtkonventionellen Literatur und der Non-Book-Medien aller Art und stellen sie für Zwecke der Information und Dokumentation ebenso zur Verfügung wie für die Fernleihe und Dokumentlieferung. Aus diesem Grunde ist ihre Finanzierung eine Gemeinschaftsaufgabe von Bund und Ländern.

Die *Technische Informationsbibliothek* (TIB) in Hannover, 1959 gegründet, ist die Deutsche Zentrale Fachbibliothek für alle Gebiete der Technik und deren Grundlagenwissenschaften, insbesondere Chemie, Informatik, Mathematik und Physik sowie Architektur. Als vorrangige Aufgabe sieht sie die auf die Wünsche der Bibliothekskunden zugeschnittene, differenzierte Dokumentlieferung innerhalb kürzester Frist. Voraussetzung dafür ist die umfassende Beschaffung und Archivierung konventioneller und auch außerhalb des Buchhandels vertriebener (sog. ‚grauer') technisch-naturwissenschaftlicher Literatur aus aller Welt. Mit 18.600 laufenden Fachzeitschriften und sieben Mio. Bänden, Mikroformen und CD-ROMs, darunter Konferenzberichte, Forschungsberichte (Reports), Patentschriften, Normen, Standards und Dissertationen, erfüllt die Bibliothek ihre weitreichenden Aufgaben.

Die 1969 gegründete *Deutsche Zentralbibliothek für Medizin* (ZBMED) in Köln und Bonn ist die Zentrale Fachbibliothek für Medizin, Gesundheitswesen, Ernährung, Umwelt und Agrarwissenschaften sowie deren Grundlagenwissenschaften und Randgebieten. Mit mehr als 1,4 Mio. Bänden und 8.000 laufenden Zeitschriften ist sie die größte Bibliothek dieser Fachbereiche in Europa und die zweitgrößte medizinische Fachbibliothek der Welt. Sie bietet ihren Kunden neben dem Online-Katalog und einer Current-Contents-Datenbank für deutsche medizinische Zeitschriftenliteratur (CCMed) die Virtuelle Fachbibliothek Medizin (MedPilot), die in Kooperation mit dem ebenfalls in Köln ansässigen Deutschen Institut für Medizinische Dokumentation und Information (DIMDI) betrieben wird. MedPilot gestattet die Parallelsuche in mehr als 40 Literatur- und Faktendatenbanken sowie Katalogen und Verzeichnissen mit Online-Zugriff auf die Originalliteratur (soweit lizenziert, sonst im Pay-per-view-Verfahren). Die ZBMED führt innovative Projekte durch, z.B. im Bereich der semantischen Indexierung, und ist Anbieter des Open Access-Portals „German Medical Science" mit derzeit 13 Fachzeitschriften und einer großen Zahl medizinischer Konferenzberichte.

Die *Deutsche Zentralbibliothek für Wirtschaftswissenschaften* (ZBW), Leibniz-Informationszentrum Wirtschaft, auf zwei Einrichtungen in Hamburg und Kiel verteilt, ist die größte wirtschaftswissenschaftliche Spezialbibliothek der Welt. Sie besitzt nach Integration der Bibliothek des Hamburgischen Welt-Wirtschafts-Archivs zum 1.1.2007 ca. vier Mio. Medieneinheiten, darunter umfangreiche Bestände an Arbeitspapieren, Statistiken, Dissertationen und Konferenzbänden. Sie hat 24.500 gedruckte und elektronische Zeitschriften abonniert. Das Sammelprofil umfasst die Bereiche Betriebswirtschaft, Volkswirtschaft und Wirtschaftspraxis. Auf Basis der Literaturbeschaffung wird der 3,4 Mio. Titel umfassende Online-Katalog ECONIS erstellt, in dem auch Aufsätze aus Zeitschriften und

Die 1792 gegründete *Landesbibliothek Oldenburg* (Niedersachsen), eine wissenschaftliche Universalbibliothek mit regionalem Schwerpunkt, erhielt 1987 ihre heutige Unterkunft in einer umgebauten und erweiterten Infanterie-Kaserne. Ihr Bestand von 735.000 Medieneinheiten kommt auch den Angehörigen der 1974 eröffneten Universität Oldenburg zugute.

Die *Gottfried Wilhelm Leibniz Bibliothek – Niedersächsische Landesbibliothek in Hannover* (Niedersachsen) ist ein Zentrum für die Werke des Universalgelehrten. Sie bewahrt den beträchtlichen Nachlass, zu dem auch die 1695 von Leibniz konstruierte Rechenmaschine für alle vier Grundrechenarten gehört. Die entscheidenden Konstruktionselemente blieben bis ins 20. Jahrhundert gültig. Leibniz´ 15.000 Briefe umfassende Korrespondenz ist 2006 für das Unesco-Programm „Memory of the World" vorgeschlagen worden.

Büchern nachgewiesen werden. Über den nationalen und internationalen Leihverkehr und über elektronische Direktlieferdienste werden die Bestände weltweit zur Verfügung gestellt. Zu den weiteren Dienstleistungen der ZBW zählen die Virtuelle Fachbibliothek EconBiz und die Online-Auskunft EconDesk.

Landes- und andere Regionalbibliotheken

Die rund 40 Landes- und anderen Regionalbibliotheken dienen der Literaturversorgung einer Region, die entweder ein ganzes Bundesland oder ein Teil eines Bundeslandes, ein Regierungsbezirk oder eine Stadt mit ihrem Umland sein kann; sie dienen nicht der Literaturversorgung einer Bildungseinrichtung oder sonstigen Institution. Hinsichtlich ihres Ursprungs, ihrer Größe, ihrer Bestandszusammensetzung, ihrer Trägerschaft und besonders auch hinsichtlich ihres Namens unterscheiden sich die Regionalbibliotheken und bilden so eine scheinbar heterogen zusammengesetzte Gruppe. Da sie jedoch im Wesentlichen gleiche Funktionen haben, sind sie einem gemeinsamen Typ zuzuordnen. Handelt es sich um reine Landes- oder Regionalbibliotheken, führen sie meist, aber keineswegs immer, den Namen Landesbibliothek bzw. Staatliche Bibliothek.

Von Ausnahmen abgesehen, haben die Regionalbibliotheken einen deutlich ausgeprägten universalen Sammelauftrag, auch wenn viele Bibliotheken aufgrund ihrer Geschichte den Schwerpunkt in den geistes- und sozialwissenschaftlichen Fächern haben. Dadurch ist es ihnen möglich, die Menschen ihres Einzugsgebietes, handelt es sich dabei um eine Stadt, eine Region oder ein Bundesland, mit wissenschaftlicher und anderer Literatur zu versorgen. Ihre besondere Verpflichtung gehört jedoch der möglichst vollständigen Sammlung, Archivierung, Erschließung und Bereitstellung der gedruckten Literatur über die betreffende Region. Während die Deutsche Nationalbibliothek das Recht auf Pflichtexemplare aus der gesamten Bundesrepublik Deutschland besitzt, haben die Bibliotheken mit regionalen Funktionen dieses Recht für ihre Region oder ihr Bundesland. Derzeit bemühen sich die regionalen Pflichtexemplarbibliotheken in den einzelnen Ländern um eine gesetzliche Regelung zur Sammlung und Archivierung von Netzpublikationen und Webseiten.

Die *Staats- und Stadtbibliothek Augsburg* (Bayern), 1537 gegründet, repräsentiert den Typ der Wissenschaftlichen Stadtbibliothek; für den Regierungsbezirk Schwaben nimmt sie das Pflichtexemplarrecht und die Aufgaben einer Archiv- und Regionalbibliothek wahr. Das 1893 bezogene neubarocke Bibliotheksgebäude mit selbsttragenden Bücherregalen im Magazin galt in seiner Zeit als vorbildlich.

Das Pflichtexemplarrecht wiederum, das die meisten Regionalbibliotheken ausüben, ist die Basis für die Erstellung und laufende Veröffentlichung einer Landesbibliografie, deren Zweck darin besteht, alle Neuerscheinungen über ein Land, seine Regionen und Gemeinden und die mit dem Land verbundenen Persönlichkeiten bibliografisch nachzuweisen. Geschah dies bislang in Form einer gedruckten Bibliografie, so hat inzwischen die im Internet recherchierbare Datenbank die Buchausgabe abgelöst. Landesbibliografien gibt es flächendeckend für die gesamte Bundesrepublik Deutschland.

Die Erschließung und Pflege des überlieferten Altbestandes, die Sammlung und Bearbeitung der Nachlässe von Persönlichkeiten des Landes, die Unterhaltung von Literaturarchiven und eine intensive Kultur- und Öffentlichkeitsarbeit mit Ausstellungen, Vorträgen, Lesungen, Konzerten usw. sind weitere typische Aufgaben von Landes- und Regionalbibliotheken. Dabei werden diese häufig von Bibliotheksgesellschaften und Fördervereinen unterstützt, die durch Mitgliedsbeiträge und eingeworbene Spenden dort einspringen können, wo keine Haushaltsmittel zur Verfügung stehen oder unbürokratisches Handeln erforderlich ist.

Die meisten Landesbibliotheken sind aus Hofbibliotheken hervorgegangen; einige verdanken ihre Entstehung der Funktion als Depotbibliothek für Säkularisationsgut (Amberg, Bamberg, Passau, Regensburg); andere sind bestandsgeschichtlich eng mit Gymnasialbibliotheken verbunden (Coburg, Gotha); nur wenige sind erst im 20. Jahrhundert vom Staat oder einer anderen Gebietskörperschaft gegründet worden (Aurich, Koblenz, Speyer). Die zahlenmäßig stark geschrumpften *Wissenschaftlichen Stadtbibliotheken* sind aus Ratsbüchereien oder historischen Stadtbibliotheken (Lübeck, Nürnberg, Ulm) hervorgegangen; einige entstanden erst im 20. Jahrhundert (ZLB Berlin, Dortmund); einzelne gehen auf aufgehobene Universitätsbibliotheken zurück (Mainz, Trier).

Aus territorialgeschichtlichen Gründen gibt es in manchen Bundesländern mehrere, in anderen keine älteren, gewachsenen Landesbibliotheken. In diesen Fällen nehmen Universitätsbibliotheken die regionalen Aufgaben zusätzlich zu ihrer eigentlichen Zweckbestimmung wahr und bringen diese Doppelfunktion auch in ihrem Namen zum Ausdruck. So findet man u.a. die Bezeichnungen *Universitäts- und Landesbibliothek* (Bonn, Düsseldorf, Halle, Jena, Münster, Saarbrücken), *Staats- und Universitätsbibliothek* (Bremen, Hamburg) oder *Landes- und Hochschulbibliothek* (Darmstadt) bzw. *Hochschul- und Landesbibliothek* (Fulda). In Rheinland-Pfalz wurden die beiden Landesbibliotheken in Koblenz und Speyer zusammen mit der *Bibliotheca Bipontina* (Zweibrücken) und den für die Öffentliche Bibliotheken zuständigen Büchereistellen in Neustadt/Weinstraße und Koblenz zu einem spartenübergreifenden „Landesbibliothekszentrum" organisatorisch zusammengeführt.

In vielen Orten beteiligen sich die Regionalbibliotheken auch an der Literaturversorgung für Studium, Forschung und Lehre. Sie sind eingebunden in die regionalen und überregionalen Strukturen des wissenschaftlichen Bibliothekswesens, stellen ihre wissenschaftliche Literatur im Leihverkehr zur Verfügung und sind namentlich wegen ihrer Alt- und Sonderbestände für die Forschung interessant. Besonders in Städten

Die 1698 im Zusammenhang mit der Gründung eines Waisenhauses eingerichtete *Bibliothek der Franckeschen Stiftungen in Halle* (Sachsen-Anhalt) verfügt seit 1728 über ein eigenes Bibliotheksgebäude. Hier fanden die Sammlungen in theaterkulissenartig in den Raum gestellten Regalen ihren Platz. Nach der 1998 vollendeten Restaurierung präsentiert sich die barocke Kulissenbibliothek im Originalzustand des 18. Jahrhunderts.

mit neu gegründeten Universitäten (Augsburg, Bamberg, Trier) oder anderen Hochschulen (Zwickau) sowie in Städten, deren Universitäten aus Technischen Hochschulen hervorgegangen sind (Hannover, Karlsruhe, Stuttgart), nehmen die Regionalbibliotheken für bestimmte Fächer subsidiär Aufgaben der universitären Literaturversorgung wahr.

Einige ehemalige Hofbibliotheken mit wertvollem historischen Buchbestand haben sich auf ausgewählte Gebiete der Geistes- und Kulturgeschichte spezialisiert und verstehen sich heute als *Forschungsbibliotheken* mit einem ganz eigenen Profil. Die Zuordnung zur außeruniversitären Forschung drückt sich aus in der eigenen wissenschaftlichen Tätigkeit der Bibliothek und in der Unterstützung der Forschung durch Betreuung von Editionen, Vergabe von Stipendien, Ausrichtung internationaler Kongresse. Zu dieser kleinen, aber wichtigen Gruppe zählen die *Herzog August Bibliothek* in Wolfenbüttel, spezialisiert auf die europäische Kulturgeschichte der Frühen Neuzeit, und die *Herzogin Anna Amalia Bibliothek* in Weimar, die sich intensiv der Klassik als einer herausragenden Epoche der deutschen Literatur widmet. Beide Bibliotheken verfügen über hervorragende Altbestände, die dem Wissenschaftler präsent und weitgehend in systematischer Freihandaufstellung angeboten werden, und erwerben ergänzend dazu die aktuelle Sekundärliteratur.

Die organisatorisch mit der Universitätsbibliothek Erfurt verbundene *Forschungsbibliothek Gotha* besitzt einen umfangreichen, zunächst universal ausgerichteten, seit 1850 geisteswissenschaftlich dominierten Altbestand. Die *Hauptbibliothek der Franckeschen Stiftungen* in Halle, die nicht aus einer Regionalbibliothek hervorging, sondern 1698 zu Bildungszwecken eingerichtet wurde, gilt als Forschungsbibliothek auf dem Gebiet der Kirchen- und Bildungsgeschichte der Frühen Neuzeit und besitzt entsprechende Sammelschwerpunkte.

Hochschulbibliotheken

In der Bundesrepublik Deutschland ist die Unterhaltung von Hochschulen in der Regel Aufgabe der Bundesländer. Die zuvor dargestellte Dreiteilung der Hochschularten liegt auch der Gliederung der Hochschulbibliotheken zugrunde.

Die Bibliothek des *Historicums*, eine Teilbibliothek der *Universitätsbibliothek München* (Bayern), vereinigt seit ihrer Eröffnung 1999 die Bestände mehrerer zuvor getrennt untergebrachter Institutsbibliotheken unter einem Dach. Den 4.000 Studierenden und 180 Lehrenden der Geschichte, Archäologie und Byzantinistik bietet sie 325 Arbeitsplätze und einen Präsenzbestand von 240.000 Bänden.

Einschließlich der Institutsbibliotheken gibt es an den rund 330 Hochschulen fast 3.600 Bibliotheken sehr unterschiedlicher Größe. Gemeinsam bieten sie den rund zwei Mio. Studenten ca. 160 Mio. Bücher und 534.000 Zeitschriftenabonnements an. Die Erwerbungsmittel addierten sich 2005 auf weit über 200 Mio. Euro.

Bibliotheken der Universitäten

Die Bibliotheken der über 80 Universitäten und gleichgestellten Hochschulen dienen in erster Linie der Literaturversorgung der Hochschulangehörigen vom Studenten bis zum Professor bei Studium, Forschung und Lehre und bilden damit funktional eine homogene Gruppe, auch wenn sie sich aufgrund ihres Alters und ihrer geschichtlichen Entwicklung in der Größe des Bestandes, der Zahl ihrer Benutzer, der Höhe ihres Etats usw. teilweise ganz erheblich voneinander unterscheiden. Alle Universitätsbibliotheken können aber auch für wissenschaftliche Zwecke von Nicht-Hochschulangehörigen benutzt werden; einige haben ausdrücklich darüber hinaus regionale Funktionen übernommen. Neben die traditionelle Literaturversorgung mit eigenen Beständen ist seit Längerem die Informationsvermittlung getreten sowie das Angebot an Datenbanken und elektronischen Publikationen im Rahmen der Digitalen Bibliothek.

Die meisten Universitätsbibliotheken können ihren Benutzern zwischen 1,5 und 2.5 Mio. Bände anbieten. Viele alte Universitätsbibliotheken (Freiburg, Heidelberg, Jena, Tübingen) sowie die aus der 1479 gegründeten Stadtbibliothek hervorgegangene *Staats- und Universitätsbibliothek Hamburg*, die 1919 wiedergegründete *Universitäts- und Stadtbibliothek Köln* und einzelne in den 1960er Jahren entstandene Bibliotheken (Bremen, Düsseldorf, Regensburg) haben Bestände zwischen 2,5 und drei Mio. Bänden. Zu den größten Einrichtungen mit Beständen zwischen drei bis vier Mio. Bänden zählen die *Bibliothek der Humboldt-Universität Berlin*, die *Universitätsbibliothek Johann Christian Senckenberg* in Frankfurt am Main und die *Staats- und Universitätsbibliothek Göttingen*. Die Bibliotheken der kleinen Hochschulen, besonders jener mit begrenztem Lehrangebot, besitzen deutlich weniger als eine Million Bände (Hildesheim, Koblenz/Landau, Lübeck). Die Zeitschriftenabonnements der meisten Universitätsbibliotheken belaufen sich auf 5.000 bis 10.000 Titel. Neben den Kauf gedruckter Zeitschriften tritt heute der Bezug elektronischer Zeitschriften. Diese werden im Rahmen virtueller Zeitschriftenbibliotheken den Universitätsangehörigen angeboten.

An der 1386 gegründeten ältesten Universität Deutschlands in *Heidelberg* (Baden-Württemberg) besteht ein zweischichtiges Bibliothekssystem mit einer zentralen *Universitätsbibliothek* und über 100 Institutsbibliotheken. Zu den weltbekannten Zimelien der Bibliothek gehört die Große Heidelberger Liederhandschrift, der Codex Manesse, mit der populären Miniatur Walthers von der Vogelweide (Cod. Pal. germ. 848, Fol. 124r).

Grundsätzlich haben die Universitätsbibliotheken einen universalen Sammelauftrag, d.h. sie berücksichtigen beim Bestandsaufbau auch die Fächer, die an der betreffenden Hochschule nicht gelehrt werden. Seit den 1960er Jahren sind von den Bibliotheken Lehrbuchsammlungen aufgebaut worden, um die Studenten mit aktuellen Lehrbüchern beim Studium zu unterstützen. Eine ganze Reihe von Universitätsbibliotheken betreut ein Sondersammelgebiet oder mehrere und stellt die mit finanzieller Hilfe der DFG beschaffte Literatur im überregionalen Leihverkehr zur Verfügung. Ebenso wichtig wie die Neuerwerbungen sind aber auch die Alt- und Sonderbestände, über die namentlich die älteren Universitätsbibliotheken verfügen und die Handschriften, Autografen, Nachlässe, alte Drucke, Karten, Musikalien u.v.m. umfassen können. Die Technischen Hochschulbibliotheken besitzen in den Normen und Patentschriften Bestände besonderer Art.

In der Struktur der Universitätsbibliotheken lassen sich in Deutschland zwei Grundformen unterscheiden, die meist als einschichtiges und zweischichtiges Bibliothekssystem bezeichnet werden; der Trend zielt eindeutig auf die Umstellung auf Einschichtigkeit.

An den traditionellen Universitäten mit *zweischichtigem Bibliothekssystem* besteht neben der zentralen Universitätsbibliothek, die Magazin- und Ausleihbibliothek ist, eine Lehrbuchsammlung unterhält und Benutzungsdienste wie die Fernleihe und Informationsvermittlung anbietet, eine mehr oder minder große Zahl von selbstständigen Seminar-, Instituts- und Fakultätsbibliotheken, die Präsenzbibliotheken mit systematischer Freihandaufstellung sind. Während die Universitätsbibliothek die allgemeine, fächerübergreifende Literatur erwirbt, konzentrieren sich die Institutsbibliotheken, die über eigene Erwerbungsmittel verfügen, auf die Literatur ihres Faches, insbesondere die hochspezielle Forschungsliteratur. Um die Nachteile dieses Dualismus zu mildern und um die seit den Empfehlungen der Deutschen Forschungsgemeinschaft zur Zusammenarbeit ergriffenen Maßnahmen zu verstärken, sind an vielen Universitäten kooperative Bibliothekssysteme entstanden. Doch auch dort, wo die Neufassungen der Universitätsgesetze den Direktor zum Vorgesetzten aller Mitarbeiter des Bibliothekssystems bestimmen und ein einheitliches Bibliothekssystem vorschreiben, bleibt die praktische Umsetzung der sog. funktionalen Einschichtigkeit eine schwierige Aufgabe. Die exorbitanten Preissteigerungen bei den Zeitschriften, die Verfügbarkeit und Verwaltung elektronischer Ressourcen und der Einsatz fachlich qualifizierten Personals sind Faktoren, die die gegenwärtig zu beobachtenden Tendenzen zur Zentralisierung begünstigen.

An den neueren, seit den späten 1960er Jahren gegründeten Universitäten mit meist *einschichtigem Bibliothekssystem* gibt es nur noch eine Bibliothek, die beide Funktionen, die der zentralen Universitätsbibliothek und die der dezentralen Institutsbibliotheken übernimmt. Diese einheitliche Bibliotheksstruktur war auch an den Universitäten der DDR eingeführt und ist nach der Wende fortgeführt worden, aber aufgrund der fortbestehenden baulichen Probleme nicht überall realisiert. Einschichtige Bibliothekssysteme sind gekennzeichnet durch die einheitliche Leitung mit Fachaufsicht und Weisungsbefugnis gegenüber dem gesamten Bibliothekspersonal und durch die zentrale Zuweisung und Verteilung der Erwerbungsmittel. Meist sind alle bibliothekarischen Arbeitsgänge zentralisiert. Die teils ausleihbaren, teils präsent gehaltenen Bestände sind häufig auf mehrere Teilbibliotheken verteilt, gelegentlich aber auch an einem Ort konzentriert, doch stets in feinsystematischer Ordnung in Freihandbereichen aufgestellt.

Bibliotheken der Fachhochschulen und sonstigen Hochschulen

Die deutschen Fachhochschulen stellen einen relativ jungen, in den westlichen Bundesländern seit den siebziger Jahren, in den östlichen Bundesländern erst nach 1990 entstandenen Hochschultyp dar. Sie sind aus früheren Ingenieurschulen und höheren Fachschulen für Wirtschaft, Sozialarbeit, Gestaltung (Design) und andere Fachgebiete hervorgegangen. Im Unterschied zu den Universitäten haben die Fachhochschulen nicht den Auftrag, eine wissenschaftliche (theoretische) Bildung zu vermitteln; sie sollen vielmehr durch praxisbezogene Lehre eine auf wissenschaftlicher Basis beruhende Bildung vermitteln, die zur selbstständigen Tätigkeit im Beruf befähigt.

Im Unterschied zu den Universitätsbibliotheken sind die circa 156 Fachhochschulbibliotheken deshalb keine Universal-, sondern Spezialbibliotheken, die sich auf die an ihren Einrichtungen gelehrten Fächer konzentrieren. Gemäß dem beschriebenen Bildungsauftrag der Fachhochschulen enthalten die Bibliotheken insbesondere Grundlagenliteratur und Lehrbücher, häufig in großer Exemplarzahl. Ihre Größe schwankt beträchtlich. In einigen Fällen sind nämlich mehrere Bildungseinrichtungen zu jeweils einer Fachhochschule vereinigt worden; die

Bibliotheken dieser Hochschulen weisen oft einen Bestand von über 250.000 Bänden auf und haben bis zu 1.000 Periodika abonniert. In anderen Fällen hingegen sind recht kleine Fachhochschulen mit begrenztem Lehrangebot gebildet worden, sodass auch die Bibliotheken nur einen bescheidenen Umfang haben.

Die Bibliotheken der Kunst- und Musikhochschulen sind, entsprechend der geringeren Bedeutung der Literatur in den musisch-künstlerischen Studiengängen, eher klein; eine absolute Ausnahme ist die Bibliothek der *Universität der Künste in Berlin* (290.000 Bände). Bibliotheken unterhalten auch die Verwaltungshochschulen, die in einigen Bundesländern etablierten Berufsakademien und die Hochschulen in privater Trägerschaft. Nur noch in Baden-Württemberg gibt es eigenständige Pädagogische Hochschulen mit entsprechenden Bibliotheken; in den übrigen Bundesländern wurde die Lehrerbildung in die Universitäten integriert oder die Pädagogischen Hochschulen sind zu Universitäten ausgebaut worden.

Spezial- und Fachbibliotheken

Die größte und zugleich in sich sehr heterogene Gruppe im Kreis der wissenschaftlichen Bibliotheken bilden die rund 2.700 Spezialbibliotheken, die öffentliche, kirchliche und private Einrichtungen umfassen. Gemeinsam ist ihnen die Beschränkung auf ein bestimmtes Fachgebiet und die Bindung an eine Institution, für deren Literaturversorgung sie ausschließlich oder überwiegend zuständig sind. Die Erwerbung neuer Literatur ist in den Spezialbibliotheken ganz auf den aktuellen und praktischen Bedarf der Mitarbeiter der betreffenden Institution ausgerichtet und berücksichtigt besonders auch die außerhalb des Buchhandels erscheinenden Schriften. Weitaus wichtiger als Monografien sind in den Spezial- und Fachbibliotheken Zeitschriften, gedruckte ebenso wie elektronische. Besonders in den naturwissenschaftlich-technisch ausgerichteten Spezialbibliotheken verdrängt die Vermittlung online verfügbarer Informationen zunehmend die traditionelle Form der Literaturversorgung; manche Firmenbibliothek greift schon heute ganz oder überwiegend auf elektronische Informationsressourcen zurück. Die Erschließung geht oft über eine formale und sachliche Katalogisierung, wie sie in den wissenschaftlichen Universalbibliotheken gepflegt wird, hinaus; sie umfasst eine intensive Dokumentationstätigkeit und das Angebot individueller, auf einzelne Nutzer zugeschnittene Dienste. Spezialbibliotheken sind im Allgemeinen Präsenzbibliotheken, auch wenn sich viele von ihnen am Deutschen Leihverkehr beteiligen. Da sie in der Regel für eine eng begrenzte Klientel arbeiten, deren Informations-

Die *Deutsche Zentralbibliothek für Wirtschaftswissenschaften* (ZBW) *in Kiel* (Schleswig-Holstein) und *Hamburg*, mit vier Mio. Bänden weltweit die größte Spezialbibliothek für volkswirtschaftliche Literatur, bezog 2001 einen Erweiterungsbau mit 6.400 qm Hauptnutzfläche (Architekt: Walter von Lom). Gemeinsam mit dem um die Jahrhundertwende errichteten Altbau des Instituts für Weltwirtschaft, dem ehemaligen Kruppschen Gästehaus, entstand am Ufer der Kieler Förde ein eindrucksvoller Gebäudekomplex, der Forschungsabteilungen, Bibliothek und Büchermagazin vereinigt.

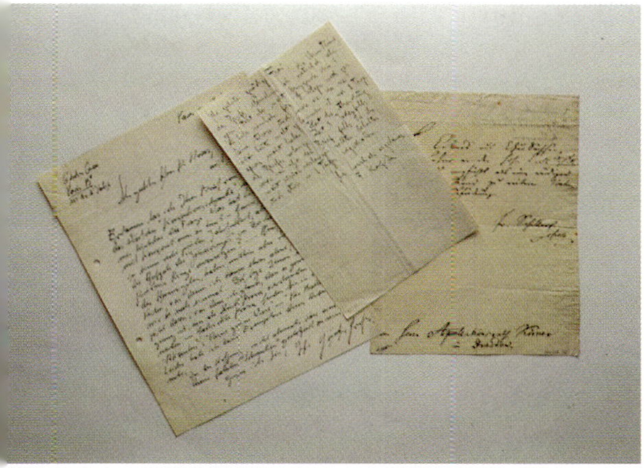

Autografen werden traditionell von vielen Wissenschaftlichen Bibliotheken gesammelt. Die Abbildung zeigt Briefe der Dichter Friedrich Schiller, Franz Kafka und Günter Grass aus dem Besitz des *Deutschen Literaturarchivs in Marbach/Neckar* (Baden-Württemberg). Gemeinsam mit dem Schiller-Nationalmuseum und dem Literaturmuseum der Moderne verfolgt es das Ziel, die Texte und Dokumente der neueren deutschen Literatur zu sammeln. Die Marbacher Institute sind zugleich Archiv, Bibliothek und Museum.

bedürfnisse und Literaturwünsche bekannt sind, ist der Dienstleistungsgedanke in den Spezialbibliotheken besonders ausgeprägt.

Innerhalb der großen Zahl der Spezialbibliotheken bilden die über 500 *Parlaments-*, *Behörden-* und *Gerichtsbibliotheken* eine recht homogene Gruppierung. Diese meist erst nach 1945 entstandenen Einrichtungen dienen vor allem Zwecken der Verwaltung und Rechtsprechung und sind deshalb spezialisiert auf die Erwerbung juristischer und politischer Literatur. Amtsdruckschriften und ‚graues' Schrifttum machen einen großen Teil der Sammlungen aus. Auch sie sind Präsenzbibliotheken und lassen die Öffentlichkeit nur in eingeschränktem Umfang oder gar nicht zu.

Neben der bereits erwähnten Bibliothek des Deutschen Bundestages (Berlin) und den Bibliotheken der Parlamente und Regierungen der Länder sind hier die Bibliotheken der Ministerien und der obersten Bundesbehörden zu nennen. Dass sie im Einzelfall einen sehr ansehnlichen Umfang haben können, beweisen die *Senatsbibliothek* in Berlin (466.000 Bände, heute Bestandteil der Zentral- und Landesbibliothek Berlin), die Bibliotheken des *Auswärtigen Amtes* in Berlin (300.000 Bände, 91.000 Karten und Atlanten), des *Deutschen Patentamtes* in München (728.000 Bände einschließlich der Patentschriften, 46 Mio. Patentdokumente) und des *Statistischen Bundesamtes* in Wiesbaden (440.000 Bände).

Unter den Bibliotheken der Gerichte der Länder und des Bundes ragen diejenigen des *Bundesgerichtshofs* (405.000 Bände) und des *Bundesverfassungsgerichts* (344.000 Bände), die beide in Karlsruhe ansässig sind, heraus. Wie in allen Spezialbibliotheken spielen auch in den Gerichtsbibliotheken neben Büchern und Zeitschriften, neben Mikroformen und elektronischen Medien, andere Literatur- und Mediengattungen eine wichtige Rolle; die Bibliothek des Bundesverfassungsgerichts beispielsweise pflegt ein Archiv, das 1,2 Mio. Presseausschnitte enthält, die entsprechend dokumentiert sind.

Zu den *Spezialbibliotheken im engeren Sinn* gehören sowohl die Bibliotheken der Forschungsinstitute des Bundes und der Länder, der wissenschaftlichen Gesellschaften, der Archive, Museen und Kliniken als auch der kirchlichen Körperschaften und Einrichtungen einschließlich der Klöster sowie der Firmen, Verbände, Vereine und Gesellschaften. Bei aller Unterschiedlichkeit im Einzelfall lässt sich sagen: Sie konzentrieren sich bei der Literaturauswahl auf ihren Sammelauftrag, erwerben meist einen hohen Anteil an ‚grauer' bzw. unkonventioneller Literatur, nutzen besonders intensiv elektronisch verfügbare Ressourcen, betreiben eine intensive Erschließung gerade auch von unselbstständig erschienenen Werken, halten ihre Bestände präsent und verzichten auf die dauerhafte Archivierung veralteter, nicht mehr genutzter Titel. Der Umfang der Sammlungen differiert gewaltig und reicht von weit über einer Mio. Bände bis zu wenigen Tausend Titeln. Dementsprechend variiert die Zahl der Mitarbeiter; nicht wenige Spezialbibliotheken lassen sich als *One Person Libraries* (OPL) bezeichnen.

Aus dem breiten, alle Disziplinen umfassenden Spektrum der Spezialbibliotheken können nur wenige Beispiele angeführt werden. Zahl-

reich vertreten sind die Spezialbibliotheken auf dem Gebiet der reinen und angewandten Naturwissenschaften und der Technik. Exemplarisch seien genannt die Bibliothek des *Deutschen Museums* in München, Spezialbibliothek für Naturwissenschaften und Technik und deren Geschichte (887.000 Bände), die *Kekulè-Bibliothek* der Bayer AG, einer großen pharmazeutischen Firma in Leverkusen (650.000 Bände), die Zentralbibliothek des *Forschungszentrums Jülich* GmbH, spezialisiert auf moderne Technologie (400.000 Bände, 280.000 Reports) und die Bibliothek der *Deutschen Akademie der Naturforscher Leopoldina* in Halle (261.000 Bände). Für das Gebiet der Medizin seien stellvertretend genannt die Zentralbibliothek des *Deutschen Krebsforschungszentrums* in Heidelberg (100.000 Medieneinheiten) und die Ärztliche Zentralbibliothek des *Universitätsklinikums Hamburg-Eppendorf* (262.000 Medieneinheiten).

In den besonders auf Literatur angewiesenen Geisteswissenschaften spielen die Spezialbibliotheken ebenfalls eine wichtige, die außeruniversitäre Forschung unterstützende Rolle. Hier lassen sich nennen: Bibliothek der *Friedrich-Ebert-Stiftung* in Bonn, als parteinahe Einrichtung spezialisiert auf die Geschichte der Sozialdemokratischen Partei Deutschlands und der Arbeiterbewegung (590.000 Bände), Bibliothek des *Ibero-Amerikanischen Instituts* in Berlin (880.000 Bände), Bibliothek des *Germanischen Nationalmuseums* in Nürnberg, deren Sammelgebiet die Kunst- und Kulturgeschichte abdeckt (600.000 Bände), Bibliothek des *Militärgeschicht-*

Die *Johannes a Lasco Bibliothek in Emden* (Niedersachsen), älteste Bibliothek Ostfrieslands, erwuchs aus der 1559 gegründeten Bibliothek der evangelisch-reformierten Gemeinde. Seit 1993 ist sie benannt nach dem polnischen Reformator Jan Laski, Superintendent der gesamt-ostfriesischen Kirche. 1995 bezog sie die wiederaufgebaute Große Kirche Emden. Als wissenschaftliche Spezialbibliothek, Forschungsstätte und kulturelles Zentrum hat sie überregionale Bedeutung. Im Jahr 2001 wurde sie vom DBV zur „Bibliothek des Jahres" gewählt.

lichen Forschungsamtes in Potsdam (250.000 Einheiten). Besonders erwähnenswert ist das *Deutsche Literaturarchiv* in Marbach am Neckar, das als Sammelstelle für die Überlieferung der deutschsprachigen Literatur von der Aufklärung bis zur Gegenwart gleichermaßen Archiv und Bibliothek ist (750.000 Bände, 1.200 Autorennachlässe, 200.000 Bilddokumente).

Auf dem Gebiet der Religion und Theologie sind naturgemäß die Spezialbibliotheken in kirchlicher Trägerschaft dominant. Sie dienen der wissenschaftlichen Forschung, oft aber auch der kirchlichen Verwaltung und der Theologenausbildung. Dazu zählen auf katholischer Seite beispielsweise Klosterbibliotheken (*Benediktinerabtei Beuron*, 410.000 Bände) und Diözesanbibliotheken (*Erzbischöfliche Diözesan- und Dombibliothek* in Köln, 462.000 Bände), auf evangelischer Seite die Bibliotheken der Landeskirchen (*Nordelbische Kirchenbibliothek* in Hamburg, 180.000 Bände). Von einer kirchlichen Stiftung bürgerlichen Rechts wird die *Johannes a Lasco Bibliothek* in Emden (98.000 Bände) getragen, eine Spezialbibliothek für den reformierten Protestantismus und die Konfessionsgeschichte der Frühen Neuzeit.

In den Staats-, Rechts- und Wirtschaftswissenschaften haben die erwähnten Parlaments-, Behörden- und Gerichtsbibliotheken eine große Bedeutung. Daneben spielen aber auch die verschiedenen *Max-Planck-Institute*, die auf einzelne Zweige des Rechts spezialisiert sind und entsprechende Fachbibliotheken unterhalten, eine Rolle; sie sitzen in Freiburg (350.000 Bände), Frankfurt am Main (270.000 Bände), Hamburg (430.000 Bände), Heidelberg (532.000 Bände) und mit zwei Institutionen in München (170.000 und 75.000 Bände). Sehr umfangreich (1,2 Mio. Bände) ist die Bibliothek des *Hamburgischen Welt-Wirtschafts-Archivs* (HWWA, seit 2007 Teil der ZBW), die wirtschafts- und sozialwissenschaftliche Literatur sammelt und Depotbibliothek internationaler Organisationen ist.

Einige Spezialbibliotheken haben ihren Sitz im Ausland. Es sind dies die Bibliotheken des *Deutschen Archäologischen Instituts* in Athen, Bagdad, Istanbul, Kairo, Lissabon, Madrid, Rom und Teheran, außerdem die Bibliothek des *Kunsthistorischen Instituts* in Florenz (221.000 Bände, 580.000 Fotos) und die *Bibliotheca Hertziana* in Rom (254.000 Bände) sowie die Bibliotheken des *Deutschen Historischen Instituts* in London, Paris, Rom, Warschau und Washington. Sie pflegen vor allem die Gebiete Archäologie, Geschichte, Kunstgeschichte und Orientalistik und leisten über ihren Sammelauftrag hinaus einen Beitrag zum geistigen Austausch mit dem Gastland. Eher bescheiden (11.000 Bände) ist die Bibliothek des *Deutschen Instituts für Japanstudien* in Tokyo.

Im Gebäude eines ehemaligen Schlachthofs entstand 1998 im südpfälzischen *Landau* (Rheinland-Pfalz) eine moderne *Stadtbibliothek*, in der rund 65.000 Medien untergebracht sind. Stahl, Glas, Holz, Ziegel und Sandstein sind die verwendeten Materialien dieser auf einem dreischiffigen Haus im Haus basierenden Bibliothek. Wie in vielen Öffentlichen Bibliotheken inzwischen üblich, gibt es auch in Landau ein Lesecafé als Treffpunkt und Ort der Kommunikation.

Die *Goethe-Institute* unterhalten Spezialbibliotheken und Lesesäle mit Literatur und Medien über Deutschland und wenden sich an die breite Öffentlichkeit ihres Gastlandes. Sie wirken eng mit der Sprach- und Programmarbeit der Institute zusammen. Da sie aktuelle Informationen bieten sollen, findet ein kontinuierlicher, wenn auch langsamer Bestandsaustausch statt; eine Archivfunktion besteht nicht. Alle Goethe-Bibliotheken zusammen verfügen über einen Gesamtbestand von rund zwei Mio. Büchern und anderen Medien.

Die 1999 eröffnete neue Zentralbibliothek der *Stadt- und Landesbibliothek Dortmund* (Nordrhein-Westfalen, Architekt: Mario Botta) setzt städtebauliche Akzente. Vor einem langgezogenen steinernen Hauptgebäude befindet sich eine lichte, glasbesetzte Freihandzone in Form eines Halbkreises (Rotunde). Das Angebot der Bibliothek, die auch eine große Musikbibliothek, eine Artothek und eine Handschriftenabteilung besitzt, umfasst rund 900.000 Medien.

Öffentliche Bibliotheken

Die Öffentliche Bibliothek (ÖB) ist in der Bundesrepublik Deutschland der am häufigsten vertretene Bibliothekstyp: Den rund 3.050 in der HBZ-Adressdatenbank registrierten Wissenschaftlichen Bibliotheken (Landesbibliotheken, Hochschulbibliotheken, Behördenbibliotheken und andere wissenschaftliche Spezialbibliotheken) stehen rund 11.300 registrierte Öffentliche Bibliotheksstandorte (inkl. Zweigstellen) aller Träger gegenüber. Die deutschen Städte, Gemeinden und Kreise unterhalten in ca. 5.400 Orten insgesamt rund 6.500 Öffentliche Bibliotheksstandorte (inkl. Zweigstellen) und sind außerdem als Träger für weitere ca. 2.600 schuleigene Schulbibliotheken/Mediotheken verantwortlich. In manchen Bundesländern haben die Landkreise Kreisbibliotheken bzw. Kreis- und Stadtbibliotheken eingerichtet (ca. 40). Auf der Ebene der Pfarreien und Kirchengemeinden unterhalten die Katholische und die Evangelische Kirche Öffentliche Büchereien, zusammen rund 4.800. Addiert man alle adressdatentechnisch erfassten Bibliothekseinrichtungen in öffentlicher bzw. kirchlicher und privater Hand zusammen – einschließlich der Fahr-, Musik-, Krankenhaus-, Schul-, Blinden-, Werk- und Gefängnisbibliotheken sowie Artotheken inkl. Zweigstellen – so ergibt sich in Deutschland eine Gesamtzahl von rund 17.000 registrierten Bibliotheksstandorten mit haupt- und ehrenamtlicher Leitung, die zur Sparte der Öffentlichen Bibliothek zu zählen sind.

Anzumerken ist, dass die Zahl der in der Deutschen Bibliotheksstatistik tatsächlich erfassten Bibliotheken allerdings geringer ist, da nicht alle Bibliotheken ihre Daten gemeldet haben: Nur die Zahlen der meldenden Bibliotheken sind in den in diesem Buch veröffentlichten Statistiktabellen vermerkt; dies sind rund 10.600 Standorte von Öffentlichen Bibliotheken. Zusammen verfügen diese Bibliotheken über einen Bestand von mehr als 125 Mio. Medieneinheiten, mit denen im Jahr 2005 rund 356 Mio. Entleihungen erzielt wurden.

Kommunale Öffentliche Bibliotheken

Die rund 4.000 hauptamtlich geleiteten und rund 2.500 ehren- und nebenamtlich geleiteten Bibliotheksstandorte (einschließlich Zweigstellen) in kommunaler Trägerschaft, die sich mancherorts Stadt- oder Gemeindebücherei, in der Regel jedoch Stadtbibliothek nennen, übernehmen die Grundversorgung aller Schichten der Bevölkerung mit Literatur und anderen Medien. Sie bilden ein recht dichtes, in ländlichen Regionen allerdings lückenhaftes Bibliotheksnetz, das

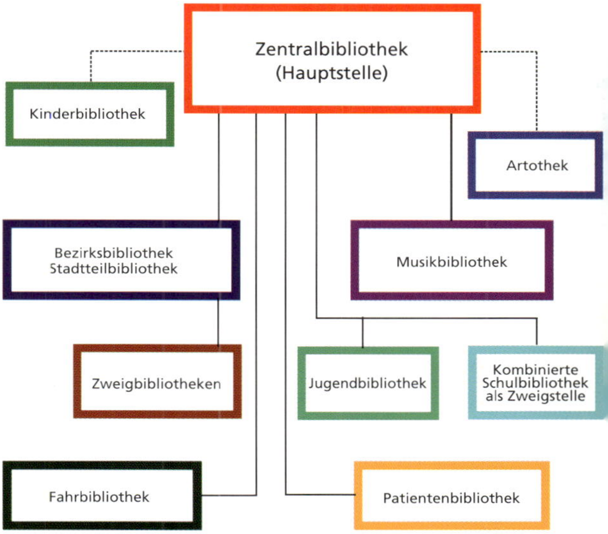

Modellhafte Organisation eines ausgebauten großstädtischen Bibliothekssystems

aufgrund der Finanzprobleme der öffentlichen Träger zunehmend ausgedünnt wird: Da die Unterhaltung einer öffentlichen Bibliothek eine freiwillige Aufgabe einer Gemeinde ist, besitzt weniger als die Hälfte der deutschen Gemeinden eine kommunale Bibliothek. Staatliche Zuschüsse zur Einrichtung und Unterhaltung einer Stadt- oder Gemeindebibliothek oder zum Ausbau ihres Buch- und Medienbestandes vergeben einige wenige Bundesländer, in den meisten Ländern ist die Finanzierung ausschließlich Sache der Kommune.

Die Öffentlichen Bibliotheken, gleichgültig in welcher Trägerschaft, leisten für alle Schichten der Bevölkerung einen wichtigen Beitrag zur Einlösung des allen Bürgern verfassungsrechtlich verbrieften Grundrechts, „sich aus allgemein zugänglichen Quellen ungehindert zu unterrichten" (Grundgesetz Artikel 5, Absatz 1). Sie öffnen damit dem Bürger einen Weg zur Teilnahme am kulturellen und sozialen Leben und realisiert insoweit eine Forderung, der die IFLA in ihrem „Public Library Manifesto" im Jahre 1994 Ausdruck verliehen hat. Mit ihren Dienstleistungen und Medienangeboten erfüllt die Öffentliche Bibliothek einen zentralen Auftrag im Bildungswesen. Zugleich trägt sie wesentlich zur Verwirklichung der Chancengleichheit des Einzelnen bei.

Neben der Information und Allgemeinbildung dienen die Öffentlichen Bibliotheken der beruflichen Aus-, Fort- und Weiterbildung sowie der sinnvollen Gestaltung der Freizeit und im ganz besonderen Maße der Leseförderung. In der Informationsgesellschaft immer wichtiger wird die Vermittlung von Medien- und Informationskompetenz. Darüber hinaus ist die Öffentliche Bibliothek zu einem Ort der Kommunikation geworden, zu einem Treffpunkt, der sich mehr und mehr auch zum kulturellen Zentrum für Veranstaltungen aller Art entwickelt hat.

In Deutschland existieren rund 120 Artotheken bzw. Grafotheken in Trägerschaft einer Öffentlichen Bibliothek, einer Volkshochschule oder eines Kunstvereins. Sie dienen nicht nur dem Verleih von Bildern und anderen Kunstwerken, sondern auch der Begegnung mit zeitgenössischen Künstlern und der Vermittlung von Gegenwartskunst. Durchschnittlich besitzt eine Artothek 1.500 bis 2.500 ausleihbare Werke, vorwiegend Reproduktionen, in geringerem Umfang Originale.
Das Foto zeigt die Artothek der *Stadt- und Landesbibliothek Potsdam* (Brandenburg).

In ihrem Bestand führen die Öffentlichen Bibliotheken Sachbücher, zum Teil auch wissenschaftliche Werke aus allen Bereichen des Wissens, Fachbücher für die berufliche Bildung, Nachschlagewerke aller Art, Zeitschriften und Zeitungen, belletristische und der Unterhaltung dienende Literatur, Kinder- und Jugendbücher sowie weitere, auf besondere Benutzergruppen zielende Bestände wie etwa Bücher in den Sprachen der großen in Deutschland lebenden Ausländergruppen (Türkisch, Neugriechisch, Russisch u.a.). Das Angebot an gedruckten Werken ist seit den 1970er Jahren laufend erweitert worden, zunächst um audiovisuelle Medien (Videos, Sprach- und Musikkassetten) und Spiele, in den 1990er Jahren um elektronische und digitale Medien (Compact Discs, CD-ROMs, DVDs) sowie um PCs mit öffentlichen Internetzugängen; in nicht wenigen Fällen halten Groß- und Mittelstadtbibliotheken auch Werke der Bildenden Kunst (Artothek, Grafothek) sowie Noten und andere Musikalien (Musikbibliothek) vor.

Die Bestandsgröße ist in den einzelnen Bundesländern sehr unterschiedlich und reicht von 2.000 Medien in kleinen, meist ehrenamtlich geleiteten Gemeindebüchereien bis zu ein bis drei Mio. Medien in einzelnen großstädtischen Bibliothekssystemen (Berlin, Bremen, Duisburg, Frankfurt am Main, Hamburg, Hannover, Köln, Lübeck, München u.a.). Die meisten Bibliotheken in den Großstädten (Orte mit über 100.000 Einwohnern) können ihren Benutzern zwischen 150.000 und einer Mio. Medien anbieten. Die in den Bibliotheksplänen empfohlene Richtgröße von zwei Medieneinheiten je Einwohner wird jedoch nur von einem geringen Teil der Bibliotheken erreicht. Pro Kopf der Bevölkerung gaben die Träger Öffentlicher Bibliotheken im Jahr 2005 durchschnittlich 1,09 Euro (2001 noch durchschnittlich 1,20 Euro) für die Anschaffung neuer Bücher und Medien aus.

Auch die wöchentlichen Öffnungszeiten sind von Bibliothek zu Bibliothek unterschiedlich: Während die meisten ehren- und nebenamtlich geleitete Büchereien in Gemeinden (häufig anzutreffen in Orten zwischen 1.000 und 3.000 Einwohnern) oft nur vier bis acht Stunden, verteilt auf zwei Tage, geöffnet haben, bieten

Fahrbibliotheken, auch mobile Bibliotheken, Autobüchereien oder Bücherbusse genannt, werden von rund 3% der Großstädte eingesetzt. Die speziell umgebauten Busse oder Sattelschlepper sind inzwischen meist mit einer EDV-Anlage für Verbuchung und Medienrecherche ausgestattet. Die Fotos zeigen den Bücherbus der *Stadtbibliothek Koblenz* (Rheinland-Pfalz, links) und der *Stadtbibliothek Karlsruhe* (Baden-Württemberg, rechts).

Bundesland	Einwohner am 1.1.2005	Zahl der meldenden Bibliotheken (Standorte)	Medienbestand insgesamt	Entleihungen insgesamt im Berichtsjahr	Ausgaben für Erwerbung (in Euro)	Veranstaltungen, Ausstellungen, Führungen	Besuche in den Bibliotheken
Baden-Württemberg	10.717.419	1.191	16.574.000	58.512.000	14.830.000	32.460	18.145.000
Bayern	12.443.893	2.083	21.916.000	61.767.000	15.345.000	33.050	25.114.000
Berlin	3.387.828	77	3.238.000	12.637.000	2.085.000	17.470	5.921.000
Brandenburg	2.567.704	285	4.809.000	9.641.000	1.777.000	9.090	2.849.000
Bremen	663.213	22	727.000	4.427.000	826.000	3.010	1.751.000
Hamburg	1.734.830	44	1.707.000	11.599.000	2.551.000	4.820	4.520.000
Hessen	6.097.765	329	7.384.000	17.951.000	5.334.000	14.930	5.743.000
Mecklenburg-Vorpommern	1.719.653	175	3.110.000	6.694.000	1.658.000	6.160	2.550.000
Niedersachsen	8.000.909	1.086	10.672.000	29.353.000	7.037.000	26.100	9.102.000
Nordrhein-Westfalen	18.075.352	2.114	26.280.000	74.840.000	21.575.000	47.070	27.929.000
Rheinland-Pfalz	4.061.105	798	5.105.000	11.043.000	3.137.000	11.010	2.953.000
Saarland	1.056.417	115	758.000	1.681.000	535.000	1.480	590.000
Sachsen	4.296.284	673	8.555.000	22.040.000	4.309.000	14.700	6.887.00
Sachsen-Anhalt	2.494.437	346	4.622.000	8.368.000	1.383.000	8.630	2.740.000
Schleswig-Holstein	2.828.760	173	4.965.000	16.117.000	4.756.000	6.260	2.766.000
Thüringen	2.355.280	328	4.658.000	8.585.000	1.605.000	7.160	3.045.000
Summe Bundesrepublik gesamt	82.500.849	10.339	125.080.000	355.255.000	88.724.000	243.380	122.607.000

Gesamtstatistik Öffentliche Bibliotheken 2005 (kommunale und kirchliche, haupt- und ehrenamtliche zusammen): Übersicht nach Bundesländern – soweit in DBS statistisch erfasst

Quelle: Deutsche Bibliotheksstatistik, 2005

hauptamtlich geleitete Klein- und Mittelstadtbibliotheken zwischen 10.000 und 50.000 Einwohnern bereits Öffnungszeiten zwischen 10 und 25 Stunden an, in der Regel verteilt auf drei bis vier Tage. Die meisten Großstadtbibliotheken haben täglich von Montag bis Samstag geöffnet und erreichen im Durchschnitt mehr als 40 Öffnungsstunden pro Woche. Bis auf zahlreiche Bibliotheken in kirchlicher Trägerschaft sind kommunale Öffentliche Bibliotheken an Sonntagen geschlossen.

Charakteristisch für die Öffentliche Bibliothek (ÖB) ist die Darbietung der Bestände in einer Mischung aus zielgruppenorientierter und systematischer Freihandaufstellung. Die ÖB sieht sich heute als Gebrauchsbibliothek für alle Benutzerschichten, die breitere und bedarfsorientierte Book- und Non-Book-Bestände bereithält. Der konsequente Ausbau zielgruppenspezifischer Angebote, insbesondere zu Informationszwecken, hat allerdings in den letzten Jahren an Bedeutung gewonnen. Die meisten Bibliotheken orientieren sich bei der Erwerbungsauswahl an der aktuellen Nachfrage und sondern nicht mehr benutzte Titel, insbesondere Mehrfachexemplare, wieder aus. Nur einige Großstadtbibliotheken sowie Wissenschaftliche Stadtbibliotheken besitzen für Alt- und Sonderbestände eine Archivfunktion und verfügen über größere Magazine.

Die Öffentlichen Bibliotheken großer Städte bilden heute meist ein Bibliothekssystem mit einer Zentralbibliothek und mehreren Zweigstellen in den Stadtteilen. Dazu können spezielle räumlich eigenständige oder integrierte Einrichtungen kommen wie z.B. Kinder- und Jugendbibliothek, kombinierte Schulbibliothek als Zweigstelle, Musikbibliothek, Artothek und Fahrbibliothek, in einigen wenigen Orten auch eine Patientenbibliothek in einem Krankenhaus oder eine Gefängnisbibliothek in einer Justizvollzugsanstalt.

Fahrbibliotheken, d.h. Bücherbusse, die auf regelmäßigen Touren zwischen 3.000 und 6.000 Medien mitführen, werden nicht nur in den Randbezirken der Großstädte, sondern auch in den dünn besiedelten ländlichen Regionen eingesetzt. Insgesamt 91 mobile Bibliotheken mit rund 110 Fahrzeugen sind als Ersatz oder Ergänzung ortsfester Bibliotheken derzeit in Deutschland im Einsatz. Ihre Benutzungszahlen sind seit Jahren auf hohem Niveau konstant geblieben, während die Anzahl an Fahrzeugen kontinuierlich gesunken ist (im Jahr 1995 gab es noch 150 Busse). Ebenso wie in den standortfesten Bibliotheken werden auch Fahrbibliotheken zur Leseförderung aktiv genutzt, indem in ihnen Bibliothekseinführungen, unterrichtsbegleitende Lesestunden und themenbezogene Projekte für Kindergartengruppen und Schulklassen angeboten werden. Im Bus, der zum vereinbarten Termin vor der Schule oder dem Kindergarten hält, wird gelernt, vor allem aber vorgelesen und gespielt, erzählt und gemalt, um die Kinder und Jugendlichen für Literatur und Lesen, für Beschaffung von Information und die Nutzung von Bibliotheken zu begeistern.

Den rund 4.000 hauptamtlich geleiteten kommunalen Stadt- und Gemeindebibliotheken (einschließlich Zweigstellen) stehen etwa 7.300 ehren- oder nebenamtlich geleitete Öffentliche Büchereien gegenüber, von denen 2.500 in kommunaler und etwa 4.800 Büchereien in kirchlicher Trägerschaft sind. Nach Schätzungen der Verbände sind knapp 25.000 Personen in den kleinen ehrenamtlichen kommunal und kirchlich getragenen Büchereien im Einsatz, während bei den hauptamtlich geleiteten ca. 11.725 Personalstellen nachgewiesen sind, die Zahl der dort tarifvertraglich bzw. verbeamtet beschäftigten Bibliothekskräfte liegt bei etwa 14.000. Von den rund 125 Mio. Medieneinheiten Bestand sind ca. 80% in hauptamtlichen Bibliotheken verfügbar, auf die bundesweit mit ca. 295 Mio. rund 83% der rund 355 Mio. Entleihungen im Jahr entfallen. Im Jahr 2005 wurden laut DBS rund 89 Mio. Euro (2001: 92 Mio. Euro) für Buch- und Medienerwerb ausgegeben, wobei der Anteil in den ehrenamtlich geleiteten Büchereien bei ca. 15% der Gesamtaufwendungen lag. Insgesamt wandten 2005 alle Träger Öffentlicher Bibliotheken rund 791 Mio. Euro an Sach- und Personalausgaben auf, davon ca. 500 Mio. Euro für Personalkosten. Pro Einwohner der Bundesrepublik Deutschland stehen 1,6 Medieneinheiten zur Verfügung, der Gesamtbestand von 15 Mio. ME wird 1,8-mal umgeschlagen. Die Gesamtausleihen von 355 Mio. ME bedeuten, dass 2005 jeder Einwohner im Durchschnitt 3,3 Medieneinheiten entliehen hat.

Das 2004 neu gegründete *Landesbibliothekszentrum Rheinland-Pfalz* mit seinen fünf fusionierten Einrichtungen (*Rheinische Landesbibliothek Koblenz, Pfälzische Landesbibliothek Speyer, Bibliotheca Bipontina Zweibücken, Büchereistellen Koblenz und Neustadt/Weinstr.*) gibt seit 2005 die regionale Zeitschrift „bibliotheken heute" heraus. Das Cover des abgebildeten Heftes zeigt das heutige Gebäude der *Bibliotheca Bipontina* in Zweibrücken (Rheinland-Pfalz), deren Gründung bis ins 16. Jahrhundert zurückgeht und die mit ihren 12.000 Bände umfassenden Rara-Bestand mit Handschriften und Inkunabeln seit Jahrzehnten mit dem Helmholtz-Gymnasium eine räumliche Einheit bildet.

Staatliche Fachstellen für Öffentliche Bibliotheken

Zur Förderung und Beratung kommunaler Bibliotheken haben die Bundesländer regional oder landesweit zuständige Staatliche Fachstellen für Öffentliche Bibliotheken eingerichtet, die auch Staatliche Büchereistellen, Büchereizentralen oder Landesfachstellen für Öffentliche Büchereien genannt werden. Erste Gründungen gab es bereits vor und nach dem Ersten Weltkrieg, die meisten entstanden nach 1949. Zwar ist die Unterhaltung kommunaler Bibliotheken Angelegenheit der Gemeinden; dennoch haben die Länder wegen ihrer Zuständigkeit für Kultur und Bildung die Verpflichtung wahrgenommen, den Auf- und Ausbau eines leistungsfähigen Netzes an öffentlichen Informationseinrichtungen verantwortlich mitzugestalten.

Aufgabe der heute rund 29 Staatlichen Fachstellen in der Bundesrepublik Deutschland ist es, die Gemeinden beim Aufbau normengerechter Bibliotheken und bei der Entwicklung leistungsstarker Bibliothekssysteme zu unterstützen, die staatlichen wie kommunalen Behörden in allen Fragen des öffentlichen Bibliothekswesens zu beraten und bei Bedarf auch bibliothekspraktische Hilfestellung zu leisten. Fachstellen sollen die Gründung neuer und die Erweiterung bestehender Bibliotheken initiieren, bei der Einrichtung von Fahrbibliotheken und der Planung von Bibliotheksbauten mitwirken, den Einsatz neuer Medien und Technologien forcieren und die Arbeit der Bibliotheken auf den Gebieten der Öffentlichkeitsarbeit, der Fortbildung der Mitarbeiter, der Lese- und Literaturförderung usw. unterstützen. Zugleich sind sie beauftragt, das politische und gesellschaftliche Bewusstsein hinsichtlich der Unverzichtbarkeit Öffentlicher Bibliotheken für die moderne Informationsgesellschaft zu stärken.

Der Ausgleich regionaler Unterschiede und der Abbau des sog. Stadt-Land-Gefälles, das die Menschen in den ländlichen Regionen hinsichtlich der Informationsmöglichkeiten und der Medienversorgung häufig benachteiligt, ist Hauptbestandteil ihres Auftrags. Das von Bundesland zu Bundesland stark unterschiedliche Dienstleistungsangebot der Fachstellen kommt deshalb in der Regel besonders den Öffentlichen Bibliotheken in kleinen und mittleren Gemeinden sowie den Schulbibliotheken und Bibliotheksträgern zugute.

Als wichtigstes bundesweites Gremium haben die Büchereifachstellen im Jahr 1952 eine Arbeitsgemeinschaft ins Leben gerufen, die seit 2007 den Namen „Fachkonferenz der Bibliotheksfachstellen in Deutschland" trägt. Das Gremium versteht sich als Forum für überregionalen Erfahrungsaustausch und gemeinsame Interessenvertretung. Neben der regelmäßig veranstalteten Jahrestagung, gleichfalls ‚Fachkonferenz' genannt, die der Fortbildung und der länderübergreifenden Koordinierung neuer Maßnahmen und Konzepte dient, eröffnet der 2002 ins Netz gestellte „Fachstellen-Server" durch die Präsentation wichtiger Dokumente eine weitere Möglichkeit zur allgemeinen fachlichen Information über Bibliotheks- und Fachstellenthemen. Angesichts des Fehlens einer zentralen Koordinationsstelle im öffentlichen Bibliothekswesen kommt den Fachstellen und ihren Dienstleistungen eine nationale Bedeutung zu.

Kirchliche Öffentliche Bibliotheken

Wenn von den 12.446 Gemeinden der Bundesrepublik Deutschland im Jahre 2006 rund 11.360 Gemeinden über eine Öffentliche Bibliothek oder bei Systemen über mehrere Bibliotheken mit Zweigstellen verfügten, dann hatten daran neben den 6.500 kommunalen auch die 3.875 katholischen, 940 evangelischen und 150 Bibliotheken (Standorte) in sonstiger Trägerschaft einen nicht unbedeutenden Anteil; die kirchlichen Einrichtungen liegen allerdings fast ausnahmslos in den alten Bundesländern. Bei der hohen Zahl kirchlicher Bibliotheken ist zu berücksichtigen, dass diese hinsichtlich des Bestandes, des Erwerbungsetats und der Entleihungen weit hinter den kommunalen Einrichtungen liegen, ebenso bei den Öffnungszeiten und Personalaufwendungen. Hinsichtlich der Literaturversorgung und Leseförderung bei Kindern und Jugendlichen und besonders in Gemeinden ohne kommunal getragene Bibliothek spielen sie dennoch eine wichtige Rolle.

Unterhaltsträger der kirchlichen Öffentlichen Bibliotheken sind in der Regel die katholischen Pfarrgemeinden bzw. die evangelischen Kirchengemeinden. Die katholische Büchereiarbeit ist eng mit dem 1844 gegründeten Borromäusverein (in Bayern mit dem in München ansässigen St. Michaelsbund) verbunden, der in Bonn unter anderem Träger eines Medien- und eines Lektoratsdienstes ist; bis Ende 2003 unterhielt er auch eine staatlich anerkannte Fachhochschule für das öffentliche Bibliothekswesen und eine Zentralbibliothek, die wegen fehlender Finanzen aufgelöst werden mussten. Der Dachverband der evangelischen Bibliotheksarbeit ist der *Deutsche*

Eine umgebaute alte Villa in Verbindung mit einem attraktiven Neubau aus Beton und Glas dient als Domizil der 1995 fertiggestellten *Stadtbücherei Westerstede* (Niedersachsen). Auf 550 qm werden rund 25.000 Medien angeboten. Die Kinderbücherei greift mit Leuchtturm und Floß Motive der Nordseeküste auf.

Verband evangelischer Büchereien e.V. (DVeB) in Göttingen. Ähnlich wie die Bundesländer haben auch die Kirchen auf der Ebene der (katholischen) Bistümer bzw. der (evangelischen) Landeskirchen Büchereifachstellen zur Unterstützung und Beratung ihrer Gemeindebibliotheken aufgebaut; die 18 katholischen und 12 evangelischen Fachstellen wirken in einer eigenen Arbeitsgemeinschaft (Fachkonferenz) zusammen.

Spezielle Bereiche des öffentlichen Bibliothekswesens

Kinder- und Jugendbibliotheken

Aufgrund der großen gesellschaftlichen und bildungspolitischen Bedeutung der Bibliotheksarbeit für Kinder und Jugendliche – Stichworte: Leseförderung, Literaturvermittlung, Medienkompetenz – schenken alle Öffentlichen Bibliotheken dieser Zielgruppe ihre besondere Aufmerksamkeit. Kinder und Jugendliche bis etwa 14 Jahre benutzen weitaus stärker als irgendeine andere Bevölkerungsgruppe eine Bibliothek und treffen in vielen Städten auf eine eigene Kinder-

und Jugendbibliothek, zumindest aber auf eine entsprechend gestaltete Abteilung oder Zone innerhalb der Öffentlichen Bibliothek.

Schon seit geraumer Zeit wird das bibliothekarische Augenmerk auf die Altersgruppe der Vier- bis Zwölfjährigen gelegt und für sie spezielle Kinderbibliotheken oder Kinderabteilungen aufgebaut. Waren es zunächst kombinierte Kinder- und Jugendbibliotheken, die ein Buch- und Medienangebot bis zum Alter von 15 Jahren vorhielten, so geht der Trend der letzten Jahre eindeutig dahin, für die Älteren eigene Jugendbibliotheken bzw. -zonen einzurichten. Gleiches gilt im Übrigen für den Kinderbereich. Frei zugänglich finden die jungen Besucher hier neben Büchern und Zeitschriften in zunehmendem Maße audiovisuelle und digitale Medien aller Art sowie vielfach Brettspiele und einen internetfähigen PC zum Spielen, Lernen und Informieren. Innerhalb der Programm- und Öffentlichkeitsarbeit der Öffentlichen Bibliotheken nehmen Aktionen und Veranstaltungen für Kinder und Jugendliche einen breiten Raum ein.

Trotz der Angebotsbreite fällt es vielen Öffentlichen Bibliotheken heute schwer, gerade Jugendliche als Nutzer länger an die Bibliothek zu binden. Um sie vermehrt in ihre Einrichtungen zu locken, setzen Bibliotheken auf altersgerechte Medien- und Veranstaltungsangebote sowie auf attraktive Inneneinrichtungen mit ‚coolem' Design und entsprechend auffälliger Farbgestaltung. Auch das oft unterbreitete Angebot an die Heranwachsenden, sich an der Auswahl der Medien oder an der Gestaltung der Bibliotheksräume zu beteiligen, ist eine Chance, das Interesse an der Bibliothek neu zu wecken.

Schulbibliotheken

Der bildungspolitische Auftrag der Öffentlichen Bibliothek manifestiert sich besonders deutlich in der Zusammenarbeit mit den Schulen bzw. mit den Schulbibliotheken. Zum Typus der Schulbibliothek gehört einerseits die schuleigene Schulbibliothek, oft auch Mediothek genannt, und andererseits die „kombinierte" Schulbibliothek in Form einer Zweigstelle innerhalb eines städtischen Bibliothekssystems. Die schuleigene Bibliothek stellt im Vergleich zur kombinierten

Die rund 12.000 Medien umfassende Kinderbibliothek der im Jahre 2000 fertiggestellten *Stadtbibliothek Bernburg/Saale* (Sachsen-Anhalt) wurde mit sehr viel Fantasie und Liebe fürs Detail als Abenteuerlesezone eingerichtet. In alle Teppichböden ist das Bibliothekssignet eingearbeitet. Der Gesamtbestand beträgt ca. 65.000 Medieneinheiten.

Schulbibliothek eindeutig die Mehrzahl dar, ist aber im Gegensatz zum zweiten Typus nur selten hauptamtlich bzw. fachlich geleitet. Schulbibliotheken stellen für Lehrer und Schüler unterrichtsrelevante Bücher und andere Medien zur Verfügung, sie besitzen aber ebenso populäre Kinder- und Jugendbelletristik sowie gedruckte und digitale Nachschlagewerke. Über den Lernort Bibliothek hinaus, der Strategien zur Informationsgewinnung und Medienkompetenz vermitteln will, wollen sie auch Lesemotivation und Lesespaß erzeugen.

Trotz der anerkannten bildungspolitischen Bedeutung der Schulbibliotheken, die im Jahr 2000 durch das Manifest der UNESCO „Lehren und Lernen mit der Schulbibliothek" noch bekräftigt wurde, ist die Einrichtung, Ausstattung und fachliche Betreuung von Bibliotheken an vielen Schulen in Deutschland unbefriedigend. Sofern eine Schule überhaupt eine Bibliothek besitzt, liegt diese meist unterhalb der international üblichen Standards. Danach bewertet, verfügen

Die 1948 gegründete *Internationale Jugendbibliothek Schloß Blutenburg (IJB) in München* (Bayern) ist ein einzigartiges Studien- und Informationszentrum, das auch ein Stipendien- und Veranstaltungsprogramm anbietet. Der Bestand umfasst rund 520.000 Kinder- und Jugendbücher und andere Medien in mehr als einhundert Sprachen. Mehrere Periodika („IJB-Report", „IJB-Bulletin", „The White Ravens") und Verzeichnisse („Preisgekrönte Kinderbücher", „Die Besten der Besten") dokumentieren die weltweite Buch- und Medienproduktion für Kinder und Jugendliche.

nur etwa 15 Prozent der rund 40.000 Schulen in Deutschland über eine adäquate Schulbibliothek, das sind etwa 2.600 Einrichtungen. Die wesentlichen Ursachen dieser Defizite liegen in den fehlenden bildungspolitischen, institutionellen und rechtlichen Vorgaben und den meist unklaren Zuständigkeiten für Schulbibliotheken.

Besonders kritisch sieht die Situation in den Grund-, Haupt- und Realschulen aus, in denen kaum schuleigene bzw. kombinierte Schulbibliotheken vorhanden sind. Allenfalls im Bereich der Gymnasien kann von einer ausreichenden Anzahl gesprochen werden. Nur in wenigen Fällen, vor allem in neu erbauten Gymnasien, Gesamt- und Ganztagsschulen, werden die Richtwerte für Flächenbedarf und Medienausstattung erreicht. Das schlechte Ergebnis der deutschen Schüler im internationalen Schüler-Leistungsvergleich (PISA-Studie 2000 der OECD – *Programme for International Student Assessment*) machte die eklatante Vernachlässigung der Schulbibliotheken durch die politisch Verantwortlichen für jedermann deutlich; inzwischen vollzieht sich hier ein spürbarer Wandel.

Knapp ein Drittel der Schulbibliotheken in den Ländern werden von der lokalen Öffentlichen Bibliothek als kombinierte, öffentlich zugängliche Zweigstelle innerhalb eines Schulzentrums mitbetreut, mehr als zwei Drittel stehen in alleiniger Verantwortung und Finanzierung der Schule und ihres kommunalen Trägers. Inzwischen werden vielfältige Formen der Zusammenarbeit zwischen Stadtbibliothek, Schule und Schulbibliothek praktiziert, wie die Bertelsmann Stiftung in einem mehrjährigen Projekt „Bibliothek und Schule" belegen konnte. In manchen Großstädten sind schulbibliothekarische Arbeitsstellen als Abteilungen von Großstadtbibliotheken oder von Staatlichen Büchereistellen (Flensburg, Frankfurt am Main, Hamburg, Wiesbaden) eingerichtet worden. Angesichts der zunehmenden Bedeutung des Internets und digitaler Medien im Unterricht hat sich auch die Zusammenarbeit mit den Kreis- und Stadtbildstellen bzw. den Landesmedienzentren intensiviert.

Spezielle Förderprogramme, die teils von Bund und Ländern finanziert, teils von Wirtschaftsunternehmen gesponsert wurden, beschleunigten die Ausstattung mit PCs und Internetzugängen in Schulen und Schulbibliotheken. Eine erkennbare Fortentwicklung der Schulbibliothekssituation ist nach 2002 eingetreten, als die Länder mit Hilfe von Bundeszuschüssen den Ausbau von Ganztagsschulen vorantrieben und dabei auch Schulbibliotheken mit dem Ziel einer verbesserten Leseförderung in den Mittelpunkt rückten. Die Landesverbände des DBV haben inzwischen durch Kooperationsvereinbarungen mit den Bildungsministerien in neun Bundesländern die Zusammenarbeit zwischen Öffentlicher Bibliothek und (Ganztags-)Schule auf eine verbindlichere Basis stellen können und damit die politische Diskussion über die Bedeutung von Bibliotheksarbeit sowie Lese- und Medienkompetenz befördert. Rund sechs Mrd. Euro Bundesmittel, die in den Jahren 2004 bis 2007 über das Programm „Initiative Bildung und Betreuung (IZBB)" den Ländern zugutekamen, sorgten für positive

Als einzige Schule in *Trier* (Rheinland-Pfalz) hat das städtische *Friedrich-Spee-Gymnasium* mit seinen rund 900 Schülern eine schulartübergreifende Orientierungsstufe von Gymnasium und Realschule eingerichtet, d.h. alle Schüler bleiben im 5. und 6. Schuljahr zusammen und werden gemeinsam von Lehrern beider Schultypen unterrichtet. Das in Ganztagsform geführte Gymnasium unterhält eine eigene Schulbibliothek, die 2006 mit den Schülern zusammen neu gestaltet und mit Hilfe eines landesweiten Förderprojekts um eine „Große Leseecke" erweitert wurde. Besonders für die Ganztagsschüler ist die Schulbibliothek eine wichtige Anlaufstelle. Auch „Leseclub" und „Jugendbuchjury" haben hier einen festen Ort gefunden.

Impulse. Viele Fachleute beklagen jedoch, dass mit der 2006 erfolgten Änderung des Grundgesetzes im Rahmen der Föderalismusreform weitere kultur- und bildungspolitisch ausgerichtete Förderprogramme des Bundes zugunsten der Länder und Kommunen nicht mehr zulässig sind.

Bibliotheksarbeit für besondere Benutzergruppen

Die Bibliotheksarbeit für besondere Benutzergruppen, vielfach auch als *Soziale Bibliotheksarbeit* bezeichnet, wendet sich mit gezielten Angeboten an Menschen, die in spezifischer Weise benachteiligt sind oder sich in besonderen Lebenssituationen befinden. Die Soziale Bibliotheksarbeit zählt zu den bibliothekarischen Arbeitsbereichen, die seit Beginn der 1990er Jahre von den Einsparungen der öffentlichen und kirchlichen Träger besonders hart getroffen worden sind. Dank der Aufwertung multikultureller und demografischer Themen in der Politik scheint dieser Sektor jüngst wieder an Bedeutung zu gewinnen. Fachleute fordern inzwischen, die wachsende gesellschafts- und sozialpolitische Akzeptanz dieser Bibliotheksarbeit durch eine verbesserte Finanzförderung flächendeckend zu forcieren. Wurde zunächst ein „Bücherdienst auf Rädern" mit Buchlieferungen für Behinderte nach Hause oder ans Krankenbett im engeren Sinne darunter verstanden, später kamen Gefängnisinsassen in Justizvollzugsanstalten hinzu, so erweitern sich heute Begriff und Aufgabenfeld der Sozialen Bibliotheksarbeit deutlich: Zu den Menschen in besonderen Lebenssituationen zählen zunehmend auch Senioren, sozial Benachteiligte und Menschen mit Migrationshintergrund, denen bibliothekarische Dienste und Medienangebote zu unterbreiten sind.

Für die Literatur- und Informationsversorgung der rund 140.000 erblindeten Menschen in Deutschland stehen knapp ein Dutzend, meist privatrechtlich auf Vereinsbasis organisierte Blindenbibliotheken zur Verfügung. Ihr Gesamtbestand umfasst rund 200.000 Hörbücher (als Audiokassette oder Compact Disc) und 150.000 Bücher, Zeitschriften und Noten in der von Louis Braille entwickelten Punktschrift. Die überwiegende Ausleihmodalität ist der für Blinde nach wie vor kostenfreie Postversand. Das Angebot der Blindenbibliotheken wird durch kirchliche Einrichtungen, Blindenabteilungen einzelner Großstadtbibliotheken, digitale Schrift-Sprach-Wandler (z.B. in der Deutschen Nationalbibliothek) und andere Möglichkeiten ergänzt.

Im Jahr 2005 wurden von rund 2.150 Krankenhäusern und Kliniken in Deutschland ca. 36% vom Staat, 38% von freigemeinnützigen Trägern und 26% von privaten Unternehmen betrieben. Von diesen besitzen laut DBS 254 (das sind ca. 8%) eine Patientenbibliothek, die den Kranken für die Zeit ihres Klinikaufenthaltes, aber auch dem Krankenhauspersonal Literatur und andere Medien anbietet. Die Bestände, im

Durchschnitt 6.000 bis 8.000 Medieneinheiten, sowie die Serviceleistungen des Personals sollen dazu beitragen, im Sinne einer ganzheitlichen Versorgung die Genesung der Patienten zu fördern und Informationswünsche im Umfeld von Erkrankungen zu decken. Die Patientenbibliotheken verstehen sich angesichts der eingeführten gesetzlichen Maßnahmen zur Qualitätssicherung und der damit verbundenen Zertifizierung der Krankenhäuser als ein wichtiges Qualitätskriterium.

Von den Patientenbibliotheken, die ausnahmslos zum Bereich der Öffentlichen Bibliotheken gehören, sind die medizinischen Fachbibliotheken zu unterscheiden; sie stehen den Klinikärzten und dem Pflegepersonal als wissenschaftliche Spezialbibliotheken zur Verfügung. Für sie wurden 2004 „Standards für Krankenhausbibliotheken in Deutschland" erarbeitet, in denen Auftrag, räumliche, finanzielle und personelle Ausstattung und weitere Ressourcen beschrieben werden.

Kleine, durchschnittlich rund 2.500 Medieneinheiten umfassende Gefängnisbibliotheken gibt es in den Justizvollzugsanstalten, die in Deutschland in den Zuständigkeitsbereich der Bundesländer fallen. Die Gefangenenbibliotheken sollen im Interesse einer Resozialisierung eine sinnvolle Freizeitgestaltung und nach der Haftentlassung eine Integration der straffälligen Menschen in die Arbeits- und Alltagswelt ermöglichen.

Weitere Bibliotheken

Neben den genannten gibt es weitere Bibliotheken, die in ihrer Funktion Öffentlichen Bibliotheken durchaus vergleichbar sind, aber nur einem eingeschränkten Benutzerkreis offenstehen. So unterhält beispielsweise die Bundeswehr neben den militärischen Spezialbibliotheken auch zahlreiche kleinere *Truppenbüchereien*, die der allgemeinen Bildung und Unterhaltung der Soldaten dienen und deshalb besonders auch Tonträger und DVDs anbieten. Nur Firmenangehörige haben Zugang zu den in ihrer Anzahl sinkenden, bundesweit heute noch rund 25 *Werksbibliotheken*, die im Dienste der Information, der beruflichen Ausbildung und Fortbildung, der allgemeinen Weiterbildung und der Freizeitgestaltung stehen. Sie unterscheiden sich damit deutlich von den firmeneigenen Fachbibliotheken, die der Forschung und Entwicklung dienen und zum Typus der Spezialbibliotheken gehören.

Dokumentationseinrichtungen

Mit dem Programm der Bundesregierung zur Förderung von Information und Dokumentation 1974-1977 (IuD-Programm) begann in Deutschland erstmals der planvolle Ausbau eines Netzes von Informations- und Dokumentationseinrichtungen. Da die Fachinformation grundsätzlich als Wirtschaftszweig angesehen wird, der sich auf dem Markt zu behaupten hat, verstanden

Wie viele andere Öffentliche Bibliotheken hat auch die Zentralbibliothek der *Stadtbibliothek Bremen* in ihren Räumen unterschiedlich gestaltete Zonen für ihre speziellen Benutzergruppen eingerichtet. Die Jugendbibliothek „Teen-Spirit" wurde mit Unterstützung von jugendlichen Fokusgruppen genau auf die Zielgruppe zugeschnitten. Mit einem besonderen Regalsystem der ekz und mit peppigen Sondermöbeln wurde ein Ambiente geschaffen, das zum Verweilen, aber auch zum „coolen" Stöbern an den acht PC- und Internetstationen oder zur Beschäftigung mit angesagten Computerspielen an elf Multimedia-PCs einlädt.

sich das erste und noch deutlicher die folgenden IuD-Programme eher als Beitrag zur Wirtschaftsförderung als zur Wissenschaftsförderung. Der Schwerpunkt der Programme lag daher von vorneherein auf dem Gebiet der Natur- und Ingenieurwissenschaften.

Das wichtigste, auch die Bibliotheken berührende Ergebnis des IuD-Programms war die Bildung der Fachinformationssysteme (FIS) mit Fachinformationszentren (FIZ) durch die Zusammenfassung bereits bestehender Einrichtungen. Der Aufbau fachspezifischer Datenbanken und das vermehrte Angebot an Literaturnachweisen führten zu einer steigenden Nachfrage nach Fachliteratur, besonders nach Zeitschriftenaufsätzen. Die Aufgabe, die von den Fachinformationszentren nachgewiesenen Dokumente bereitzustellen, fiel anfangs vor allem den Zentralen Fachbibliotheken zu, wird heute unter Nutzung elektronischer Vertriebswege teilweise auch durch die Fachinformationszentren selbst erledigt. Da die Fachinformation eine Ware ist, sind alle angebotenen Dienstleistungen, von der Recherche bis zur Dokumentlieferung, entgeltpflichtig.

Eine wichtige Schnittstelle zwischen den unterschiedlichen Informationsspezialsten in Bibliotheken und Dokumentationsstellen spielt als Verband die 1948 gegründete Deutsche Gesellschaft für Informationswissenschaft und Informationspraxis e.V. (DGI), die mit ihrer Arbeit die Perspektiven der Informationsdienstleistung und neue Wege des Wissensmanagements aufzeigt.

Beispiel für ein renommiertes Institut ist das 1977 gegründete *Fachinformationszentrum Karlsruhe GmbH*, eine gemeinnützige Serviceeinrichtung, der die Aufgabe übertragen wurde, der Forschung in Wissenschaft und Wirtschaft fachliche Informationen in hoher Qualität und in einer schnell nutzbaren Form bereitzustellen. Seit 1983 betreibt das FIZ Karlsruhe als Hauptgeschäftsfeld den Host *STN International (Scientific and Technical Information Network)* in Europa. STN International ist einer der führenden Onlinedienste für wissenschaftlich-technische Datenbanken: 210 Literatur- und Faktendatenbanken mit rund 350 Mio. strukturierten Dokumentationseinheiten stehen zum Abruf über Online-Netze bereit. Dabei werden alle Teilgebiete von Naturwissenschaft und Technik sowie die internationale Patentinformation berücksichtigt. In Kooperation mit bibliothekarischen Partnern, darunter auch den Deutschen Zentralen Fachbibliotheken, beschafft das FIZ für seine Kunden die gewünschten Primärquellen.

Durch die Gründung von „Informationsverbünden" wurde zu Beginn des 21. Jahrhunderts ein weiterer Anlauf zur Verbesserung der Kooperation, insbesondere zwischen den Fachinformationszentren und den Zentralen Fachbibliotheken, unternommen. Die Initiative ging vom „Strategischen Positionspapier" des BMBF aus, das 2002 unter dem Titel „Information vernetzen – Wissen aktivieren" publiziert wurde. In diesen Informationsverbünden kooperieren Datenbankanbieter, Bibliotheken und Forschungseinrichtungen eines Fachgebietes, um gemeinsam Dienstleistungen zur Literatur- und Informationsversorgung für dieses Fach aufbauen und betreiben zu können. Als Anbieter für die professionelle Versorgung mit wissenschaftlichen Volltexten, auch solcher aus dem Angebot kommerzieller Verlage, bieten die Informationsverbünde ihren Kunden die Möglichkeit, Materialien per Subskription zu bestellen oder im Pay-per-view-Verfahren zu nutzen. Bisher sind neben dem FIZ Karlsruhe und DIMDI (Köln) weitere Einrichtungen zu den Fächern Technik (Frankfurt am Main), Chemie (Berlin), Raum und Bau (Stuttgart), Agrarwesen (Bonn), Recht sowie Psychologie (beide Saarbrücken) als Informationsverbünde entstanden, die gemeinsam mit den Virtuellen Fachbibliotheken und der Elektronischen Zeitschriften-Bibliothek in der Koordinierungseinrichtung Vascoda den Nukleus eines nationalen Wissenschaftsportals bilden.

4 Berufe und Verbände

Organisation(en) des Bibliothekswesens

Bibliothekarische Berufe

Bibliothekarinnen und Bibliothekare sind Fachleute für den Transfer von gespeicherten Informationen aller Art und für den Umgang mit dem wichtigen Rohstoff „Wissen", unabhängig davon, ob sie in einer Universitätsbibliothek, Schulbibliothek oder der Fachbibliothek eines Wirtschaftsunternehmens tätig sind. Ihr Aufgabenfeld des Sammelns, Verwaltens, Erschließens und Vermittelns von Büchern und anderen Medien macht sie zu professionellen Partnern im Medien- und Informationsbereich. Bereits heute, und zukünftig sicher noch verstärkt, sind sie Navigatoren in Datennetzen, erschließen und sichern Qualität und Relevanz elektronischer Informationen.

In Deutschland hat sich das Spektrum bibliothekarischer Arbeit mit den gewandelten Anforderungen an Bibliotheken erheblich ausgeweitet, und dies nicht nur wegen der rasanten Entwicklung der Informations- und Kommunikationstechnik. Die Erwartungen, die heute Bibliotheksbenutzer an die Vermittlung der Medien und an Auskunfts- und Informationsdienste stellen, unterscheiden sich spürbar von den Fragestellungen und Bedürfnissen der Menschen vor zwanzig oder dreißig Jahren. Diese Erwartungshaltung resultiert sicher aus dem gewachsenen demokratischen Selbstbewusstsein der Bürger, die mit Recht fordern, dass die Bibliothek von heute eine kundenfreundliche, kompetente und zeitgemäß ausgestattete Service-Einrichtung ist.

Die Berufe im Bereich von Information, Literatur und modernen Medien haben in den letzten Jahrzehnten an Bedeutung und Breite gewonnen. Neben *Bibliothekare* sind *Dokumentare*, *Informationswirte*, *Archivare*, *Fachangestellte für Medien- und Informationsdienste* sowie sog. *Information Broker* getreten, allesamt Berufe der Informationsbranche, deren Aufgabenfelder sich mehr und mehr annähern, auch wenn Unterschiede bleiben: Während Information Broker mit der „Ware Information" handeln und sie über Datennetze für kommerzielle Zwecke beschaffen, sorgen Dokumentare in Dokumentationsstellen für eine optimale Erschließung und aktuelle Information über Daten aus Wirtschaft, Forschung und Technik; Archivare sind in den meist kommunalen und staatlichen Archiven mit der Sicherung und Erschließung von Zeugnissen und Quellen aus Vergangenheit und Gegenwart beschäftigt und Fachangestellte für Medien- und Informationsdienste werden sparten- und berufsübergreifend mit Assistenzfunktion in Bibliotheken, Bildagenturen, Archiven und Dokumentationsstellen eingesetzt. Zwischen diesen vier Berufsgruppen bilden Bibliothekare und Informationswirte (demnächst mit Bachelor- und Master-Abschlüssen) in den unterschiedlichen Bibliothekstypen mit ihren Medienbeständen und Dienstleistungsangeboten eine unentbehrliche Klammer.

Insgesamt sind heute in Deutschland über 20.000 ausgebildete Fachkräfte im weiteren Umfeld von Bibliotheken und ähnlichen Einrichtungen hauptamtlich tätig. Hinzu kommen weitere rund 40.000 Personen, die als ehren- oder nebenamtliche Kräfte in kleineren Öffentlichen Bibliotheken und Schulbibliotheken kommunaler und kirchlicher Träger arbeiten und ihre praktischen Fertigkeiten zur Organisation von Bibliotheken durch spezifische Fortbildungskurse und Lehrgänge bei den Bibliotheksfachstellen der Länder und der Kirchen erworben haben.

Innerhalb der Berufe Bibliothekar/Informationswirt – Dokumentar – Archivar vollzieht sich eine immer stärkere Parzellierung von Aufgaben bis hin zur Entwicklung eines reinen Spezialistentums. In Deutschland ist dieser Wandel augenfälliger als in den pragmatischer orientierten angelsächsischen Ländern. Mitverantwortlich für diese Aufsplitterung der drei Berufe in viele berufsständische Verbände und Gruppierungen ist wahrscheinlich der territorialgeschichtlich und mentalitätshistorisch bestimmte Wunsch nach Dezentralität, ja Abgrenzung – ein Grundsatz, der im deutschen Föderalismus gewiss viele positive Entwicklungen hervorgebracht hat, aber in etlichen Bereichen auch eine „Kleinstaaterei“ mit all ihren negativen Konsequenzen nach sich zog.

Die rasche Entwicklung der Informations- und Kommunikationstechnologie und der Wandel zur Informations- und Dienstleistungsgesellschaft hat die bibliothekarische Berufslandschaft nicht nur hierzulande umfassend verändert. Der Wandel geht einher mit der spürbaren Annäherung zu benachbarten oder ursprünglich anders zugeordneten Berufen und hat neue Beschäftigungsbereiche entstehen lassen, so etwa im Bereich des Elektronischen Publizierens, der Multimedia- und Kulturindustrie oder des Mediendesigns.

Insgesamt bietet der deutsche Arbeitsmarkt den Informationsspezialisten gute und durchaus wachsende Chancen, wenn die Bewerber räumlich mobil, flexibel einsetzbar und leistungsorientiert sind. Wichtig ist, dass sie möglichst Erfahrungen aus Praktika, eigenen Projekten oder auch Hilfsjobs während des Studiums mitbringen, mit modernen Arbeits- und Werkvertragsformen umgehen und vor allem umfangreiche Kenntnisse im Einsatz von Datenbanken, Internettechnologien und digitalen Archivierungssystemen vorweisen können. Allerdings haben sich genaue quantitative Prognosen für den Arbeitsmarkt der Informationsspezialisten generell als sehr unzuverlässig erwiesen.

Der auch in der Berufsausbildung erkennbaren Annäherung verschiedener Informationsberufe ging in Deutschland ein längerer, von Traditionen geprägter Zeitraum der Abgrenzung voraus: die *Spartentrennung* zwischen ÖB und WB, aber auch zwischen bibliothekarischer und dokumentarischer Tätigkeit, bestimmte über Jahrzehnte hinweg das Bild. Sogar innerhalb des Bibliothekspersonals war eine kleinteilige und in sich noch feiner untergliederte Berufslandschaft anzutreffen.

Fragt man nach den Gründen für die Trennung, so ist der Hintergrund weniger in der Struktur der deutschen Bibliothekslandschaft zu suchen. Vielmehr ist sie das Ergebnis des deutschen Arbeits- und Laufbahnrechts. Seitdem am Ende des 19. Jahrhunderts Beamtenlaufbahnen für den sog. wissenschaftlichen Bibliotheksdienst eingerichtet wurden, waren es Hierarchien und entsprechende Regelungen, nicht klienten- oder dienstleistungsbezogene Merkmale, die zu einem ausgeprägten Standesbewusstsein mit dem dazugehörigen Abgrenzungsbedürfnis führten.

Zu Beginn des 21. Jahrhunderts verblasst die Sparten-Unterscheidung mehr und mehr und öffnet sich zugunsten einer Differenzierung der Bibliotheken und ihres Personals nach Größenordnungen, Zielgruppen, Qualifikationsniveaus oder auch nach Leistungsdaten der Bibliotheken und Umfang ihrer Serviceangebote. Innerhalb der Berufe und der Berufsausbildung geht es künftig um einen Grundbestand an gemeinsamen, berufsübergreifenden Schlüsselqualifikationen, Fähigkeiten und Kompetenzen, die von jedem Bibliotheksbediensteten verlangt werden.

In den Bibliotheken in öffentlicher Trägerschaft ist das bibliothekarische Fachpersonal als „Beschäftigter im Öffentlichen Dienst“ (früher

Im Aufgabengebiet des Fachangestellten für Medien- und Informationsdienste (FAMI) spielt die Verbuchung und Rücknahme von Büchern und anderen Medien eine zentrale Rolle. Das Foto zeigt die moderne Ausleihtheke der Zentrale der *Stadtbüchereien Düsseldorf* (Nordrhein-Westfalen). Räumlich in den Thekenbereich integriert sind häufig auch der Informationsdienst, die Beratung und Anmeldung der Benutzer – Arbeitsbereiche, die teilweise von FAMIs, bei komplexen Anfragen von bibliothekarischen Fachkräften ausgeübt werden.

Funktionsbezeichnung Beschäftigte	Amtsbezeichnung Beamte	Entgelt-/ Besoldungs-gruppe
Leiter der Stadtbibliothek Amtsleiter Stadtbibliothek	Leitender Bibliotheksdirektor	EG 15 Ü Bes.-Gr. A 16
Leiter der Stadtbibliothek Amtsleiter Stadtbibliothek	Bibliotheksdirektor	EG 15 Bes.-Gr. A 15
Leiter der Stadtbibliothek Stellv. Bibliotheksleiter	Oberbibliotheksrat	EG 14 Bes.-Gr. A 14
Leiter der Stadtbibliothek Stellv. Bibliotheksleiter Abteilungsleiter	Bibliotheksrat (h.D.) Oberamtsrat (g.D.)	EG 13 Bes.-Gr. A 13
Leiter der Stadtbibliothek Stellv. Bibliotheksleiter Abteilungsleiter	Bibliotheksamtsrat	EG 12 Bes.-Gr. A 12
Leiter der Stadtbibliothek Stellv. Bibliotheksleiter Abteilungsleiter	Bibliotheksamtmann	EG 11 Bes.-Gr. A 11
Leiter der Stadtbibliothek Stellv. Bibliotheksleiter Zweigstellenleiter	Bibliotheksoberinspektor	EG 10 Bes.-Gr. A 10
Leiter der Stadtbibliothek Stellv. Bibliotheksleiter Zweigstellenleiter	Bibliotheksinspektor (g.D.) Amtsinspektor (m.D.)	EG 9 Bes.-Gr. A 9
Assistent an Bibliotheken Fachangestellter	Bibliothekshauptsekretär	EG 8 Bes.-Gr. A 8
Assistent an Bibliotheken Fachangestellter	Bibliothekssobersekretär	EG 7 Bes.-Gr. A 7
Assistent an Bibliotheken Fachangestellter	Bibliothekssekretär	EG 6 / EG 5 Bes.-Gr. A 6 / A 5

Erläuterungen:
Blaue Umrandung: Höherer Dienst
Rote Umrandung: Gehobener Dienst
Braune Umrandung: Mittlerer Dienst

Berufe in Öffentlichen und Wissenschaftlichen Bibliotheken (Öffentlicher Dienst) – Laufbahnübersicht

„Angestellter" bzw. „Arbeiter") oder als Beamter tätig. Verbeamtete Bibliothekare stehen gegenüber ihrem Arbeitgeber in einem Dienst- und Treueverhältnis und werden nach Bundes- oder Landesgesetzen besoldet. Bibliothekskräfte als „Beschäftigte" werden auf privatrechtlicher Basis vergütet; für sie galt bis vor kurzem der durch Tarifverhandlungen zwischen Gewerkschaften und öffentlichen Arbeitgebern vereinbarte Bundesangestelltentarif (BAT), der schrittweise bis Ende 2006 in den Kommunen und beim Bund durch den „Tarifvertrag Öffentlicher Dienst" (TVöD) und in den Ländern durch den Tarifvertrag der Länder (TV-L) abgelöst worden ist.

Im gesamten Öffentlichen Dienst werden Beamte und in sinngemäß analoger Anwendung auch Beschäftigte vier verschiedenen Laufbahngruppen zugeordnet: dem *einfachen*, dem *mittleren*, dem *gehobenen* und dem *höheren Dienst*. Nach diesen Gruppen regelt sich auch die Besoldung bzw. Entgeltzahlung des Bibliothekspersonals. Für die Gruppenzuordnung sind Vorbildung, Ausbildung und Tätigkeitsmerkmale bestimmend. Ähnliches gilt für Fachkräfte mit den Kirchen als Arbeitgeber. Anders sieht es bei Bibliotheksfachkräften in Wirtschaftsunternehmen aller Art aus: Dort gelten in der Regel privatrechtliche Arbeitsverträge, die individuell ausgehandelt werden; die Bezahlung lehnt sich nur gelegentlich an die Tarife des Öffentlichen Dienstes an.

Zur Geschichte bibliothekarischer Berufsausbildung

Die Ausbildung zum Bibliothekar und allen ähnlichen Berufen ist seit gut zwei Jahrzehnten einem permanenten Wandel unterworfen – hier ein verbindlich zutreffendes Gesamtbild darzustellen, wäre vermessen. Der stetige Umbruch drückt zum einen den politischen Willen zur Anpassung an aktuelle, insbesondere europaweite Entwicklungen und zur Modernisierung der Ausbildungsinhalte aus, andererseits zeigt er aber auch Unsicherheiten der politischen Entscheidungsträger auf, die angesichts des Zwangs zur Kostenminimierung in der Fusion von Ausbildungseinrichtungen und der Schaffung immer größerer Einheiten das alleinige Allheilmittel sehen.

Zu einer förmlichen Ausbildung für den Beruf des Bibliothekars kam es in Deutschland gegen Ende des 19. Jahrhunderts. 1893 wurde durch Erlass der preußischen Regierung eine Fachausbildung vorgeschrieben und deren Inhalt festgelegt: Universitätsabsolventen, die den Beruf des Bibliothekars anstrebten, hatten sich einer besonderen postgradualen Ausbildung zu unterziehen. Auf die preußische Regelung sowie den Erlass der bayerischen Regierung von 1905 geht die beamtete Referendarausbildung zurück, die jahrzehntelang der normale Ausbildungsweg für wissenschaftliche Bibliothekare gewesen ist; in einigen Ländern besteht sie bis heute. Die bibliothekarische Ausbildung, auf der die meisten Studiengänge an den Fachhochschulen beruhen, begann 1914 mit der Gründung der ersten Bibliotheksschule in Leipzig.

Bedingt durch die Trennung in zwei deutsche Staaten war die Entwicklung der bibliothekarischen Ausbildung in Deutschland nach dem Zweiten Weltkrieg sehr heterogen und besonders in Westdeutschland von der föderalen Strukturen und der Spartentrennung beeinflusst. Nach der Wiedervereinigung blieb die inhaltliche Aus- und Umgestaltung der Ausbildungs- und Studiengänge sehr unterschiedlich. Sie bietet bis heute ein ausgesprochen buntes Bild, beinhaltet jedoch einen im Kernbereich übereinstimmenden Kanon einheitlicher Themen- und Lernfelder: Zu den Lernstandards gehören vor allem Betriebswirtschaft, Marketing und Bibliotheksmanagement, Datenbank- und Internetanwendungen, Recherchestrategien, Informations- und Kommunikationstechnologie, Informationsdienstleistungen, Service- und Kundenorientierung sowie Literatur- und Medienmarkt. Auch das Bemühen um einen hohen Praxisbezug und -anteil ist in allen Studien- und Ausbildungsgängen eines ihrer bestimmenden Merkmale geblieben.

Bibliothekarische Ausbildung, Studien- und Ausbildungsstätten

In der Praxis ist heute in den meisten Wissenschaftlichen wie auch größeren Öffentlichen Bibliotheken eine vierstufige Unterteilung aufgabenbezogener Berufe anzutreffen: Neben den wissenschaftlichen Bibliothekaren mit Universitätsstudium (höherer Dienst / Master / Stufe 1)

	Beispiele für Tätigkeiten im Vergleich
Universitätsstudium höherer Dienst (Master)	**1. Bestands- und Informationsvermittlung:** Auskünfte und Beratung bei wissenschaftlichen Fragestellungen **2. Werbung und Öffentlichkeitsarbeit:** wissenschaftliche Ausstellungen, Planung und Koordination des Kulturmanagements insgesamt **3. Bestandsaufbau und Erwerbung:** Erstellen eines Bestandskonzepts, inhaltliche Verantwortung für Bestandsaufbau, Lektorat, Verantwortung für Erwerbungsetat
FH-Studium gehobener Dienst (Bachelor)	**1. Bestands- und Informationsvermittlung:** Recherchen in Nachschlagewerken, Datenbanken, Datennetzen **2. Werbung und Öffentlichkeitsarbeit:** Fachvorträge halten, Organisation bibliographischer Dienste **3. Bestandsaufbau und Erwerbung:** Koordinierung des Bestandsaufbaus, Aushandeln von Lieferkonditionen und Vereinbarungen
Berufsausbildung mittlerer Dienst (FAMI)	**1. Bestands- und Informationsvermittlung:** Erarbeitung von Dokumentationen, Auskünfte bei Standortfragen **2. Werbung und Öffentlichkeitsarbeit:** Mitarbeiterschulungen und Klassenführungen durchführen **3. Bestandsaufbau und Erwerbung:** Durchführung der Inventarisierung, Rechnungsbearbeitung, Führen der Haushaltsüberwachungslisten
Anlerntätigkeit einfacher Dienst	**1. Bestands- und Informationsvermittlung:** Technische Abwicklung des Leihverkehrs, Versand von Fotokopien **2. Werbung und Öffentlichkeitsarbeit:** Werbeblätter drucken, kopieren und versenden **3. Bestandsaufbau und Erwerbung:** Anlegen von Statistiken, Annahme von Lieferungen, Schreiben und Übermitteln von Bestellungen, Botengänge

Beschreibung von drei Tätigkeiten mit unterschiedlichen Niveaus am Beispiel einer Wissenschaftlichen Bibliothek bzw. Großstadtbibliothek

Modern ausgestattete Arbeitsplätze in Hochschul- und Fachhochschulbibliotheken unterstützen Studierende und begleiten mit ihren Book- und Non-Book-Beständen Ausbildung und Studium. Das Foto zeigt den von vielen Studenten benutzten Multimedia-Lesesaal der *Deutschen Nationalbibliothek in Frankfurt am Main* (Hessen), ausgestattet mit moderner Technik und einem Multimedia-Bereitstellungssystem, das die Erfassung, Verwaltung, Recherche und Präsentation elektronischer Publikationen unterstützt.

und den Diplom-Bibliothekaren / Diplom-Informationswirten mit Fachhochschulstudium (gehobener Dienst / Bachelor / Stufe 2) werden „Fachangestellte für Medien- und Informationsdienste" bzw. „Bibliotheksassistenten" (mittlerer Dienst / FAMI / Stufe 3) sowie angelernte „Bibliotheksmitarbeiter" (einfacher Dienst / Stufe 4) eingesetzt.

- Auf der Ebene des *wissenschaftlichen Dienstes* ist vor allem Fachpersonal mit abgeschlossenem Hochschulstudium beschäftigt. In der Regel haben sich die Absolventen im Anschluss an ihr Studium einer speziellen zusätzlichen bibliothekarischen Ausbildung unterzogen: Diese Zusatzqualifikation erfolgt entweder in Form eines viersemestrigen Zusatzstudiums oder eines zweijährigen Ausbildungsgangs, teils als Referendarausbildung (Beamtenstatus), teils als freier Studiengang (Studentenstatus). Zusatzstudium bzw. Ausbildung gliedern sich in Theorie und Praxis: Der praktische Teil findet in wissenschaftlichen Ausbildungsbibliotheken statt, der theoretische Teil an einer Hochschule. Die Ausbildung wird mit der staatlichen Laufbahnprüfung (Staatsexamen) abgeschlossen; das alternative Zusatzstudium endete bisher mit der Qualifikation „Wissenschaftlicher Bibliothekar" oder „Magister Artium" (M.A.), es wird ab 2007/2008 in der Regel mit dem „Master of Library and Information Science" (MLIS) abgeschlossen werden.
Typische Aufgabenfelder des höheren Dienstes sind in Wissenschaftlichen Bibliotheken Literaturauswahl und inhaltliche Erschließung von Fachliteratur wie auch Auskunfts- und Beratungsdienst, die Koordinierung der internen und externen Bibliotheksorganisation sowie Planungs- und Kooperationsaufgaben im Bereich der neuen Informationstechnologien. Etliche der Tätigkeiten sind mit Leitungsfunktionen verbunden.
- Das bibliothekarische Studium zum *Diplom-Bibliothekar* bzw. zum *Diplom-Informationswirt* ist heute generell auf Fachhochschulebene angesiedelt. Aus den früheren Bibliotheksschulen wurden Zug um Zug eigenständige Fachhochschulen; inzwischen sind es Fachbereiche größerer Fachhochschulen mit entsprechenden Studiengängen. Seit 2007 setzen sich die neuen, europaweit gültigen Studiengänge mit den Abschlüssen „Bachelor" und „Master" durch. Lag die Studiendauer bisher zwischen sieben und acht Semestern mit darin eingebetteten unterschiedlich langen Praktika bzw. Praktikumsemestern, so ist das neue Bachelor-Studium grundsätzlich sechs Semester, der neue Master-Studiengang zusätzliche vier Semester lang. Gegenüber den universitären Studiengängen wird auch beim Bachelor der Praxisbezug eine wichtige Rolle spielen, wenn auch die Einbettung von Praktika in die neu entstehenden FH-Studienordnungen noch nicht überall zufriedenstellend gelöst ist. Im Öffentlichen Dienst des Bundes, der Länder und der Gemeinden werden bibliothekarische Mitarbeiterinnen und Mitarbeiter mit der Qualifikation Diplom-Bibliothekar bzw. Bachelor der Ebene des gehobenen Dienstes zugeordnet.
- *Fachangestellte für Medien- und Informationsdienste* werden im Rahmen der dualen Berufsausbildung mit dreijähriger Dauer in

Ort	Einrichtung	Abschlüsse:
Berlin	Humboldt-Universität zu Berlin Institut für Bibliothekswissenschaft	Wissenschaftlicher Bibliothekar Bachelor (BA) Master und Magister Artium (MA) Promotion
Darmstadt	Fachhochschule Darmstadt: Fachbereich Information und Wissensmanagement (Information Science & Engineering)	Bachelor of engineering (BA) Master of engineering (MA)
Hamburg	Hochschule für Angewandte Wissenschaften Hamburg Fakultät Design, Medien und Information	Diplom-Bibliothekar (FH) Diplom-Dokumentar (Medien / FH)
Hannover	Fachhochschule Hannover Fachbereich Informations- und Kommunikationswesen	Bachelor IM (BIM – Informationsmanagement)
Köln	Fachhochschule Köln: Fakultät für Informations- und Kommunikationswissenschaften Institut für Informationswissenschaften	Diplom-Bibliothekar (FH) Diplom Informationswirt (FH) Bachelor Online-Redakteur (BA) Master oft Library and Information Science (MLIS)
Leipzig	Hochschule für Technik, Wirtschaft und Kultur (HTWK) Fachbereich Medien	Diplom-Bibliothekar (FH)
München	Fachhochschule für öffentliche Verwaltung und Rechtspflege Fachbereich Archiv- und Bibliothekswesen	Diplom-Bibliothekar (FH) an wissenschaftlichen Bibliotheken Diplom-Archivar (FH)
Potsdam	Fachhochschule Potsdam Fachbereich Informationswissenschaften	Diplom-Bibliothekar (FH) Diplom-Archivar (FH) Diplom-Dokumentar (FH) Bachelor (BA)
Stuttgart	Hochschule der Medien (HdM) Fakultät Information und Kommunikation	Diplom-Bibliothekar (FH) Diplom-Informationswirt (FH) Bachelor / Master of Information and Communication (Bibliotheks- und Informationsmanagement)

Bibliothekarische Ausbildungsstätten in Deutschland

Einrichtungen von Information und Dokumentation für alle Assistenzaufgaben ausgebildet; sie sind in der öffentlichen Verwaltung im Bereich des mittleren Dienstes angesiedelt. Das Besondere an diesem 1999 geschaffenen Ausbildungsberuf ist, dass seine Inhalte auf fünf verschiedene Fachrichtungen ausgerichtet sind: Neben den Bibliotheken können Fachangestellte ihre Ausbildung auch auf Archive, allgemeine Informations- und Dokumentationsstellen, Bildagenturen und medizinische Dokumentationseinrichtungen konzentrieren. Beratungs- und Koordinierungsfunktionen üben *Berufsbildungsausschüsse* bei den Industrie- und Handelskammern (IHK) und *Zuständige Stellen* bei den Bezirksregierungen bzw. Regierungspräsidien der Länder aus. Ein Ausbildungsrahmenplan und ein betrieblicher Ausbildungsplan legen Ablauf, Ziele und Inhalte der schulischen und betrieblichen Ausbildung fest. Die Zulassungsvoraussetzung für den Beruf ist nicht genau festgelegt, die meisten Bewerber verfügen über einen Realschulabschluss, die sog. „Mittlere Reife".

Die Studien- und Ausbildungsstätten für Bibliothekspersonal sind entweder

- *Berufsschulen*, in denen für den mittleren Bibliotheksdienst oder für den Beruf des Fachangestellten der Fachrichtung Bibliothek ausgebildet wird, oder
- *Fachbereiche für Bibliotheks- und Informationswesen* bzw. Informations- und Kommuni-

kationswissenschaft an öffentlichen Hochschulen oder verwaltungsinternen Fachhochschulen oder
- *universitäre Studiengänge* der Bibliothekswissenschaft; einen solchen gibt es nur an der Humboldt-Universität in Berlin beim dort angesiedelten Institut für Bibliothekswissenschaft mit einem postgradualen Fernstudium sowie einem Bachelor-Direktstudium.

Das Studium für bibliothekarische Berufe an Universitäten, Hoch- und Fachhochschulen ist heute an neun Orten in Deutschland möglich – siehe Grafik der Studienstätten.

Fort- und Weiterbildung für Bibliothekspersonal

Um den gestiegenen beruflichen Anforderungen im Bibliotheks- und Informationsbereich gerecht zu werden, ist eine konsequente und inhaltlich strukturierte Fort- und Weiterbildung des Bibliothekspersonals im Sinne eines *lebenslangen Lernens* erforderlich. Fortbildung umfasst hier vor allem die Organisation von Qualifizierungsaktivitäten im Rahmen einer betrieblichen Personalentwicklung als Bestandteil des Bibliotheksmanagements.

In Deutschland gibt es zahlreiche unterschiedliche Anbieter von bibliothekarischer Fortbildung; vor allem zählen dazu
- die Verbände DBV, BIB und VDB und ihre Landesverbände bzw. -gruppen
- die Verbundzentralen, die Staats-, Universitäts- und Landesbibliotheken
- die (Fach-)Hochschulen mit bibliothekarischen Studiengängen
- staatliche und kirchliche Bibliotheksfachstellen
- Großstadtbibliotheken
- die Ministerien und Behörden
- die Industrie- und Handelskammern (zur Erlangung der Ausbildereignung)
- die ekz-Bibliotheksservice GmbH
- Wirtschaftsunternehmen sowie Stiftungen, privatrechtliche Institutionen, Vereine und Verbände im Bildungs- und Kultursektor.

Das Angebot von Fortbildungsveranstaltungen ist mit rund 800 im Jahr sehr umfangreich und vielseitig. Nach Auflösung des Deutschen Bibliotheksinstituts 2002 fehlt es jedoch nach wie vor an einer gemeinschaftlichen Koordination aller Fortbildungsanbieter und einer bundesweiten Fortbildungsdatenbank. Ende 2005 konnte die Hochschule für Angewandte Wissenschaften in Hamburg unter der Schirmherrschaft des KNB das Fortbildungsportal „Wissen-bringt-weiter" aufbauen, das inzwischen regelmäßig über eine Vielzahl von Fortbildungsveranstaltungen für Bibliothekskräfte (ca. 150 jährlich) informiert.

Um national und international den Standards einer sinnvollen, professionell ausgerichteten Weiterbildung zu genügen, die den Absolventen auch berufliche Weiterentwicklungschancen eröffnet, hat die damalige BDB im Jahr 2000 das sog. „Zertifizierungsboard" gegründet und eine Expertengruppe beauftragt, allgemein anerkannte Fortbildungskonzeptionen zu entwickeln. Unter dem Logo „IQ 2000" (Initiative Qualifizierung) werden seit Anfang 2002 über einige Verbundzentralen, Hoch- und Fachhochschulen sowie Hochschulbibliotheken Angebote zertifizierter beruflicher Fortbildung bereitgestellt. Beispielhaft zu nennen sind hier die Zertifizierungskurse "Bibliotheksmanagement" der Freien Universität Berlin oder das akkreditierte Masterprogramm „Informations- und Wissensmanagement" als gebührenpflichtige Weiterbildung für Bachelor- und Diplom-Absolventen am Fachbereich Informations- und Kommunikationswesen der Fachhochschule Hannover.

Institutionelle Zusammenarbeit der Bibliotheken

Der Kulturautonomie und der föderativen Struktur der Bundesrepublik ist die große Vielfalt selbstständiger Bibliotheken mit unterschiedlichen Trägern zu verdanken. Diese Vielfalt eröffnet reichhaltige Chancen für eigene Entwicklungen und kreative Wege. Doch nährt die Individualisierung auch die Gefahr der Zersplitterung. Da aber keine Bibliothek, auf sich allein gestellt, ihre Aufgaben in vollem Umfang erfüllen kann, sind Kooperationen zwischen den Bibliotheken und die Schaffung von Einrichtungen mit zentralen Funktionen und Dienstleistungen von großer Bedeutung. Dabei geht es nicht allein darum, den Bibliotheken unnötige Doppelarbeit zu ersparen und die Leistungen der Bibliotheken zu verbessern; im Vordergrund steht vielmehr die Absicht, der anhaltenden Zersplitterung durch geeignete bibliothekspolitische, strategische und strukturelle Maßnahmen entgegenzuwirken.

Seit Beginn des 20. Jahrhunderts sind in Deutschland verschiedene bibliothekarische Organisationen, Institutionen und Verbände von überregionaler Bedeutung geschaffen worden, die das Bibliothekswesen geformt und ihm immer wieder neue Impulse zur Weiterentwicklung gegeben haben. Zum Teil können sie auf eine längere Tradition zurückblicken.

Vor- und Nachteile brachte es mit sich, dass die bibliothekarische Zusammenarbeit nicht staatlich gelenkt und organisiert ist. Sie vollzieht sich vor allem in privatrechtlich organisierten Vereinen und Verbänden. Man unterscheidet dabei *Personalvereine* und *Institutionenverbände*. Bibliothekarische Personalvereine sind Organisationen, in denen sich Bibliothekare und andere Bibliotheksmitarbeiter zur Wahrung ihrer beruflichen Interessen zusammengeschlossen haben. Sie dienen zugleich als Forum fachlicher Diskussion und Mittel gemeinsamer Vertretung in der Öffentlichkeit. Institutionenverbände sind Zusammenschlüsse von Bibliotheken, bibliothekarischen Einrichtungen und Bibliotheksträgern, die das Ziel verfolgen, gemeinsame Bibliotheksaufgaben zu befördern, einheitliche Standards zu entwickeln und die Stellung der Bibliothek in Politik und Gesellschaft politisch zu festigen.

Die Mitte der 1990er Jahre angestrebte Fusion der ehemals vier, heute zwei bibliothekarischen Personalvereine BIB und VDB mit dem Institutionenverband DBV zu einem deutschen Gesamtverband führte nicht zum Erfolg. Eine Verbandsstruktur aufzubauen, wie sie etwa die Schweiz, Großbritannien, die USA oder auf internationaler Ebene die IFLA aufweisen, bleibt für viele Fachleute dennoch eines der langfristigen Ziele der Verbandsarbeit in Deutschland.

Die wichtigsten Organisationen sind heute die unter dem Dach von *Bibliothek & Information Deutschland e.V.* (BID) zusammengeschlossenen Verbände und Vereine, Institutionen und Stiftungen. Neben den vereinsbasierten Organisationen beteiligen sich in jüngster Zeit verstärkt Stiftungen und privatrechtlich organisierte Einrichtungen, beispielsweise die Bertelsmann Stiftung, die ekz-Bibliotheksservice GmbH und das Goethe-Institut, an der Förderung des Bibliothekswesens.

BID

Bibliothek & Information Deutschland e.V. (BID) als Dachverband

Erstmals waren in Deutschland in den 1960er und 1970er Jahren mit der Schaffung der *Deutschen Bibliothekskonferenz* (DBK, gegründet 1963) und der Erarbeitung des Bibliotheksplans ’73 vereinheitlichende fachliche und bibliothekspolitische Voraussetzungen für eine Intensivierung der Zusammenarbeit und Repräsentanz des Bibliothekswesens in der Öffentlichkeit

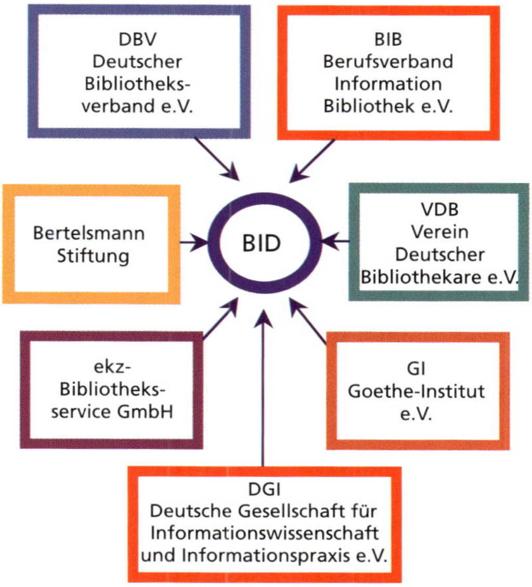

Mitglieder von Bibliothek & Information Deutschland e.V.

entstanden. Um die Außendarstellung noch stärker zu bündeln, kam es im September 1989 zur Gründung der *Bundesvereinigung Deutscher Bibliotheksverbände e. V.* (BDB) als Nachfolger der Deutschen Bibliothekskonferenz; seit dem Beitritt der DGI 2004 nennt sich der Verband *Bibliothek & Information Deutschland e. V.* (BID).

Die BID ist der bibliothekarische Dachverband, der drei Institutionen- und Personalverbände des Bibliothekswesens, einen Verband des Informationswesens, die ekz und zwei bedeutsame Einrichtungen der Kulturförderung in Deutschland vereint. Als eingetragener gemeinnütziger Verein vertritt sie deren Gesamtinteressen auf nationaler und europäischer Ebene sowie in internationalen Gremien. Ihr Ziel ist die Förderung und Weiterentwicklung von Dienstleistungen und Innovationen der Informationsversorgung durch Bibliotheken und Informationseinrichtungen als Garantie demokratischer Informations- und Wissensbildung. Sitz der BID ist Berlin. Ihre Vereinsorgane sind die Mitgliederversammlung, der Vorstand und das Sprecherzentrum, das für eine dreijährige Amtsperiode das deutsche Bibliothekswesen nach außen vertritt. Der Vorstand kann befristete Arbeitsgruppen und ständige Kommissionen einsetzen. Die BID ist Mitglied im *European Bureau of Library, Information and Documentation Associations* (EBLIDA).

Ein wichtiger Aspekt im Programm der BID ist die Auslandsarbeit, die durch Zuschüsse des Auswärtigen Amtes in Berlin und des Beauftragten der Bundesregierung für Kultur und Medien (BKM) finanziert wird. Als eine Unterorganisation der BID tritt *Bibliothek & Information International* (BII) auf, das im Auftrag des Dachverbands den internationalen Know-how-Transfer des Bibliotheks- und Informationswesens koordiniert und in Zusammenarbeit mit dem Goethe-Institut die internationale Kontaktarbeit und den Erfahrungs- und Informationsaustausch durch Studienreisen und Arbeitsaufenthalte für ausländische und deutsche Bibliothekare befördert.

Seit 1996 verleiht die BID gemeinsam mit der Deutschen Literaturkonferenz am „Tag der Bibliotheken" (24. Oktober) in Erinnerung an den Gründer der ersten Öffentlichen Bibliothek Deutschlands in Großenhain bei Dresden die *Karl-Preusker-Medaille* an engagierte Persönlichkeiten in Anerkennung ihrer besonderen Verdienste um das öffentliche Bibliothekswesen.

Publikationsorgan der BID ist der monatlich erscheinende „Bibliotheksdienst". Die BID veranstaltet in dreijährigem Abstand den *Deutschen Bibliothekskongress* als größte bibliothekarische Fachtagung in Deutschland. Seit 2004 findet der Fachkongress im Vorfeld der Frühjahrsbuchmesse in der Messestadt Leipzig statt.

Deutscher Bibliotheksverband e.V. (DBV)

1949 begann im Westen des geteilten Deutschlands die Geschichte des *Deutschen Bibliotheksverbandes* (DBV). In der DDR entstand 1964 ein separater Deutscher Bibliotheksverband (BV), der als Fachorganisation hauptberuflich geleitete Bibliotheken sowie fachliche Institutionen und Ein-

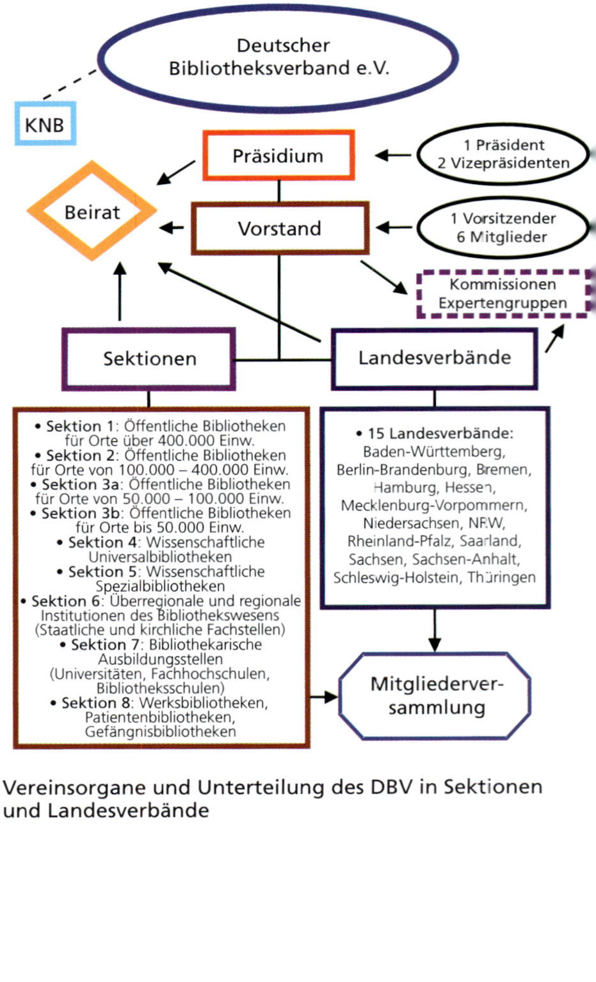

Vereinsorgane und Unterteilung des DBV in Sektionen und Landesverbände

dbv Deutscher Bibliotheksverband e.V.

richtungen der Information und Dokumentation vereinigte und bis 1990 *Bibliotheksverband der Deutschen Demokratischen Republik* hieß.

Nach der Wiedervereinigung Deutschlands fusionierten der westdeutsche und der ostdeutsche Bibliotheksverband zum heutigen *Deutschen Bibliotheksverband e.V.* (DBV). Dieser neue spartenübergreifende Institutionenverband zählt derzeit rund 2.000 Mitglieder. Die ordentliche Mitgliedschaft steht allen hauptamtlich geleiteten Bibliotheken, staatlichen und kirchlichen Fachstellen sowie sonstigen Einrichtungen des Bibliotheks- und Dokumentationswesens offen.

Der DBV hat sich zur Aufgabe gemacht, das deutsche Bibliothekswesen und die Kooperation der Bibliotheken und bibliothekarischen Einrichtungen untereinander zu fördern, indem er politische Forderungen zur Verbesserung des Bibliothekswesens formuliert und durch Gutachten und Empfehlungen Stellung zu grundlegenden Fachfragen bezieht. Wichtige Teile des Aufgabenspektrums sind:

- Erarbeitung einheitlicher, effektiver Lösungen zu bibliothekarischen Fachfragen und Mitwirkung an deren Durchsetzung
- öffentliche Darstellung der Ziele und Funktionen der Bibliotheken, aber auch ihrer Defizite und Problembereiche
- Lobby- und Kontaktarbeit zu Parlamenten und Ministerien auf Bundes- und Länderebene, zu kommunalen Spitzenverbänden und Gebietskörperschaften
- Initiierung und Begleitung von fachlichen Untersuchungen in Zusammenarbeit mit zentralen bibliothekarischen Einrichtungen
- Ausarbeitung von Fördermaßnahmen zusammen mit der Deutschen Forschungsgemeinschaft und der Kultusministerkonferenz der Länder (KMK)
- Organisation und Durchführung von fachlichen Informations- und Fortbildungsveranstaltungen
- Verbesserung der europäischen und internationalen Zusammenarbeit im Bibliothekswesen und Umsetzung ausländischer Erfahrungen in die inländische Bibliotheksarbeit

Nach Stilllegung des Deutschen Bibliotheksinstituts hat der DBV seit 2003 in Eigenregie die kurzzeitig brachliegende Arbeit von fach- und themenbezogenen *Kommissionen*, Experten- und Arbeitsgruppen übernommen; die ehrenamtlichen Teilnehmer stammen allesamt aus der Bibliothekspraxis. Drei *Kommissionen* (Dienst-

Die *Stadtbibliothek „Heinrich Heine" Halberstadt* (Sachsen-Anhalt) bezog im Jahr 2000 eine ehemalige Kapelle im 600 Jahre alten Petershof am Domplatz und wurde im gleichen Jahr vom DBV zur „Bibliothek des Jahres" gewählt. Auf 1.770 qm präsentieren sich rund 88.000 Medien. Die hohen Räume boten die Möglichkeit, niedrige Zwischengeschosse einzuziehen und dadurch die Nutzfläche zu erweitern.

leistung, Management, Recht), vier *Expertengruppen* (Erwerbung und Bestandsvermittlung, Bibliothek und Schule, Kinder- und Jugendbibliotheken, Interkulturelle Bibliotheksarbeit), und sechs *Arbeitsgruppen* (Fachhochschulbibliotheken, Regionalbibliotheken, Handschriften und Alte Drucke, Sondersammelgebietsbibliotheken, Gefangenenbüchereien, Lektoratskooperation) erarbeiten grundlegende Fragestellungen, informieren und beraten die Fachöffentlichkeit durch Workshops, Vorträge und Veröffentlichungen.

Zwei Gliederungen des DBV bedürfen einer besonderen Erwähnung, da sie noch vor der eigentlichen Gründung des Deutschen Bibliotheksverbandes entstanden:

Der 1948 gegründete, Wissenschaftliche und Öffentliche Bibliotheken vertretende *Verband der Bibliotheken des Landes Nordrhein-Westfalen e.V.* (VBNW) nimmt im DBV die Stellung eines Landesverbandes ein. Er zählt rund 330 Mitglieder und publiziert mit „Pro Libris" eine eigene, bundesweit beachtete Fachzeitschrift.

Mitglied der Sektion 5 des DBV ist die 1946 gegründete *Arbeitsgemeinschaft der Spezialbibliotheken e.V.* (ASpB), die sowohl die institutionelle als auch die persönliche Mitgliedschaft zulässt und gegenwärtig über 650 Mitglieder zählt. Ihre Absicht ist es, die Zusammenarbeit zwischen den Spezialbibliotheken zu fördern, die Interessen dieses besonderen Bibliothekstyps in der Öffentlichkeit zu vertreten und zum Austausch von Berufserfahrungen und zur Vertiefung von Fachkenntnissen beizutragen. Diesem Zweck dienen u.a. die im zweijährigen Rhythmus stattfindenden Fachtagungen, deren Ergebnisse regelmäßig veröffentlicht werden.

Auf Anstoß des DBV wurde im Jahr 2002 die *Deutsche Initiative für Netzwerkinformation e.V.* (DINI) gegründet, der sich als Kooperationspartner die Zentren für Kommunikation und Informationsverarbeitung in Lehre und Forschung (ZKI), die Arbeitsgemeinschaft der Medienzentren der deutschen Hochschulen (AMH) und die IuK-Initiative anschlossen. Ziel des mit DFG-Projektmitteln unterstützten Vereins ist es, zur Verbesserung der Informations- und Kommunikationsdienstleistungen beizutragen und die dafür notwendige Entwicklung der Infrastrukturen an den Hochschulen und Fachgesellschaften regional und überregional durch entsprechende Standards, Empfehlungen und Projekte zu fördern.

knb
Das Bibliotheksportal
Kompetenznetzwerk für Bibliotheken

Zur öffentlichkeitswirksamen Unterstützung der Bibliotheken und zur Sicherung ihrer aufklärerischen Arbeit hat der DBV 1987 den mit 2.500 Euro dotierten *Helmut-Sontag-Publizistenpreis* gestiftet, der jährlich verliehen wird und die Aufmerksamkeit der Presse und Medien auf das Bibliothekswesen lenken soll (Helmut Sontag war DBV-Vorsitzender von 1983 bis 1986). Gewürdigt werden damit Publizisten und Journalisten, die das Bibliothekswesen durch herausragende Einzelbeiträge oder durch die Kontinuität sachgerechter Berichterstattung in Presse, Funk und Fernsehen sowie im Internet wirkungsvoll gefördert haben.

Die wichtige Lobbyarbeit des DBV wird im Besonderen über die Landesverbände und Sektionen befördert. Zahlreiche Impulse, beispielsweise die der regionalen Bibliothekspreise, der verschiedenen Bibliothekstage, der Existenzsicherung von Bibliotheken und Fachstellen oder der Initiativen zur Bibliotheksgesetzgebung gingen und gehen von den Vorständen in den Landesverbänden aus.

Mit ihrem Projekt *Deutsche Internet-Bibliothek* (DIB) haben der DBV, die Bertelsmann Stiftung und die SISIS Informationssysteme GmbH 2003 einen kommentierten Link-Katalog inkl. eines bundesweiten E-Mail-Auskunftsdienstes ins Netz gestellt. An dem kooperativen Informationssystem sind heute mehr als 90 Öffentliche und Wissenschaftliche Bibliotheken in Deutschland, Österreich und der Schweiz beteiligt.

Erstmals im Jahr 2000 konnte der DBV mit finanzieller Unterstützung und in Zusammenarbeit mit der *ZEIT-Stiftung Ebelin und Gerd Bucerius* die bundesweite Auszeichnung *Bibliothek des Jahres* vergeben. Der mit 30.000,- Euro dotierte einzige nationale Bibliothekspreis zeichnet beispielhafte und vorbildliche Bibliotheksarbeit aller Sparten aus und soll die Bibliotheken im Wettbewerb um Qualität, Kreativität und Innovation motivieren. Die Preisträgerbibliothek wird von einer unabhängigen Jury gewählt, der u.a. auch Mitglieder der Bundesregierung, der Kultusministerkonferenz, des Deutschen Städtetages, der Zeit-Stiftung und des DBV angehören. Der Preis wird verliehen am „Tag der Bibliotheken" (24. Oktober). Im Jahr 2008 soll dieser Tag genutzt werden, um erstmals in Form einer bundesweiten Lobby-Kampagne mit Veranstaltungen in mehreren tausend Einrichtungen die Bedeutung der Bibliotheken öffentlichkeitswirksam zu demonstrieren.

Das 2004 durch Beschluss der KMK ins Leben gerufene, von den Bundesländern finanzierte *Kompetenznetzwerk für Bibliotheken* (KNB) ist mit seinen Arbeitsbereichen unmittelbar dem DBV zugeordnet und erledigt mehrere als unverzichtbar anerkannte überregionale Aufgaben in dezentraler Form. Gelenkt wird es von einem „Steuerungsgremium" mit Vertretern aus verschiedenen bibliothekarischen Institutionen und einer hauptamtlichen „Koordinatorin". So wird die *Deutsche Bibliotheksstatistik* (DBS) durch das Hochschulbibliothekszentrum NRW in Köln erstellt; die internationale Kooperation liegt in den Händen des DBV und der Staatsbibliothek zu Berlin. Die Vertretung in internationalen Normungsgremien wird durch das DIN-Institut und die Deutsche Nationalbibliothek über den *Normenausschuss Bibliotheks- und Dokumentationswesen* (NABD) wahrgenommen. 2005 übernahmen verschiedene Partner unter der Federführung des KNB auch die Erstellung des *Bibliotheksindex* (BIX) als bundesweites Benchmarking-System für Öffentliche und Wissenschaftliche Bibliotheken. Seit Ende 2006 ist die vom DBV im Rahmen des KNB mit Mitteln der DFG betreute und zusammen mit seinen Partnern aufgebaute Homepage als ein Modul der *Virtuellen Fachbibliothek Bibliotheks-, Buch- und Informationswissenschaft* (ViFa BBI) im Internet verfügbar; das KNB fungiert seitdem als zentrale Anlaufstelle für aktuelle Informationen über das deutsche Bibliothekswesen.

Berufsverband Information Bibliothek e.V. (BIB)

Der *Berufsverband Information Bibliothek e.V.* (BIB) entstand im Jahr 2000 aus dem Zusammenschluss der ehemals eigenständigen Personalvereine *Verein der Bibliothekare und Assistenten e.V.* (vba) und dem *Verein der Diplom-Bibliothekare an wissenschaftlichen Bibliotheken e.V.* (VdDB, 1948 gegründet). Der vba war zuvor 1997 aus der Fusion des *Vereins der Bibliothekare an Öffentlichen Bibliotheken e.V.* (VBB, 1949 gegründet) mit dem *Bundesverein der Bibliotheksassistent/innen und Assistenten und anderer Mitarbeiter/innen an Bibliotheken e.V.* (BBA, 1987 gegründet) hervorgegangen.

Der BIB umfasst heute rund 6.300 Mitglieder und ist damit der größere der beiden bibliothekarischen Personalvereine. Er versteht sich nicht als gewerkschaftliche Organisation, dennoch stehen berufsständische Interessen seiner Mitglieder im Zentrum seiner Aufgaben: Gemeint sind Bemühungen um eine Verbesserung, Modernisierung und Vereinheitlichung der Ausbildung, die Erstellung und Umsetzung eines modernen Berufsbildes, Fragen der ausbildungsadäquaten Besoldung und tariflichen Eingruppierung sowie Personalqualifizierung durch gezielte Fortbildungsmaßnahmen. Durch seine zahlreichen Fortbildungskurse, die vorwiegend von den Landesgruppen organisiert werden, trägt der Berufsverband wesentlich zur Qualifizierung des Bibliothekspersonals bei. Seit 2006 betreibt der BIB eine Ausbildungsdatenbank (DAPS): Sie enthält Ausbildungs- und Praktikumsstätten sowie Hochschulen und Berufsschulen, die Angebote im bibliothekarischen Bereich organisieren. Zielgruppen sind Berufseinsteiger, Bewerber, Studieninteressierte, Auszubildende, Studenten sowie Ausbildungsbibliotheken, die Praktikumsplätze akquirieren möchten.

Markante Aufgabenfelder des BIB sind beispielweise die Aufarbeitung von Planungs- und Strukturfragen des Bibliothekswesens, die nationale und internationale Kontaktpflege, Managementthemen oder die gemeinsam mit dem VDB

BIB

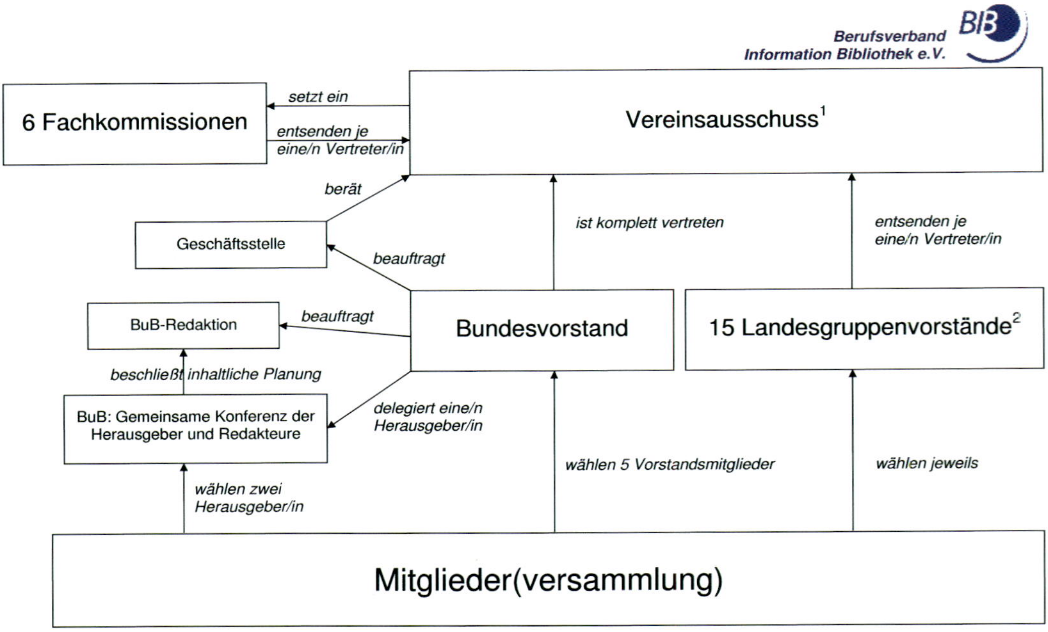

1 Im Vereinsausschuss sind außerdem vertreten der/die Vertreter/in des BIB in Bibliothek & Information International (stimmberechtigt) sowie der/die Bearbeiterin des Verbandsteil in der Zeitschrift BuB (nicht stimmberechtigt). Der/die Geschäftsführer/in ist im Vereinsausschuss ebenfalls nicht stimmberechtigt.

2 Der BIB ist in allen Bundesländern vertreten, Niedersachsen und Bremen bilden eine Landesgruppe. Bei den Landesvorstandswahlen sind nur die Mitglieder der jeweiligen Landesgruppe wahlberechtigt. Die Zahl der Vorstandsmitglieder bemisst sich nach der Zahl der Mitglieder im jeweiligen Bundesland.

organisierte Ausrichtung des *Deutschen Bibliothekartages*, der neben dem Deutschen Bibliothekskongress zweitgrößten bibliothekarischen Fachtagung in Deutschland. Der BIB arbeitet nicht nur national, sondern auch auf europäischer Ebene und darüber hinaus eng mit ausländischen und internationalen Organisationen zusammen und pflegt internationale Kontakte (BII, EBLIDA, IFLA; Kooperationsvereinbarung mit den Berufsverbänden in Italien, Österreich und Schweiz über die Konferenzreihe „Die Lernende Bibliothek").

Dem fünfköpfigen BIB-Bundesvorstand steht ein Vereinsausschuss zur Seite, in den die 15 Landesgruppen, der Vorstand und die Kommissionen ihre Vertreter entsenden. Wichtige Satzungsänderungen können nur dann vorgenommen werden, wenn eine Dreiviertelmehrheit erreicht wird. Die hauptamtlich geführte Geschäftsstelle des Vereins befindet sich in Reutlingen.

Publizierte Checklisten zu vielen Managementbereichen und Fragen aus der Bibliothekspraxis geben berufsbegleitende Hilfestellung. Wichtige Publikationen der letzten Jahre sind:

- „Arbeitsvorgänge in wissenschaftlichen Bibliotheken: Beschreibung und Bewertung nach dem Bundes-Angestelltentarifvertrag / BAT" (2001)
- „Allgemeine Systematik für öffentliche Bibliotheken (ASB)" (1999)
- „Arbeitsvorgänge in öffentlichen Bibliotheken: Beschreibung und Bewertung nach dem Bundes-Angestelltentarifvertrag / BAT" (1999)
- BuB-Dossier „Bibliothek 2007" (2005/2006)
- „One-Person Librarians' Flaschenpost"; bisher erschienen: 1(1998)-9(2006)
- „Checklisten" der OPL-Kommission; bisher erschienen: 1(2003)-16(2006)

In zweijährigem Abstand publiziert der BIB als wichtiges Adressenverzeichnis das „Jahrbuch der Öffentlichen Bibliotheken", darüber hinaus gibt der Verband die mit rund 9.000 Exemplaren auflagenstärkste bibliothekarische Fachzeitschrift „BuB: Forum Bibliothek und Information" heraus, die seit 1949 erscheint.

Verein Deutscher Bibliothekare e.V. (VDB)

Der im Jahr 1900 gegründete *Verein Deutscher Bibliothekare e.V.* (VDB) ist die Vereinigung der wissenschaftlichen Bibliothekare auf der Ebene des höheren Dienstes mit heute rund 1.600 Mitgliedern. Sein Ziel ist es, den Zusammenhang unter den wissenschaftlichen Bibliothekaren zu pflegen und ihre Berufsinteressen wahrzunehmen, dem Austausch und der Erweiterung ihrer Fachkenntnisse zu dienen und das wissenschaftliche Bibliothekswesen zu fördern. Er gliedert sich in Landesverbände und unterhält vier *Kommissionen*: für berufliche Qualifikation, Rechtsfragen, Fachreferatsarbeit und im Zusammenwirken mit dem BIB die Kommission für Management und betriebliche Steuerung.

Bis Mitte der 1970er Jahre trug der VDB die bibliothekarische Sacharbeit in der Bundesrepublik Deutschland; dann wurde sie vom DBV bzw. DBI übernommen und der VDB ein reiner Berufsverband. Ein Schwerpunkt der Vereinsarbeit bildet die Qualifizierung des bibliothekarischen Nachwuchses. Immer wieder hat der VDB deshalb zur praktischen und theoretischen Ausbildung der wissenschaftlichen Bibliothekare Stellung bezogen und seine Vorschläge veröffentlicht.

Vereinsorgan ist die „Zeitschrift für Bibliothekswesen und Bibliographie" (ZfBB). Seine wichtigste Publikation ist das alle zwei Jahre erscheinende „Jahrbuch der deutschen Bibliotheken", erstmals 1902 veröffentlicht, das einen Bibliotheksteil mit statistischen Daten zu den Wissenschaftlichen Bibliotheken und einen Personenteil enthält, der zugleich die Funktion eines Mitgliederverzeichnisses erfüllt. Zweimal jährlich erscheinen die „VDB-Mitteilungen" mit aktuellen Informationen zum Vereinsleben auf der VDB-Webseite und als Drucksache.

Der VDB richtet seit Anfang des 20. Jahrhunderts den jährlichen *Deutschen Bibliothekartag* aus, zurzeit im Wechsel mit dem alle drei Jahre stattfindenden *Deutschen Bibliothekskongress* der BID als zentrale Fachtagung, seit 1952 gemeinsam mit dem VdDB, ab 2001 zusammen mit dem BIB. Die wichtigsten Vorträge werden regelmäßig im Internet und in den Sonderbänden von ZfBB veröffentlicht, die als selbstständige Schriftenreihe neben der ZfBB erscheint.

ekz-Bibliotheksservice GmbH, Reutlingen

Unter den zentralen Einrichtungen des deutschen Bibliothekswesens nimmt die 1947 gegründete *ekz-Bibliotheksservice GmbH* (ekz) in Reutlingen eine Sonderstellung ein. Sie ist ein Wirtschaftsunternehmen für Bibliotheken und arbeitet in der Rechtsform einer Gesellschaft mit beschränkter Haftung. Die 48 Gesellschafter sind jedoch fast ausschließlich Gebietskörperschaften des öffentlichen Rechts: Länder, Städte und Landkreise. Die ekz beschäftigt derzeit ca. 240 Mitarbeiter. Sie ist auch Gründungsmitglied der BID.

Durch den Verkauf spezieller fachgerechter Produkte und Serviceleistungen für Bestandsaufbau, -erschließung und -erhaltung, Einrichtung und Organisation von Bibliotheken trägt die ekz zur Weiterentwicklung der Bibliotheken bei. Hatte sie sich über Jahrzehnte hinweg mit ihrem Angebot vornehmlich an die Öffentlichen Bibliotheken in der Bundesrepublik Deutschland gewandt, so vollzieht sich seit mehreren Jahren ein deutlicher Wandel: Aus einem Haus mit den ursprünglichen Schwerpunkten bei Buch und Möbeln ist zu Beginn des 21. Jahrhunderts ein europaweit ausgerichteter kommerzieller Dienstleister für alle Bibliothekssparten geworden mit einer umfassenden Palette an Medien-, Ausstattungs-, Service- und Consultingangeboten, ein mit diesem Angebots-Mix führendes Unternehmen auf dem Bibliotheks- und Medienmarkt in Mitteleuropa. Durch weitere Dienste wie Veranstaltungssponsoring, Fortbildungsaktivitäten und Personalqualifizierung unterschiedlicher

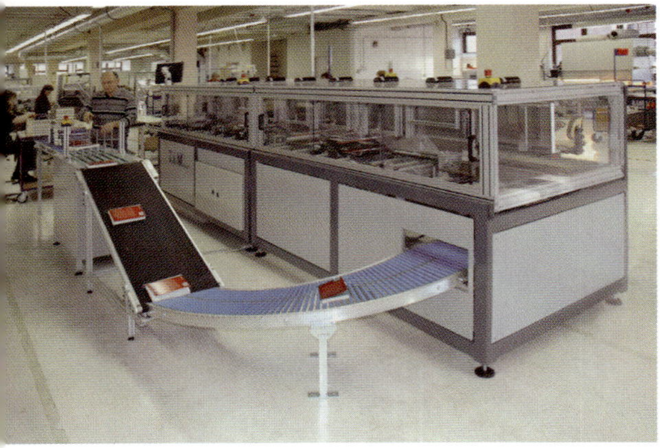

Zu den wichtigsten Dienstleistungen der *ekz-bibliotheksservice GmbH* in Reutlingen (Baden-Württemberg) zählen nach wie vor die buchbinderischen Angebote mit Foliierung und Einbandverstärkung für Paperbacks. Im Zuge der Warenflussoptimierung wurde Ende 2005 auch die vollautomatische Folieneinschlagmaschine modernisiert. Sie kann mehrere tausend Bücher pro Tag bearbeiten.

Ausrichtung hat sich die ekz den aktuellen Markterfordernissen angepasst und wirtschaftlich erfolgreich neue Märkte erschlossen.

Die besondere Zielsetzung des Unternehmens liegt in der Bereitstellung eines bibliotheksgerechten Komplettangebots, das modulartig aus seinen diversen Einzelprodukten passend zusammengesetzt werden kann. Mit ihren bibliografischen und inhaltserschließenden Diensten tritt die ekz auch als Datenzentrale für Öffentliche Bibliotheken in Erscheinung. Ein Online-Bestell-Service beschleunigt die Beschaffung der verfügbaren Medien, wobei die Katalogdaten per Leitung maschinenlesbar der bestellenden Bibliothek übermittelt werden. Über ihre Homepage lassen sich im Internet alle Produktbereiche aufrufen und einsehen, sodass auf elektronischem Wege sowohl Recherchen und Bestellungen als auch Informationsabfragen und Kontaktaufnahme möglich sind. Das bibliothekarische Lektorat der ekz wirkt mit bei der Erstellung der „Lektoratsdienste" (ID-Informationsdienste u.a.) im Rahmen der von der ekz partnerschaftlich mit dem Deutschen Bibliotheksverband e.V. (DBV) und dem Berufsverband Information Bibliothek e.V. (BIB) getragenen *Lektoratskooperation*.

In den letzten Jahren konnte die ekz nicht nur viele Öffentliche Bibliotheken einrichten, sondern auch eine zunehmende Zahl Wissenschaftlicher Bibliotheken – darunter den Freihandbereich der Deutschen Nationalbibliothek in Frankfurt am Main. Darüber hinaus hat sie eine Reihe von Einrichtungsprojekten in anderen europäischen Ländern realisieren können.

Die Möglichkeit, im Rahmen ihres kompletten Dienstleistungsangebots die ekz als Geschäftspartner für den Aufbau einer gemeinsam getragenen Bibliothek in Form einer *Bibliotheks-GmbH* zu betreiben, haben seit 1996 zwei Kommunen genutzt: Zunächst für acht Jahre in Schriesheim (Baden-Württemberg) eingerichtet, seit 1999 in Siegburg (Nordrhein-Westfalen) eingeführt, hat das vielversprechende GmbH-Modell allerdings keine weiteren Nachahmer gefunden.

Neue Wege beschreitet die ekz in den anfangs gemeinsam mit der Bertelsmann Stiftung umgesetzten Projekten zum *E-Learning*: Unter dem Namen „bibweb" wurde im Jahr 2000 erstmals eine für Bibliothekskräfte konzipierte Reihe von Online-Selbstlernkursen vorgestellt. Die bis heute vorliegenden vier Kurse mit jeweiliger Abschlusszertifizierung nutzten bereits mehrere tausend Fachkräfte: Neben dem dreiteiligen „Internettraining" sind die neuen Kurse „Focus Kunde: Nutzerorientierung in Bibliotheken", „Focus Jugend: Bibliotheksangebote für Jugendliche" und „Focus Kind: Bibliotheksarbeit für Kinder bis 8" neuartige E-Learning-Angebote.

2005 gründete die ekz als Beteiligungsunternehmen die DiViBib GmbH mit Sitz in Wiesbaden; sie hat sich die Transformation des Geschäftsmodells der Öffentlichen Bibliotheken in die digitale Welt des Internets und der Online-Dienste zum Unternehmensziel gesetzt. Mithilfe der Digitalen Virtuellen Bibliothek können Nutzer von Öffentlichen Bibliotheken via Internet elektronische Bücher, Hörbücher und E-Musik ausleihen. Als weiteres Tochterunternehmen der ekz und der B.O.N.D. Bibliothekssoftware GmbH (Böhl-Iggelheim) bietet die Firma *EasyCheck GmbH* im Bereich der Bibliothekstechnik seit 2006 RFID-Komplettlösungen (Radio Frequency

Identification) zur Selbstverbuchung und Mediensicherung in Bibliotheken an.

Bertelsmann Stiftung

Bertelsmann Stiftung, Gütersloh

Die Bertelsmann Stiftung wurde 1977 gegründet und engagiert sich in der Tradition ihres Gründers Reinhard Mohn für das Gemeinwohl. Um ihre Kompetenzen zielgerichtet einzusetzen, hat sich die Stiftung in die Themenfelder „Bildung", „Wirtschaft und Soziales", „Internationale Verständigung" und „Gesundheit" organisiert. Die Kompetenzzentren „Stiftungsentwicklung", „Kultur", „Unternehmenskultur" sowie „Kommunen und Regionen" unterstützen die operative Arbeit und nehmen Querschnittsfunktionen wahr. Über die Grenzen der Bundesrepublik hinaus wird die Stiftung bei den Entscheidungsträgern in Politik und Verwaltung, Wirtschaft und Gesellschaft als praxisorientierte „Reformwerkstatt" und Antriebsmotor für die Modernisierung von Staat und Verwaltung geschätzt. Dabei folgt sie den Grundsätzen der Praxisorientierung, Kundenorientierung, Innovation, Nachhaltigkeit, Partnerschaftlichkeit und Evaluation.

Seit ihrer Gründung förderte und begleitete die Bertelsmann Stiftung die Öffentlichen Bibliotheken, um gemeinsam mit ihnen Lösungen für die gesellschaftlichen Herausforderungen der Zukunft zu entwickeln und zu erproben; mit Beginn des Jahres 2007 hat sich die Stiftung allerdings aus der Förderung der Bibliotheken zurückgezogen. Besonderen Wert hatte sie auf die praktische Erprobung im Rahmen von Projekten gelegt, die mit Partnern in Deutschland und anderen Ländern – beispielsweise Spanien, Ägypten und Polen – durchgeführt wurden. In einem internationalen Netzwerk wurden innovative Methoden, Erkenntnisse und praktische Erfahrungen aus den führenden Bibliotheksländern der Welt gesammelt, ausgetauscht und weiterentwickelt, wobei Lösungsstrategien aus anderen Branchen mit einflossen, um unternehmerisches Denken und Handeln in der Arbeit der Bibliotheken zu verankern.

Inzwischen sind zahlreiche Projekte für den Bibliotheksbereich entwickelt und erfolgreich erprobt worden, von denen heute ein Großteil von den damaligen Partnern fortgeführt werden können: Dabei ging es etwa um Fragestellungen einer konsequenten Kundenorientierung, um moderne Präsentations- und Einrichtungsformen, um systematische Leseförderung, Bildungspartnerschaften mit Schulen oder Strategien für eine effiziente Führung und Organisation von Bibliotheken. Moderne Bibliotheksarbeit muss flexibel, zielgruppen- und zukunftsorientiert sowie nach außen transparent und in ihren Leistungen bewertbar sein – so eine der Maximen der Stiftung. Das langjährige Stiftungsprojekt „BIX – Der Bibliotheksindex", bei dem in Form eines Rankings Vergleiche der Betriebsdaten als

Die mit finanzieller Unterstützung der Bertelsmann Stiftung 1982 neu errichtete *Stadtbibliothek Gütersloh* (Nordrhein-Westfalen) war die erste Öffentliche Bibliothek in der Rechtsform einer Gesellschaft mit beschränkter Haftung (GmbH); die Stadt hält 51 % der Anteile. Auf rund 2.500 qm stehen 110.000 Medien zur Verfügung. Im Zentrum der dreigeschossigen Bibliothek, direkt hinter der Ausleihtheke, lädt ein Lesercafé zur Stärkung ein.

Orientierungsrahmen für die eigene Standortbestimmung und als Entscheidungsgrundlage für ein effektiveres Management von Öffentlichen und Wissenschaftlichen Bibliotheken dienen, wird seit 2006 vom DBV in Zusammenarbeit mit dem HBZ in Köln fortgesetzt.

Um die Bibliotheksmitarbeiter als Navigatoren in der weltweiten Informationsflut weiter zu qualifizieren, wurde gemeinsam mit der ekz die Online-Fortbildung „bibweb – das Internettraining für Bibliotheken" mit drei aufeinander aufbauenden Lernmodulen entwickelt; es stellt den Bibliothekskräften ein praxisorientiertes Instrument für die Aus- und Weiterbildung zur Verfügung. Einige Nachfolgemodule hat die ekz inzwischen in Eigenregie weiterentwickelt. Das in Kooperation mit der BID von 2002 bis 2005 aufgelegte Projekt „Bibliothek 2007" mündete in einem Strategiepapier mit verschiedenen Forderungen an die politischen Entscheidungsträger beim Bund und den Ländern, es wird seit 2005 vom bibliothekarischen Dachverband fortgeführt. Die Reaktion aus den Fachkreisen war unterschiedlich. In der Politik stieß „Bibliothek 2007" auf eine zumeist positive Resonanz. Welche tatsächlichen Konsequenzen sich daraus entwickeln, ist derzeit noch nicht absehbar, zumal die Föderalismusreform neue politische Handlungsbedingungen setzte, die das Papier während seines Entstehens nicht voraussehen und berücksichtigen konnte.

Goethe-Institut e.V., München

Das *Goethe-Institut e.V.* (GI) nimmt im staatlichen Auftrag Aufgaben der auswärtigen Kultur- und Bildungspolitik wahr. Dabei verfolgt das Institut drei Hauptziele: die Pflege der internationalen kulturellen Zusammenarbeit, die Förderung der Kenntnis der deutschen Sprache im Ausland und die Vermittlung eines umfassenden Deutschlandbildes durch Informationen über das kulturelle, gesellschaftliche und politische Leben. Das Institut mit seiner Zentrale in München (und einem Hauptstadtbüro in Berlin) ist keine staatliche Einrichtung, sondern ein Verein, der aufgrund eines Rahmenvertrages mit dem Auswärtigen Amt staatliche Zuschüsse erhält. Das 1951 gegründete Goethe-Institut ist seit der im Jahr 2001 erfolgten Fusion mit *Inter Nationes* (gegr. 1952) die größte Mittlerorganisation der deutschen auswärtigen Kultur- und Bildungspolitik mit weltweit etwa 3.000 Mitarbeitern.

GOETHE-INSTITUT

Inzwischen führen 142 Kulturinstitute des Vereins in 81 Ländern der Erde Kulturprogramme durch, erteilen Sprachunterricht, unterstützen Lehrer, Universitäten und Behörden bei der Förderung der deutschen Sprache und bieten aktuelle Informationen über Deutschland an. In Deutschland selbst sind es 13 Institute, die für jährlich rund 22.000 ausländische Teilnehmer Sprachkurse mit modernsten Methoden anbieten. Internationale Kulturzeitschriften, Bücher, Informationsmaterialien über Deutschland, Spiel- und Dokumentarfilme und ein differenziertes Online-Angebot werden Interessenten in aller Welt zur Verfügung gestellt. Das Besucherprogramm führt jedes Jahr über 1.500 ausländische Multiplikatoren aus Presse, Medien und Kultur zu qualifizierten Informationsreisen nach Deutschland.

Das Goethe-Institut engagiert sich seit einigen Jahren verstärkt auch auf dem Gebiet der Informations- und Bibliotheksarbeit mit dem Ziel, den fachlichen Dialog über unterschiedliche Konzepte, Methoden und Anwendungen von Informations- und Wissensmanagement, von Bibliotheksorganisation, Aus- und Weiterbildung auf internationaler Ebene zu fördern. Die wichtigsten Aufgaben der Informations- und Bibliotheksarbeit vom Goethe-Institut sind:

- *Bibliothekskooperation*: Um den fachlichen Austausch in den Bereichen Buch, Medien und Bibliotheken zu fördern, werden gemeinsam mit Institutionen der Gastländer in derzeit 93 Bibliotheken und Informationszentren Fachkonferenzen, Workshops, Studienreisen, Aus- und Fortbildungsveranstaltungen etc. organisiert.
- *Literatur- und Übersetzungsförderung*: Die Kulturinstitute im Ausland vermitteln deutschsprachige Literatur, fördern ihre Übersetzung

und arbeiten hierzu eng mit Presse, Verlagen, Buchhandel und Bibliotheken in den Gastländern zusammen.

- *Qualifizierte Informationsberatung*: Hinweise auf Entwicklungen, Ereignisse, Publikationen und die Erarbeitung von multimedialen Themendiensten über deutsche Kultur und deutsches Zeitgeschehen für ausgewählte Zielgruppen sind wesentlicher Bestandteil ihrer Informationsarbeit.
- *Informationsmanagement*: Ein auf den örtlichen Bedarf zugeschnittenes und zugleich anspruchsvolles, aktuelles Medienangebot sowie effektive und zuverlässige Serviceleistungen werden nicht nur von den Bibliotheken oder Informationszentren an den Auslandsinstituten angeboten, sondern auch in zahlreichen ausländischen Partnerbibliotheken, so z.B. in mehr als 55 „Deutschen Lesesälen". Diese werden in örtlich gut funktionierende Bibliotheksstrukturen eingebunden, d.h. die „Gastbibliothek" stellt geeignete Räumlichkeiten, ihre bibliotheksspezifische Infrastruktur sowie deutschsprachiges Fachpersonal zur Verfügung, während das Goethe-Institut für eine jährlich aktualisierte Grundausstattung an Medien, für technische Geräte sowie für die Weiterbildung des Personals sorgt.

Deutsche Gesellschaft für Informationswissenschaft und Informationspraxis e.V. (DGI)

Die *Deutsche Gesellschaft für Informationswissenschaft und Informationspraxis e.V.* (DGI) – 1948 als Deutsche Gesellschaft für Dokumentation gegründet – ist eine wissenschaftliche und berufsständische Fachgesellschaft zur Förderung von Forschung, Lehre und Praxis im Bereich der Information und Dokumentation mit Sitz in Frankfurt am Main. Sie erarbeitet fachbezogene Grundlagen und Arbeitsmethoden, pflegt die Zusammenarbeit mit nationalen und internationalen Einrichtungen und verfolgt Anwendungsmöglichkeiten neuer Technologien einschließlich der damit verbundenen Rechtsfragen. Fachorgan des Vereins ist die Zeitschrift „Information – Wissenschaft und Praxis". Kooperationspartner der DGI sind der Gesprächskreis Informatik (GKI), die Gemeinsame Initiative der wissenschaftlichen Fachgesellschaften in Deutschland (IuK), der Hochschulverband Informationswissenschaft (HI), die Buchmesse Frankfurt am Main und das European Council of Information Associations (ECIA).

Die *DGI-Jahrestagungen* (die ehemaligen Deutschen Dokumentartage) zeigen die inhaltliche Breite und Vielfalt des dokumentarischen Berufsfeldes und behandeln u.a. technische Neuentwicklungen und Managementfragen sowie Märkte und Marktchancen des IuD-Bereichs. Der im Jahr 2000 erstmals von DGI und BDB gemeinsam veranstaltete Kongress als 90. Bibliothekar- und 52. Dokumentartag in Leipzig zum Thema „Information und Öffentlichkeit" machte deutlich, wie sehr sich Aufgabenprofile und Zielsetzungen beider Verbände inzwischen angenähert haben, sodass konsequenterweise die DGI seit 2004 Mitglied des neugegründeten Dachverbandes BID wurde. Die seitdem im Dreijahres-Turnus veranstalteten Leipziger Kongresse bieten für Bibliothekare und Dokumentare eine gute Plattform für ein konstruktives Miteinander.

Internationale Zusammenarbeit

Unerlässlich für eine positive Fortentwicklung des Bibliothekswesens in Deutschland ist die enge Zusammenarbeit auf möglichst vielen Ebenen mit Partnern aus dem gesamten Spektrum des IuD-Bereichs (Information und Dokumentation). Diese Zusammenarbeit erstreckt sich auch auf die internationale Ebene. In dem 2005 veröffentlichten Papier „Auf dem Weg zur globalen Wissensgesellschaft" hat die BID als die koordinierende Instanz die Ziele und Rahmenbedingungen, Handlungsschwerpunkte und organisatorische Struktur der internationalen Arbeit beschrieben. Der Dachverband befindet sich dabei im Mittelpunkt eines Netzwerkes aus verschiedenen Vereinigungen, Gremien, Bibliotheken und Themen. Gestärkt durch die Berliner IFLA-

Konferenz 2003 hat die internationale Arbeit des deutschen Bibliothekswesens seitdem erheblich zugenommen. Ihre Stützpfeiler sind BI-International als Unterorganisation der BID, das Goethe-Institut, das Kompetenznetzwerk/Internationales im DBV und das IFLA-Nationalkomitee.

Seit Ende des 20. Jahrhunderts haben sich im Zuge der politischen Entwicklung in Europa zahlreiche Kompetenzen für das deutsche Bibliothekswesen zunehmend auf europäische Institutionen und Gremien verlagert. Fragen des Urheberrechts, des Verleihrechts und des Steuerrechts unterliegen heute europäischer Gesetzgebung. Auch bibliothekarische Belange wie z.B. der internationale Leihverkehr, die Bildung von Konsortien, die Ausstattung mit Datenleitungen haben eine europäische Dimension. Noch gar nicht absehbar sind die Folgen, die sich aus der beabsichtigten Liberalisierung der Märkte im Zuge der GATS-Verhandlungen („General agreement on Trade in services") der Welthandelsorganisation WTO ergeben.

Angesichts der elektronischen Vernetzung und der weltweit fortschreitenden Integration der Forschung und Informationsvermittlung sind die deutschen Bibliotheken – wie die aller anderen Länder – auf internationale Zusammenarbeit angewiesen. Auf dem *Weltinformationsgipfel* (WSIS) 2003 in Genf und 2005 in Tunis wurde erstmals die globale Informationsgesellschaft thematisiert, wobei auch die Rolle der Bibliotheken in die Diskussion eingebracht wurde.

Deutsche bibliothekarische Einrichtungen und Verbände sind Mitglieder im *Internationalen Verband der bibliothekarischen Vereine und Institutionen* (International Federation of Library Associations and Institutions, IFLA), dem 1927 in Glasgow gegründeten internationalen bibliothekarischen Dachverband. Die Zentrale ("Headquarters") der IFLA ist in Den Haag, der Jahreskongress findet an jeweils wechselnden Orten der Welt statt. Nach Gustav Hoffmann (1958-1963) und Hans-Peter Geh (1985-1991) wird Claudia Lux ab 2007 die dritte Präsidentin der IFLA aus Deutschland.

Zur Koordinierung der deutschen Mitarbeit in der IFLA wurde 1974 das *IFLA-Nationalkomitee* mit seinem Sekretariat beim DBV-Bundesverband in Berlin gegründet, in dem heute neben den Mitgliedsverbänden der BID und der Arbeitsgemeinschaft der Spezialbibliotheken (ASpB) auch die Deutsche Nationalbibliothek, die Staatsbibliotheken zu Berlin und München, die Sächsische Landesbibliothek – Staats- und Universitätsbibliothek Dresden sowie die Deutsche Forschungsgemeinschaft (DFG) vertreten sind. Die DFG ist dabei Gastgeber und unterstützt die IFLA-Mitgliedschaft der Verbände finanziell.

Auf europäischer Ebene sind die deutschen Verbände durch das *Büro der europäischen Bibliotheksverbände* (EBLIDA) vertreten, das 1991 – gleichfalls in Den Haag – als Interessenvertretung des Bibliotheks- und Informationswesens beim Europäischen Parlament, bei der Europäischen Kommission und beim Europarat gegründet wurde. Ziel des EBLIDA-Büros ist es, durch Informationsaustausch sowie fachliche Beratung und Kommunikation mit Vertretern und Parlamentariern der *Europäischen Union* (EU) eine kontinuierliche bibliothekspolitische Lobbyarbeit zu betreiben.

Insbesondere bei Gesetzesnovellierungen der EU, die später in allen EU-Mitgliedsländern geltendes Recht werden, ist die Kontaktarbeit des EBLIDA-Büros von herausragender Bedeutung. Im Zentrum der letztjährigen Aktivitäten standen vor allem fachliche Stellungnahmen zur EU-Dienstleistungsrichtlinie und zum Urheberrecht sowie zur Digitalisierung. Die verstärkt auch auf Bibliotheken anzuwendenden EU-Fördermöglichkeiten sollen dazu beitragen, die kulturelle Vielfalt der Mitgliedsländer und ihrer Regionen zu erhalten, die nationalen Identitäten zu wahren und Digitalisierungsprojekte voranzubringen. Das Bibliotheksprogramm der Europäischen Kommission, mit dem innovative Techniken gefördert wurden, wird durch das 7. Forschungsrahmenprogramm zu Informations- und Kommunikationstechnologien und zum lebenslangen Lernen mit einer Laufzeit von 2007 bis 2013 fortgesetzt. Das EU-Programm umfasst neben den bekannten Programmen „Comenius" (Schulbildung), „Erasmus" (Hochschulbildung), „Leonardo da Vinci" (Berufsbildung) und „Grundtvig" (Erwachsenenbildung) auch ein Querschnittsprogramm sowie das Programm „Jean Monnet" (Schwerpunkt: europäische Integration).

Auf europäischer Ebene arbeiten darüber hinaus die einzelnen Nationalbibliotheken in der *Conference of European National Librarians* (CENL) zusammen. Als wichtigstes Ergebnis dieser Kooperation ist die „Europäische Digitale Bibliothek" zu sehen, eines der Hauptprojekte im Rahmen der Initiative „i2010" als Teil der Gesamtstrategie zur Förderung der digitalen Wirtschaft. Das Projekt „Gedächtnis Europas" macht alle Bestände der europäischen Nationalbibliotheken zugänglich und dehnt sich auch auf Archive und Museen aus, deren Quellen und Objekte ebenfalls zum europäischen Kulturerbe zählen.

Mit LIBER (Ligue des Bibliothèques Européennes de Recherche = *Liga Europäischer Wissenschaftlicher Bibliotheken*) hat sich 1971 eine internationale Vereinigung Wissenschaftlicher Bibliotheken unter der Schirmherrschaft des Europarates gegründet, in der auch zahlreiche deutsche Staats-, Landes- und Hochschulbibliotheken Mitglied sind. LIBER besitzt zugleich Beraterstatus beim Europarat und soll den Wissenschaftlichen Bibliotheken in Europa helfen, ein über nationale Grenzen hinweg funktionierendes Netz zu bilden, um die Erhaltung des europäischen Kulturerbes zu sichern, den Zugang zu den Beständen in europäischen Bibliotheken zu verbessern und effizientere Informationsdienste in Europa einzurichten.

Im Jahr 2002 wurde von nationalen Bibliotheksverwaltungsorganisationen in Europa die Organisation NAPLE (*National Authorities on Public Libraries in Europe*) gegründet, um strategische Entwicklungen im öffentlichen Bibliothekswesen Europas auf politischer und administrativer Ebene zu fördern.

Den im September 2005 eingeweihten Neubau der *Philologischen Bibliothek der Freien Universität Berlin* entwarf der britische Architekt Sir Norman Foster, der für spektakuläre Bauten bekannt ist. Wegen seines Inhalts und seiner Form erhielt das Gebäude den Beinamen „The Berlin Brain". 2006 wurde das Gebäude mit dem hoch angesehenen, nur alle zwei Jahre verliehenen Architekturpreis Berlin ausgezeichnet. Der ovale, blasenförmige Neubau vereinigt elf Instituts- und Seminarbibliotheken, die zuvor räumlich und personell unzulänglich untergebracht gewesen waren. Die Kapazität des Freihandbereichs ist auf 800.000 Bände ausgelegt, die Zahl der Leseplätze beträgt 640.

Die Arbeitsgruppe des *Portals zu europäischen Angelegenheiten für Bibliotheken, Archive, Museen und Denkmalpflege* (EUBAM), in der die Kultusministerkonferenz, die Bundes- und Länderministerien, die DFG sowie Experten aus Bibliotheken, Archiven, Museen und der Denkmalpflege vertreten sind, verfolgt unter anderem das Ziel, durch Digitalisierung den Zugang zu kulturellen und wissenschaftlichen Inhalten zu befördern. Das wichtigste EUBAM-Projekt ist zur Zeit die Bildung eines europäischen Portals mit der Bezeichnung „Michael+" (Multilingual Inventory of Cultural Heritage in Europe), das sich aus mehr als einem Dutzend nationalen Portalen zusammensetzt.

5 Kooperation im Bibliothekswesen

Lokale, regionale und nationale Dienstleistungen durch Zusammenarbeit

Die intensive und erfolgreiche Zusammenarbeit der deutschen Bibliotheken ist keineswegs eine jüngere Erscheinung. Schon seit Beginn des 20. Jahrhunderts ist sie zunächst besonders in Preußen, dann im gesamten Deutschen Reich praktiziert worden. Die ökonomischen Schwierigkeiten nach dem Ersten Weltkrieg und die gewaltigen Verluste infolge des Zweiten Weltkriegs ließen die Bibliothekare nach weiteren Möglichkeiten der Zusammenarbeit suchen. Aber erst die sprunghaft angestiegenen Anforderungen an die Leistungsfähigkeit der Literaturversorgung und Informationsvermittlung seit der Phase der Bildungsexpansion in den sechziger Jahren des 20. Jahrhunderts führten zu dem Versuch, die weitere Entwicklung des deutschen Bibliothekswesens mit rationalen Methoden zu gestalten und damit sinnvoll zu planen. Schließlich gaben der Einsatz der Datenverarbeitung und der Ausbau elektronischer Netze der Kooperation einen neuen Impuls und schufen die Grundlage für den eingeschlagenen Weg in das Zeitalter der Digitalen Bibliothek.

Grundlagen der Kooperation

1964 legte der *Wissenschaftsrat*, ein angesehenes Beratungsgremium im Bereich von Wissenschaft, Forschung und Technologie, „Empfehlungen zum Ausbau der wissenschaftlichen Bibliotheken" vor. Sie enthielten grundsätzliche Überlegungen zur Struktur des wissenschaftlichen Bibliothekswesens in der damaligen Bundesrepublik, auch aber praktische Einzelempfehlungen für 82 Bibliotheken und Etatmodelle für Hochschulbibliotheken. Außerdem stießen sie wichtige Projekte an wie z.B. den Aufbau von Lehrbuchsammlungen in den Hochschulbibliotheken und die Einrichtung von Gesamtkatalogen für alle Buchbestände einer Universität. Die

1992 bezog die *Niedersächsische Staats- und Universitätsbibliothek Göttingen* ein modernes Gebäude (Architekten: Gerber und Partner), das ihr ermöglicht, 1,5 Millionen von ihren 4,5 Millionen Bänden als Freihandbestand aufzustellen. Die Bibliothek nimmt mehrere überregionale Aufgaben wahr, darunter die Betreuung von rund 20 Sondersammelgebieten, und beschreitet konsequent den Weg zur Digitalen Bibliothek. Aufgrund ihrer überdurchschnittlichen Leistungen wurde sie 2002 vom DBV zur „Bibliothek des Jahres" gewählt.

Empfehlungen des Wissenschaftsrates gaben den Anstoß, planerische Konzepte und einzelne Instrumente (z.B. Etat-, Personal- oder Flächenbedarfsmodelle) zu entwickeln.

Angesichts des Fehlens einer für das gesamte deutsche Bibliothekswesen zuständigen zentralen Instanz ergriff die *Deutsche Bibliothekskonferenz*, die damalige Dachorganisation des wissenschaftlichen und öffentlichen Bibliothekswesens, die Initiative und erarbeitete einen Strukturplan, den *Bibliotheksplan '73*. Seinem Untertitel nach beabsichtigte er den „Entwurf eines umfassenden Bibliotheksnetzes für die Bundesrepublik Deutschland". Er ging von der Überzeugung aus, dass die „ständig steigenden Anforderungen auf allen Gebieten der allgemeinen Bildung, der beruflichen Aus- und Fortbildung, der Forschung und Lehre" nur erfüllt werden könnten, „wenn Literatur aller Art, die auch in Zukunft Grundlage des Lernens sein wird, und Informationsmittel für jedermann an jedem Ort erreichbar sind." Dieses Ziel, so die Schlussfolgerung, könne nur im Rahmen eines einheitlichen Bibliothekswesens und nur durch das Zusammenwirken aller Bibliotheken erreicht werden. Der „Bibliotheksplan `73" kam in Abstimmung mit dem Deutschen Städtetag zustande.

Während Haus 1 der *Staatsbibliothek zu Berlin – Preußischer Kulturbesitz* als Historische Forschungsbibliothek mit der Literatur bis zum Erscheinungsjahr 1955 ausgebaut wird, fungiert Haus 2 am Potsdamer Platz als Ausleih- und Informationsbibliothek für neuere Literatur (ab 1956). Der Allgemeine Lesesaal, der auf vier Etagen eine Handbibliothek von 90.000 Bänden sowie 600 Arbeitsplätze anbietet, wird ergänzt durch vier Sonderlesesäle: Handschriften-, Karten-, Osteuropa- und Orient-/Ostasien-Lesesaal. Zur Benutzerschaft zählen vor allem Studierende.

Das von Bibliothekaren aus ganz Deutschland erarbeitete, 1993 von der *Bundesvereinigung Deutscher Bibliotheksverbände* präsentierte Positionspapier *Bibliotheken '93* bildet in seinen Grundzügen die Grundlage bibliothekarischer Zusammenarbeit. Es bezieht alle Bibliothekstypen ein und überwindet konzeptionell endgültig die traditionelle Trennung in die beiden Sparten des wissenschaftlichen und des öffentlichen Bibliothekswesens. Wie bereits der Bibliotheksplan '73 weist der Plan von 1993 den Bibliotheken unterschiedlichen Typs und unterschiedlicher Größe ihren jeweiligen Standort im Netz des Gesamtsystems der Literaturversorgung zu. Aus dieser Zuordnung ergibt sich das Aufgabenspektrum einer Bibliothek, und das wiederum verlangt eine dafür notwendige Ausstattung. Übergreifende Aufgaben sollen von zentralen Einrichtungen oder im Verbund, also durch Zusammenarbeit untereinander gelöst werden.

Die dezentrale Struktur des deutschen Bibliothekswesens, die Vielzahl unterschiedlicher Unterhaltsträger und Bibliothekstypen, die politisch-administrativen Rahmenbedingungen eines föderativen Staates sowie das Fehlen einer bundesweit operierenden Planungs- und Steuerungsinstanz haben die Notwendigkeit zum gemeinsamen Handeln gestärkt. *Kooperation* ist geradezu zum konstitutiven Merkmal des deutschen Bibliothekswesens geworden. Die große Zahl der Gemeinschaftsunternehmen beweist dies ebenso wie die Menge der bibliothekarischen Zusammenschlüsse und Zusammenkünfte. Dabei zeigt sich, dass die besondere Struktur des deutschen Bibliothekswesens keineswegs ein Nachteil sein muss, sondern dass bei überlegter Aufgabenteilung und planmäßiger Zusammenarbeit eindrucksvolle Resultate erzielt werden können. Kooperation kann aber kein Ersatz für Defizite bei der finanziellen Ausstattung der Bibliotheken und kein Ersatz für eine zentrale Institution mit Koordinierungsfunktion sein.

Zwei Arten von Aufgaben bieten sich für ein kooperatives Vorgehen an: Entweder handelt es

In strenger und zugleich betont zeitloser Architektur präsentiert sich der 1991 vollendete Neubau der *Badischen Landesbibliothek in Karlsruhe* (Baden-Württemberg, Architekt: Oswald Mathias Ungers). Geometrischer Mittelpunkt des Gebäudes ist der Hauptlesesaal, der mit einer Reminiszenz an die Kuppellesesäle des 19. Jahrhunderts aufwartet. Im Rahmen von EUCOR arbeitet die Badische Landesbibliothek mit anderen Wissenschaftlichen Bibliotheken auf beiden Seiten des Oberrheins zusammen.

sich um Aufgaben von nationaler Bedeutung, die sich aufgrund ihrer Dimension, ihrer Zielsetzung oder ihres Charakters nur arbeitsteilig bewältigen lassen, oder es handelt sich um ständig wiederkehrende, viele Bibliotheken zugleich betreffende Aufgaben, deren zentrale oder gemeinsame Bewältigung Rationalisierungseffekte erzeugt. Die Zusammenarbeit kann sich sowohl auf lokaler, regionaler oder nationaler Ebene als auch im europäischen bzw. internationalen Rahmen abspielen. Zahlreiche deutsche Bibliotheken sind an grenzüberschreitenden Projekten und Zusammenschlüssen beteiligt, beispielsweise im Ostseeraum (Bibliotheca Baltica), im Alpenraum (ARGE Alp), am Oberrhein (EUCOR und BIBLIO 2) oder in der EUREGIO Maas-Rhein und arbeiten in internationalen Organisationen und Gremien mit, namentlich in den Gliederungen der IFLA. An den Initiativen und Förderprogrammen der Europäischen Union und den Aktivitäten der UNESCO sind deutsche Bibliotheken ebenfalls beteiligt. Bei den folgenden Beispielen geht es vor allem um die Darstellung überregionaler und zugleich herausragender Kooperationen auf den Gebieten der Erwerbung, der Erschließung und der Benutzung.

Zusammenarbeit bei der Erwerbung

Die Wissenschaftlichen Bibliotheken arbeiten seit Jahrzehnten eng auf dem Gebiet der Erwerbung zusammen. Auch die Öffentlichen Bibliotheken entwickelten vereinzelt kooperative Erwerbungsmodelle; so trafen etwa die großen Stadtbibliotheken Nordrhein-Westfalens Absprachen über intensiv zu betreuende Sondersammelgebiete, die mit Landesmitteln unterstützt werden. Die im Folgenden beschriebenen Projekte zielen auf den tatsächlichen Bestandsaufbau. In zunehmendem Umfang fließen Erwerbungsmittel aber auch in den Kauf von Nutzungsrechten. Wie international üblich haben sich die deutschen Bibliotheken zu Konsortien zusammengeschlossen, deren Zweck die kooperative Lizenzierung von elektronischen Medien ist. Besonders bei sehr kostspieligen digitalen Produkten lässt sich durch Konsortialverträge das Titelangebot erweitern, ohne dass der Erwerbungsetat zu stark belastet wird.

Die Deutsche Forschungsgemeinschaft und das Sammelschwerpunktprogramm

Die *Deutsche Forschungsgemeinschaft* (DFG) ist die zentrale Selbstverwaltungseinrichtung der Wissenschaft zur Förderung der Forschung an Hochschulen und öffentlich finanzierten Forschungsinstituten in Deutschland. Sie dient der Wissenschaft in allen ihren Zweigen durch finanzielle Unterstützung von Forschungsvorhaben und durch die Förderung der Zusammenarbeit unter den Forschern. In Fortsetzung der Tradition der 1920 gegründeten *Notgemeinschaft der Deutschen Wissenschaft* ist sie 1949 wiedererrichtet worden. Zur Finanzierung ihrer Aufgaben erhält sie Zuwendungen von Bund und Ländern und in kleinerem Umfang auch von privater Seite. Die staatlichen Zuwendungen beruhen auf der 1975 getroffenen *Rahmenvereinbarung Forschungsförderung* nach Artikel 91 b des Grundgesetzes.

Da Bibliotheken wichtige Infrastruktureinrichtungen der Forschung darstellen, fördert die DFG deshalb auch das wissenschaftliche Bibliothekswesen, so etwa im Jahr 2005 mit 34,3 Mio. Euro. Die Fördermaßnahmen konzentrieren sich auf überregional wirksame Programme, die in folgenden Bereichen zusammengefasst sind: Überregionale, fachlich gegliederte Literaturversorgung sowohl mit gedruckten als auch – durch die Erwerbung von Nationallizenzen zu Datenbanken, Textsammlungen und Zeitschriftenarchiven – mit elektronischen Materialien durch Sondersammelgebiets- und Spezialbibliotheken in einem Netzwerk virtueller Fachbibliotheken; neue Publikationsformen und -verfahren einschließlich der langfristigen Verfügbarkeit digitaler Dokumente; Entwicklung modellhafter Dienstleistungskonzepte und Informationsinfrastrukturen sowie themenorientierter Netze an Hochschulen und wissenschaftlichen Einrichtungen; kulturelle Überlieferung anhand von Digitalisierungen gemeinfreier Materialien, Erschließung alter und wertvoller Bestände und den Aufbau materialspezifischer Portale.

Kernelement der Bibliotheksförderung der DFG ist das System der überregionalen Literaturversorgung, an dem heute drei Bibliothekstypen beteiligt sind: Universalbibliotheken mit Sondersammelgebieten, wissenschaftliche Spezial-

Die *Sächsische Landesbibliothek – Staats- und Universitätsbibliothek Dresden* konnte 2002 die bisherigen Bibliotheksstandorte einschließlich der Sondersammlungen, der Lehrbuchsammlung, der Deutschen Fotothek und mehrerer Zweigbibliotheken und damit 6 Mio. Medieneinheiten in einem Neubau vereinigen (Entwurf: Ortner und Ortner). Auf die Benutzer warten 900 Leseplätze, davon 200 im großen Lesesaal. 1993 wurde die Sächsische Landesbibliothek mit dem Sondersammelgebiet „Zeitgenössische Kunst ab 1945" am Sammelschwerpunktprogramm der DFG beteiligt.

Den Historischen Lesesaal der *Universitätsbibliothek Tübingen* (Baden-Württemberg), errichtet 1912 (Architekt: Paul Bonatz), ziert ein breites Wandgemälde, das die Auseinandersetzung der Gegenwart mit der Weisheit der Vergangenheit darstellt. Die Bibliothek der 1477 gegründeten Universität Tübingen, Teil eines zweischichtigen Bibliothekssystems, betreut im Rahmen des DFG-Sondersammelgebietsprogramms mehrere große Sammelschwerpunkte, darunter die Theologie.

bibliotheken, die Zentralen Fachbibliotheken. Anknüpfend an ältere, bis in das 19. Jahrhundert zurückreichende Traditionen konzipierte die DFG im Jahre 1949 für das wissenschaftliche Bibliothekswesen der Bundesrepublik einen *Sondersammelgebietsplan*. Er wurde entworfen, um in den Jahren der Not und des Wiederaufbaus nach dem Zweiten Weltkrieg sicherzustellen, dass die wissenschaftlich relevanten ausländischen Publikationen wenigstens in einem Exemplar in Deutschland verfügbar sind. Im Laufe der Zeit entwickelte sich dieser Plan zu einem echten System der überregionalen Literaturversorgung im Dienst von Wissenschaft und Forschung.

23 leistungsfähige Staats- und Universitätsbibliotheken sowie über 30 Spezialbibliotheken tragen heute auf der Grundlage einer definierten Aufgabenstellung ein kooperatives System von rund 100 fachlich oder regional bestimmten Sammelschwerpunkten. Durch die Neuschaffung bzw. Verlagerung von Sammelgebieten wurden nach der Wiedervereinigung Deutschlands auch Einrichtungen in den östlichen Bundesländern in das zuvor auf Westdeutschland beschränkte Programm einbezogen. Aufgabe dieser *Sondersammelgebietsbibliotheken* ist es, systematisch Spezialsammlungen aufzubauen und die mit finanzieller Unterstützung der DFG erworbene Literatur für die überregionale Nutzung zur Verfügung zu stellen. Der Sammelauftrag ist umfassend formuliert, schließt also alle Informationsträger ein. Um auch künftig die Effizienz des Systems zu sichern, sind die Sondersammelgebietsbibliotheken gehalten, digitale Veröffentlichungen in das Sammelprofil zu integrieren, wie dies seit 2004 mit der Erwerbung von Nationallizenzen geschieht. Da sich das Sammelschwerpunktprogramm nicht nur an der Nachfrage nach Literatur für die aktuelle Forschung orientiert, sondern auch den in Zukunft zu erwartenden Literaturbedarf in Rechnung zu stellen hat, ist für die langfristige Verfügbarkeit digitaler Materialien eine Lösung zu finden.

Welche Sammelgebiete von der DFG eingerichtet wurden und von welcher Bibliothek ein Sammelgebiet betreut wird bzw. welche Virtuellen Fachbibliotheken bereits entstanden sind, kann sowohl mithilfe verschiedener Publikationen als auch über ein webbasiertes Informationssystem ermittelt werden. Während die großen Fachgebiete der Medizin, der Naturwissenschaften und Technik sowie der Wirtschaftswissenschaften durch die Zentralen Fachbibliotheken abgedeckt werden, sind die übrigen Sammelgebiete auf zahlreiche wissenschaftliche Universal- und Spezialbibliotheken verteilt. Diese können sowohl einzelnen Fächern (Botanik, Forstwissenschaft, Psychologie, Theologie) als auch einzelnen sprachlich, kulturell oder geografisch bestimmten Regionen gewidmet sein (Afrika südlich der Sahara, Indianer- und Eskimosprachen und -kulturen, Südasien, Ozeanien).

Die zum Zweck der überregionalen Literaturversorgung erworbenen Bestände werden formal und sachlich erschlossen und in den lokalen Bibliothekskatalogen sowie den regionalen und überregionalen Verbunddatenbanken nachgewiesen. Darüber hinaus können sie zusätzlich durch spezielle, konventionell oder elektronisch verbreitete Publikationen (Neuerwerbungslisten, Zeitschrifteninhaltsdienste) den interessierten Wissenschaftlern bekannt gemacht werden.

Wurden sie früher vor allem im Rahmen des Deutschen Leihverkehrs zur Verfügung gestellt, so bieten heute alle Sondersammelgebietsbibliotheken ebenso wie die Zentralen Fachbibliotheken den Dokumentationsdienst *subito* an. Einer verbesserten Bereitstellung der Sondersammelgebietsbestände dient auch die Digitalisierung dieser Ressourcen, die künftig mit Priorität betrieben wird.

Mit finanzieller Unterstützung der DFG werden seit 1998 die Sammelschwerpunktbibliotheken zu „Virtuellen Fachbibliotheken" weiterentwickelt. Die *Virtuellen Fachbibliotheken* realisieren einen Zugang zu den gedruckten Materialien sowie zu qualitativ geprüften Internetquellen eines Fachgebiets. Das Dachportal *Vascoda*, in dem alle Virtuellen Fachbibliotheken mit den vom Bundesministerium für Bildung und Forschung (BMBF) geförderten Informationsverbünden zusammengefasst sind, ermöglicht eine fächerübergreifende Recherche. Seit 2005 ist Vascoda ein eingetragener Verein mit über 30 Mitgliedern aus Bibliotheken und Fachinformationseinrichtungen.

Die Sammlung Deutscher Drucke

Während sich in den großen Nationalbibliotheken anderer Länder umfassende Sammlungen der jeweiligen Nationalliteratur befinden, gibt es eine zentrale Archivbibliothek für das gedruckte deutsche Kulturgut erst seit Gründung der Deutschen Bücherei im Jahre 1912. Der Aufgabe, das im deutschsprachigen Raum erschienene, in den Bibliotheken aber nur lückenhaft überlieferte Schrifttum systematisch zu ergänzen, widmen sich seit 1989 – im ersten Jahrfünft mit großem finanziellen Engagement der VolkswagenStiftung (12,5 Mio. Euro) – die in der *Arbeitsgemeinschaft Sammlung Deutscher Drucke* zusammengeschlossenen Bibliotheken für die Zeit vom Beginn des Buchdrucks bis 1912. Ab 1913 setzt die Deutsche Nationalbibliothek mit der Deutschen Bücherei die Sammlung Deutscher Drucke mit den gesetzlich vorgeschriebenen Pflichtstücken fort. So entsteht eine virtuelle Nationalbibliothek mit zunehmender Vollständigkeit.

Der Arbeitsteilung zwischen den beteiligten Bibliotheken liegt eine chronologische Einteilung zugrunde. Die einzelnen Segmente wurden jeweils von den Bibliotheken übernommen, die für den entsprechenden Zeitabschnitt schon bisher einen besonders umfangreichen Bestand hatten. Die sechs Bibliotheken der Arbeitsgemeinschaft Sammlung Deutscher Drucke sind für folgende Zeitsegmente zuständig:

Die *Herzog August Bibliothek in Wolfenbüttel* (Niedersachsen), 1572 als fürstliche Sammlung gegründet, im 17. Jahrhundert eine der größten europäischen Büchersammlungen, ist heute eine Forschungs- und Studienstätte für europäische Kulturgeschichte. Der rund 135.000 Titel umfassende Kernbestand der Bibliothek ist in der musealen Augusteerhalle der Bibliotheca Augusta (erbaut 1884-1887) untergebracht, dem zentralen Gebäude des Wolfenbütteler Bibliotheksquartiers.

1450 – 1600:	Bayerische Staatsbibliothek München
1601 – 1700:	Herzog August Bibliothek Wolfenbüttel
1701 – 1800	Niedersächsische Staats- und Universitätsbibliothek Göttingen
1801 – 1870:	Johann Christian Senckenberg Universitätsbibliothek in Frankfurt am Main
1871 – 1912:	Staatsbibliothek zu Berlin – Preußischer Kulturbesitz
1913 ff:	Deutsche Nationalbibliothek

Jede der retrospektiv sammelnden Bibliotheken erwirbt für ihren Zeitabschnitt alle im deutschsprachigen Raum erschienenen Drucke und alle Drucke in deutscher Sprache, unabhängig von ihrem Erscheinungsort. Vorrangig werden solche Drucke gekauft, die noch nicht in einer öffentlich zugänglichen deutschen Bibliothek vorhanden sind. Alle im Rahmen des Projektes erworbenen Drucke werden in den überregionalen Katalogdatenbanken verzeichnet und sind über das Internet weltweit recherchierbar. In vielen Fällen bedürfen die historischen Drucke besonderer konservatorischer Behandlung; ergänzend treten die Sicherheitsverfilmung und zunehmend auch die Digitalisierung hinzu.

Auch wenn seit 1990 über 100.000 Originalwerke und mehr als 40.000 Mikroformen erworben wurden, steht der Aufbau dieser *virtuellen Nationalbibliothek* erst am Anfang eines langen Weges. Wie viele Bücher in Deutschland seit Erfindung des Buchdrucks überhaupt erschienen sind, vermag niemand zu sagen. Schätzungen zufolge sind noch mehrere Jahrzehnte des Sammelns auf dem bisherigen Niveau erforderlich. Die Sammlung Deutscher Drucke ist demnach ein Jahrhundertprojekt.

Die Lektoratskooperation

Eine für die Öffentlichen Bibliotheken unentbehrliche Hilfe beim Bestandsaufbau stellt die 1976 initiierte *Lektoratskooperation* (LK) dar. Sie zielt auf die Vermeidung von Mehrfacharbeit bei der Auswahl der Literatur und AV-Medien. Ihr Hauptziel ist es, den Öffentlichen Bibliotheken die Sichtung der jährlich rund 80.000 in Deutschland neu erscheinenden Medien zu erleichtern und zugleich eine Grundlage für die Bestellung zu bieten.

Die Lektoratskooperation verbindet die Vorteile einer dezentralen, praxisnahen Marktsichtung mit der Effizienz eines zentral organisierten Besprechungssystems. An ihr sind der Deutsche Bibliotheksverband e.V. mit rund 75 Lektoren aus etwa 60 Bibliotheken und bibliothekarischen Einrichtungen, der Berufsverband Information Bibliothek e.V. mit rund 250 Rezensenten und die ekz-Bibliotheksservice GmbH als Schaltstelle und Vertrieb mit einem mehrköpfigen Lektorat beteiligt.

Die Lektoratskooperation im engeren Sinne bezieht sich ausschließlich auf die Sachliteratur; für die Aufarbeitung der Belletristik, der Kinder- und Jugendliteratur sowie der Tonträger und AV-Medien (Hörbücher, Audio-CDs, CD-ROMs, DVDs) sind das ekz-Lektorat (Marktsichtung) und der BIB (Begutachtung) mit seinen Rezensenten zuständig. Aufgabe der LK-Lektoren ist es, aus den deutschsprachigen Neuerscheinungen jene Titel herauszufiltern, die für Öffentliche Bibliotheken interessant sind und zu entscheiden, ob sie diese selbst begutachten, d.h. annotieren möchten oder ob sie diese für eine ausführlichere Rezension durch einen der BIB-Rezensenten vorschlagen sollen. Die Meldungen der Lektoren sowie die Ergebnisse des eigenen Lektorats sind Grundlage einer Reihe von Besprechungsdiensten, die von der ekz erstellt und herausgegeben werden.

Die Lektoratsdienste können von den Bibliotheken kostenpflichtig abonniert werden. In wöchentlichem Rhythmus erscheinen Komplett-, Teil- oder Auswahlausgaben des *Informationsdienstes* (ID), die sich durch die Anzahl der angezeigten Titel voneinander unterscheiden. Die ‚Große Ausgabe' des ID mit jährlich 14.000 Titeln wendet sich an großstädtische Bibliothekssysteme und große Mittelstadtbibliotheken mit differenziertem Bestand; die ‚Basis-Ausgabe' des ID (jährlich 10.000 Titel) zielt auf die Bibliotheken mittlerer Städte mit entsprechend geringerem Erwerbungsetat und bietet dieselben Informationen wie die parallel herausgegebene monatliche Publikation „BA. Besprechungen

Vor allem die Großstadtbibliotheken der Sektionen 1 und 2 des Deutschen Bibliotheksverbandes (Großstädte über 100.000 Einwohner) sind mit ihren Referenten für Bestandsaufbau aktiv an der Lektoratskooperation beteiligt. Die 2001 räumlich erweiterte *Stadtbibliothek Würzburg* (Bayern), Bibliothek des Jahres 2003, betreut innerhalb der LK Teile des Sachgebiets Geografie.

und Annotationen". 6.000 Titel pro Jahr enthält die ‚Auswahlausgabe' des ID. Der monatliche „ID 3000" mit rund 3.000 handverlesenen Begutachtungen richtet sich an Öffentliche Bibliotheken in Kleinstädten und Gemeinden unter 10.000 Einwohnern. Für Non-Book-Medien erscheint separat ein monatliches „Medien-Info", das 3.000 Titel pro Jahr anzeigt. Ab 2007 wird die jährlich in zwei Heftausgaben erscheinende Empfehlungsliste ‚BibTipp', die auch über die staatlichen Bibliotheksfachstellen vertrieben wird, mit ihren rund 1.500 Rezensionen den kleineren, oft ehrenamtlich geleiteten Öffentlichen Bibliotheken Hilfestellung beim Bestandsaufbau geben. Darüber hinaus ermöglichen thematisch sortierte und im Finanzvolumen unterschiedlich gestaffelte „Standing Order"-Angebote, die zentralen Dienste der ekz als Ausfluss der Lektoratskooperation für den laufenden örtlichen Bestandsaufbau zu nutzen.

Die Öffentlichen Bibliotheken profitieren vom Bezug des ekz-Informationsdienstes in mehrfacher Weise. Zum einen erhalten sie Empfehlungen und Hinweise für den eigenen Bestandsaufbau; zum anderen können sie die von der ekz erbrachten Fremdleistungen nutzen: Dazu gehören die Titelaufnahmen und Schlagwortansetzungen der Deutschen Nationalbibliothek und die Notationen der vier in den Öffentlichen Bibliotheken verbreitetsten Aufstellungsklassifikationen. Das zweifellos arbeitsintensive und logistisch anspruchsvolle System funktioniert inzwischen dank des verstärkten Einsatzes moderner Informationstechnik mit bemerkenswerter organisatorischer Schnelligkeit und hoher Aktualität der Rezensionen.

Zusammenarbeit bei der Erschließung

Die Zusammenarbeit auf dem Sektor der Erschließung und die Nutzung zentraler Dienstleistungen bei der Formal- und Sachkatalogisierung setzen voraus, dass die beteiligten Bibliotheken ihre Kataloge nach den gleichen Regeln führen. Mit den *Regeln für die Alphabetische Katalogisierung* (RAK), die sowohl im wissenschaftlichen als auch im öffentlichen Bibliothekswesen Deutschlands weite Verbreitung gefunden haben, und mit den *Regeln für den Schlagwortkatalog* (RSWK), die von vielen wissenschaftlichen Bibliotheken befolgt werden, liegen entsprechende Regelwerke vor. Ihre Anwendung wird durch verschiedene Normdateien wie die *Gemeinsame Körperschaftsdatei* (GKD, eine Mio. Datensätze), die *Personennamendatei* (PND, 2,8 Mio. Datensätze) und die *Schlagwortnormdatei* (SWD, 0,5 Mio. Datensätze) unterstützt. Die Entwicklung einheitlicher Regelwerke sowie Aufbau und Pflege umfangreicher Normdateien sind die Voraussetzung, zugleich aber auch ein Beispiel für erfolgreiche Kooperation unter den deutschen Bibliotheken.

Auch wenn die Nutzung von Fremdleistungen bei konventioneller Arbeitsweise grundsätzlich ebenfalls möglich war und auch praktiziert wurde, entfaltete sie doch erst mit dem Einsatz der

Datenverarbeitung bei der Formal- wie bei der Sacherschließung ihre volle Wirkung. Das maßgeblich von der Deutschen Nationalbibliothek in Frankfurt am Main entwickelte *Maschinelle Austauschformat für Bibliotheken* (MAB) schuf in den 1980er Jahren die zentrale Voraussetzung für die gegenseitige Nutzung maschinenlesbarer Katalogdaten.

Wichtigster Lieferant bibliografischer Dienstleistungen ist die Deutsche Nationalbibliothek. Jedes Jahr vertreibt sie über 16 Mio. aktuelle Datensätze. Die derzeit noch nach RAK-WB (*Regeln für Wissenschaftliche Bibliotheken*) erstellten Titelaufnahmen für alle in den Reihen der Deutschen Nationalbibliografie angezeigten Titel werden in konventioneller oder elektronischer Form geliefert. Seit 1986 enthalten die Datensätze der sachlich erschlossenen Neuerscheinungen auch die nach RSWK angesetzten Schlagwörter bzw. Schlagwortketten. Geplant ist die Anwendung der *Dewey Decimal Classification* (DDC) als zusätzliches Erschließungsinstrument. Bibliotheken, die ihre traditionellen Zettelkataloge in maschinenlesbare Form überführen möchten, um auch die älteren Bestände im Onlinekatalog nachzuweisen, können für die deutschen Titel die auf CD-ROM und DVD veröffentlichten, rückwirkend bis 1945 in elektronische Form konvertierten Daten der Deutschen Nationalbibliografie nutzen.

Ende des Jahres 2001 sprach sich der bei Der Deutschen Bibliothek (heute DNB) angesiedelte *Standardisierungsausschuss* für die Ablösung der deutschen MAB-Datenstruktur durch die amerikanischen MARC-Daten sowie der deutschen Katalogregeln (RAK) durch die *Anglo-American Cataloguing Rules* (AACR2) aus – eine Absicht, die jedoch sofort breiten Widerspruch innerhalb des deutschen Bibliothekswesens auslöste. Nach Prüfung der bald darauf vorgelegten Machbarkeitsstudie werden ab 2007 alle deutschsprachigen Bibliotheken Zug um Zug auf *MARC 21* als Austauschformat umstellen; die Bibliothekssoftwareanbieter sind gefordert, ihre Programme den neuen Datenstrukturen anzupassen. Über die Einführung der AACR2 ist hingegen noch nicht endgültig entschieden; der damit verbundene, sich abzeichnende Schulungsbedarf wird erheblich werden.

Die regionalen Verbundsysteme

Ausgehend von dem Grundgedanken, die von anderen Bibliotheken erzeugten Titelaufnahmen für die Katalogisierung der eigenen Neuerwerbungen zu verwenden, entstanden seit den 1970er Jahren die *regionalen Verbundsysteme*. Die kooperative Erschließung, die sich anfangs nur auf die Formalkatalogisierung erstreckte, später auf die Sacherschließung ausgedehnt wurde, bewirkte einen beachtlichen Rationalisierungseffekt bei der Buchbearbeitung. Darüber hinaus ließ sie umfangreiche Nachweisdatenbanken entstehen, die zu unverzichtbaren Instrumenten für die Recherche und die Steuerung des Leihverkehrs wurden.

Die zunächst auf regionaler Grundlage entstandenen *Bibliotheksverbünde* haben sich im Laufe der Zeit zu länderübergreifenden Einrichtungen entwickelt. Stand anfangs der Aufbau einer kooperativ geführten Katalogdatenbank im Vordergrund, so sind die Verbünde durch die Übernahme weiterer Aufgaben und durch den Ausbau ihrer Dienstleistungen zu Wettbewerbern auf dem Markt der Informationstechnologie geworden. Die Führung eines *Zentralkatalogs* als Monografiennachweis für ältere Bestände der Region bzw. die Überführung dieser Kataloge in maschinenlesbare Form (*Retrospektive Konversion*), die Planung und Steuerung der EDV-Entwicklung einer Verbundregion, die Einrichtung neuer Systeme der Dokumentlieferung, der Aufbau Digitaler Bibliotheken, die Zusammenstellung eines breiten Fortbildungsprogramms sind Beispiele für Aufgaben, denen sich die Verbünde widmen. Ihr Kerngeschäft ist jedoch die Unterhaltung eines Bibliotheksrechenzentrums. Dieses betreut den gemeinsamen Online-Verbundkatalog, der von den Teilnehmern als zentrales Katalogisierungs- und Recherche-Instrument genutzt wird, und übernimmt die Datenlieferung an die Lokalsysteme.

Die überwiegende Mehrzahl der Wissenschaftlichen Bibliotheken ist heute einem der sechs regionalen Verbundsysteme angeschlossen, eine weitere Konzentration zeichnet sich ab. Die Systeme sind für folgende Bundesländer zuständig:

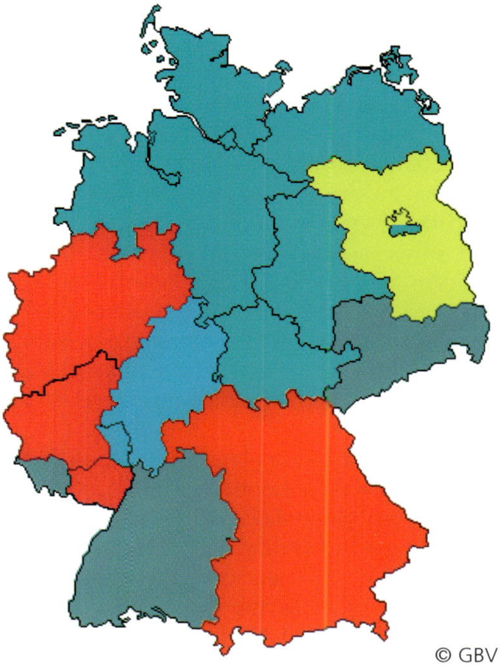

© GBV

Verbundsysteme und -regionen in Deutschland, Stand 2006

Grün:
Gemeinsamer Bibliotheksverbund, Göttingen (GBV)
Kooperationspartner: Bremen, Hamburg, Mecklenburg-Vorpommern, Niedersachsen, Sachsen-Anhalt, Schleswig-Holstein, Thüringen
394 Teilnehmer-Bibliotheken, 26 Mio. Titel mit 53 Mio. Besitznachweisen

Gelb:
Kooperativer Bibliotheksverbund Berlin-Brandenburg, Berlin (KOBV)
385 Teilnehmer-Bibliotheken, 10 Mio. Titel mit 35 Mio. Besitznachweisen

Weinrot:
Nordrhein-Westfälischer Bibliotheksverbund (NRW-BV), Hochschulbibliothekszentrum des Landes NRW, Köln (HBZ)
Kooperationspartner: NRW, Rheinland-Pfalz (ohne Rheinhessen-Pfalz)
1.197 Teilnehmer-Bibliotheken, 12 Mio. Titel mit 30 Mio. Besitznachweisen

Hellgrün:
Hessisches Bibliotheks-Informationssystem, Frankfurt am Main (HeBIS)
Kooperationspartner: Hessen und Rheinhessen-Pfalz
639 Teilnehmer-Bibliotheken, 6 Mio. Titel mit 9 Mio. Besitznachweisen

Grau:
Südwestdeutscher Bibliotheksverbund (SWB)
Bibliotheksservice-Zentrum Baden-Württemberg, Konstanz (BSZ)
Kooperationspartner: Baden-Württemberg, Saarland, Sachsen (Sächsischer Bibliotheksverbund)
1.054 Teilnehmer-Bibliotheken, 12 Mio. Titel mit 46 Mio. Besitznachweisen

Hellrot:
Bibliotheksverbund Bayern (BVB), BSB München
115 Teilnehmer-Bibliotheken, 14 Mio. Titel mit 27 Mio. Besitznachweisen

Die in den Rechenzentren der Verbünde eingesetzte Bibliothekssoftware ist unterschiedlich. In der Verbundzentrale des GBV ist von Anfang an das aus den Niederlanden importierte Bibliothekssystem PICA angewandt worden. Seit 2005 betreibt auch das BSZ den Südwestdeutschen Bibliotheksverbund mit der Software OCLC PICA. Drei Verbünde (HBZ, KOBV, BVB) nutzen mit ALEPH ein ebenfalls international verbreitetes System. Die Zusammenarbeit der Verbundsysteme erfolgt in einer Arbeitsgemeinschaft, deren Sekretariat in der Deutschen Nationalbibliothek angesiedelt ist.

Um die Nachteile regional begrenzter Nachweise für Monografien und andere nicht periodisch erscheinende Publikationen zu reduzieren, führte das Deutsche Bibliotheksinstitut in Berlin zwischen 1983 und 1997 die Daten der Bibliotheksverbünde und einzelner Bibliotheken zu einer Datenbank zusammen, die unter dem Namen *Verbundkatalog Maschinenlesbarer Katalogdaten Deutscher Bibliotheken* (VK) auf Mikrofiche publiziert wurde, später auch als Onlinedatenbank angeboten wurde und als nützliches Instrument für die Steuerung und Beschleunigung des Leihverkehrs fungiert.

An die Stelle des VK sind längst neue technologische Lösungen getreten. Der *Karlsruher Virtuelle Katalog* (KVK) verbindet die regionalen, unterschiedliche Bibliothekssoftware einsetzenden Verbunddatenbanken zu einem virtuellen Gesamtkatalog. Mit nur einer Suchanfrage können zahlreiche deutsche und internationale WWW-basierte Bibliotheks- und Buchhandelskataloge mit zusammen mehr als 100 Mio. Buchtiteln weltweit abgesucht werden. Der KVK ist seit 1996 zu einem der wichtigsten Rechercheinstru-

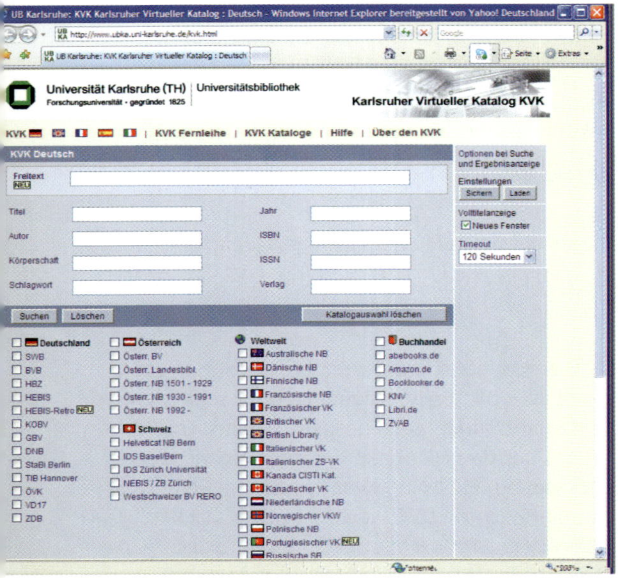

Die Suchmaske des Karlsruher Virtuellen Kataloges unter http://www.ubka.uni-karlsruhe.de/kvk.html steht auch in vier weiteren Sprachen zur Verfügung.

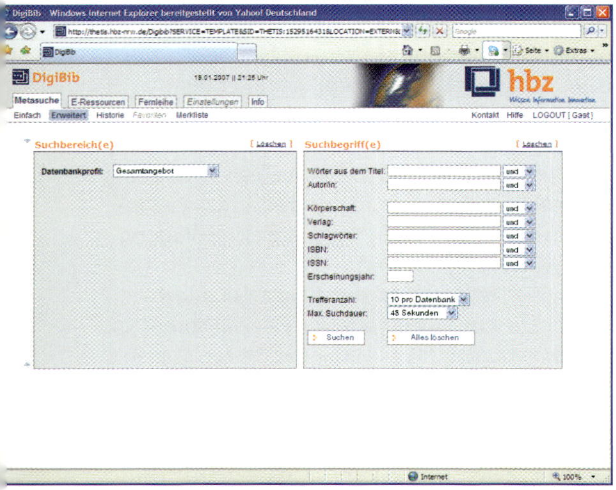

Die Recherche in der Digitalen Bibliothek unter http://www.digibib.net kann in einer einfachen und einer erweiterten Suche durchgeführt werden.

mente in der Bundesrepublik geworden und wird monatlich von ca. 1,5 Mio. Nutzern abgefragt. Mehrere weitere, auf der Idee und Technik des KVK aufbauende virtuelle Kataloge für einzelne Regionen (z.B. Rheinland-Pfalz), Fachgebiete (z.B. Orientalia) oder Literaturbestände (z.B. Landesbibliografien) und Medienarten (Videos) sind mittlerweile von der Universitätsbibliothek Karlsruhe verwirklicht worden. Im Zusammenhang mit dem Aufbau von Digitalen Bibliotheken, Portalen und mit der Einführung von verbundübergreifenden Online-Bestellsystemen werden ähnliche Rechercheinstrumente zunehmend auch von den regionalen Verbundsystemen entwickelt und angeboten.

Größere Verbreitung findet inzwischen auch die vom Hochschulbibliothekszentrum in Köln entwickelte *Digitale Bibliothek NRW* (DigiBib), an der sich jede Bibliothek einer öffentlich-rechtlichen Institution in Deutschland, aber auch in Österreich und im deutschsprachigen Raum der Schweiz und in Luxemburg beteiligen kann. Die DigiBib bietet dem Benutzer die Möglichkeit, unter einer einheitlichen Rechercheoberfläche eine große Zahl von Informationsquellen parallel abzufragen, darunter mehr als 300 Bibliothekskataloge, Volltextserver, Internetsuchmaschinen und Literaturdatenbanken aus aller Welt. Angezeigt wird, ob ein gefundener Text entweder online, per Dokumentlieferung, in einer Bibliothek oder bei einem Online-Bookshop tatsächlich verfügbar ist. Im negativen Fall führen fachlich geordnete Links zu Online- oder CD-ROM-Datenbanken (z. B. Lexika, Fachdatenbanken) oder zu qualitativ hochwertigen Webseiten. Für Hochschulangehörige und angemeldete Nutzer von Bibliotheken ermöglicht der „authentifizierte DigiBib-Zugang" aus dem internen Netz einer Teilnehmerbibliothek den Zugriff auf kostenfreie und vom jeweiligen Bibliotheksstandort lizenzierte Datenbanken und Volltexte. Gäste aus aller Welt können über den „externen Zugang" auf alle kostenfreien Datenbanken und Volltexte zugreifen. Darüber hinaus kann beim HBZ in einem „Dreiländerkatalog" der Gesamtnachweis aller Bibliotheksbestände aus dem deutschsprachigen Raum abgefragt werden; derzeit sind mit rund 31 Mio. Besitznachweisen bereits die Daten aus Nordrhein-Westfalen/Rheinland-Pfalz, Bayern,

Nord- und Mitteldeutschland sowie Österreich integriert.

Die Zeitschriftendatenbank

Während die Katalogisierung der Monografien dezentral in den regionalen Bibliotheksverbünden stattfindet, ist für Zeitschriften von Anfang an ein zentrales, bundesweites System installiert worden, die *Zeitschriftendatenbank* (ZDB). Sie wurde seit 1973 mit finanzieller Unterstützung durch die DFG als kooperatives Verbundsystem aufgebaut, in das die teilnehmenden Bibliotheken Zeitschriftentitel und Standortangaben einbringen. Dank ihrer bibliografischen Qualität erreicht die ZDB den Charakter einer Normdatei für die Ansetzung von Zeitschriftentiteln. Das Konzept der Aufgabenverteilung zwischen redaktioneller und technischer Betreuung auf zwei verschiedene Institutionen blieb bis heute erhalten. Alleiniger Träger der ZDB ist seit dem Ausscheiden des DBI Ende 1999 die Staatsbibliothek zu Berlin – Preußischer Kulturbesitz. Die Verantwortung für die Systembetreuung ging vom DBI auf die Deutsche Nationalbibliothek über; die ZDB nutzt nun ebenfalls das System PICA.

Mittlerweile sind 4.300 Institutionen am Aufbau bzw. der Fortschreibung der ZDB beteiligt. Rund 150 größere Bibliotheken katalogisieren ihre Zeitschriften, Schriftenreihen und Zeitungen direkt in der ZDB; die übrigen Bibliotheken melden ihre Titel über eine der größeren Bibliotheken oder nehmen die Hilfe der Zentralredaktion in Anspruch. Diese sorgt für die Konsistenz der Daten und die Vermeidung von Dubletten. Die in der ZDB erfassten Titel- und Bestandsdaten fließen an die Bibliotheksverbünde zurück, damit sie nicht nur zentral in der ZDB, sondern auch in den regionalen Verbunddatenbanken und den lokalen Onlinekatalogen nachgewiesen sind. Darüber hinaus wird subito regelmäßig mit aktuellen Daten aus der ZDB versorgt.

Die ZDB enthält heute annähernd 1,2 Mio. Zeitschriftentitel, von denen sich circa 400.000 auf laufende Zeitschriften beziehen, und fast 6 Mio. Besitznachweise von ca. 4.300 deutschen Bibliotheken. Sie präsentiert sich in zwei Formen: als tagesaktueller OPAC und als zweimal im Jahr erscheinende CD-ROM-Ausgabe. Da der ganz überwiegende Teil der Instituts- und anderen Spezialbibliotheken seine in der ZDB nachgewiesenen Periodika nicht im Leihverkehr zur Verfügung stellt, sind diese Bestände besonders gekennzeichnet. Die etwa 400 am Leihverkehr teilnehmenden Bibliotheken verfügen über rund 95% der insgesamt in der ZDB nachgewiesenen Titel.

Der Weg ins Internet legte den Grundstein für die Zukunft der Zeitschriftendatenbank. Die ZDB arbeitet an weiteren innovativen Dienstleistungen wie der Implementierung einer Bestellkomponente und der Verknüpfung der Datenbank mit Zeitschrifteninhaltsdatenbanken. Die Deutsche Nationalbibliothek, die bislang die in der Bundesrepublik erscheinenden Periodika unabhängig von der ZDB katalogisierte, ist seit 2007 Teilnehmer der Zeitschriftendatenbank. Inzwischen hat die ZDB mit der Einarbeitung von deutschen bzw. deutschsprachigen Zeitschriften aus ausländischen Bibliotheken sowie der Verzeichnung von elektronischen Zeitschriften begonnen. Auf diesem Gebiet kooperiert sie mit der *Elektronischen Zeitschriftenbibliothek* (EZB), einem von der Universitätsbibliothek Regensburg aufgebauten Service zur effektiven Nutzung wissenschaftlicher Volltextzeitschriften im Internet. Fast 400 Bibliotheken und Forschungseinrichtungen bieten ihren Nutzern Zugang zur EZB, die über 28.000 Titel aus allen Fachgebieten umfasst.

Verzeichnisse alter Drucke

Da Deutschland bis in das 20. Jahrhundert ohne eine Nationalbibliothek auskommen musste, gab es bis dahin auch keine Nationalbibliografie als Dokumentation aller in Deutschland seit Erfindung des Buchdrucks erschienenen Schriften. Die Zusammenstellung einer retrospektiven Nationalbibliografie ist zu keiner Zeit ein Thema gewesen. Als Ersatz sind Katalogunternehmen von überregionaler Bedeutung anzusehen, die auf Basis der überlieferten Bestände ausgewählter Bibliotheken der Literaturproduktion einzelner Jahrhunderte gewidmet sind. Während die Staatsbibliothek zu Berlin den 1904 begründeten *Gesamtkatalog der Wiegendrucke* (GW) erarbeitet, die einzige vollständige Inku-

Dass die *Herzogin Anna Amalia Bibliothek* in Weimar (Thüringen) mit ihrem 1766 vollendeten Rokoko-Bibliothekssaal ein ganz besonderes Schmuckstück besitzt, ist das Verdienst der Herzogin, die deshalb 1991 zur Namenspatronin der Bibliothek gewählt wurde. Ein Brand zerstörte 2004 die oberen Stockwerke sowie 50.000 Bücher. 2007 wird der Rokokosaal wieder eröffnet. Bereits 2005 konnte die Bibliothek ein modernes Studienzentrum einweihen. Die Bibliothek ist an Projekten zur Erschließung von Altbeständen beteiligt und gibt die „Internationale Bibliografie zur deutschen Klassik" heraus.

nabelbibliografie, die durch Exemplarnachweise aus Bibliotheken der ganzen Welt zugleich eine Katalogfunktion erfüllt, unterhält die Bayerische Staatsbibliothek seit 1988 die deutsche Arbeitsstelle des *Incunabula Short Title Catalogue* (ISTC), einer internationalen Inkunabeldatenbank unter Federführung der British Library in London; angereichert mit digitalen Bildern von Schlüsselseiten ist der Katalog der in deutschen Sammlungen vorhandenen Inkunabelbestände als CD-ROM-Datenbank verfügbar.

Die bibliografische Erfassung der Schriften der auf die Inkunabelzeit folgenden Jahrhunderte ist nur durch Zusammenarbeit zu bewältigen. Das *Verzeichnis der im deutschen Sprachbereich erschienenen Drucke des XVI. Jahrhunderts* (VD 16) ist eine von der Bayerischen Staatsbibliothek in Verbindung mit der Herzog August Bibliothek in Wolfenbüttel seit 1983 herausgegebene, mittlerweile abgeschlossene Bibliografie. Zusammen mit Angaben aus anderen Bibliotheken und einigen Bibliografien entstand ein Verzeichnis von circa 75.000 Drucken. In einer zweiten Arbeitsphase meldeten rund 30 deutsche Bibliotheken die nicht in der Bibliografie verzeichneten Titel; das so entstandene Supplement enthält derzeit rund 25.000 weitere Titel. Als Ergänzung zu der in 22 Bänden gedruckt vorliegenden Bibliografie wurde eine elektronische Besitzstandsdatei aufgebaut. Seit der Konversion der Titelbeschreibungen des Grundwerks liegt das VD 16 vollständig als Datenbank vor.

Ein entsprechendes, auf zehn bis zwölf Jahre veranschlagtes Projekt *VD 17*, an dem neun große wissenschaftliche Universalbibliotheken beteiligt sind und das wie das VD 16 von der DFG finanziell gefördert wird, ist 1996 begonnen worden. Das VD 17 wird alle im 17. Jahrhundert im historischen deutschen Sprachgebiet gedruckten und verlegten Werke unabhängig von ihrer Sprache verzeichnen. Viele Titelbeschreibungen werden mit speziellen Identifikationsmerkmalen (z.B. Fingerprint) und mit verfilmten bzw. eingescannten Schlüsselseiten (Titelblatt, Beginn des Hauptteils, Kolophon usw.) angereichert. Mit der vielseitig abfragbaren Datenbank, die 2006 schon über 237.000 Titel in mehr als 511.000 Exemplaren nachwies, entsteht ein Verzeichnis, das den Anforderungen an eine Bibliografie alter Drucke in jeder Hinsicht gerecht wird und ein weiterer Schritt auf dem Weg zu einer zeitlich segmentierten deutschen Nationalbibliografie ist.

Das Handbuch der historischen Buchbestände

Als Ergänzung der retrospektiven Nationalbibliografie ist das *Handbuch der historischen Buchbestände in Deutschland* anzusehen, ein von der VolkswagenStiftung gefördertes Gemeinschaftsunternehmen der deutschen Bibliotheken, das vom Buchwissenschaftler Prof. Dr. Bernhard

Fabian herausgegeben wurde und in 27 Bänden im Georg Olms Verlag erschien. Im Unterschied zu Katalogen und Bibliografien richtet sich sein Augenmerk nicht auf das einzelne Buch, sondern auf die Bibliotheksbestände als Ganzes. Es versteht sich als Inventar zu dem vom Beginn des Buchdrucks bis zum Ausgang des 19. Jahrhunderts erschienenen Schrifttum, berücksichtigt alle Literaturgattungen und unterscheidet nicht zwischen deutschen und fremdsprachigen Werken. Es beschreibt in chronologischen und systematischen Übersichten die historischen Sammlungen von rund 1.500 deutschen Bibliotheken und bezieht dabei alle Bibliothekstypen ein. Seine Anlage nach Bundesländern trägt dem regionalen Charakter des Bibliothekswesens in Deutschland Rechnung.

Das „Handbuch der historischen Buchbestände" stellt ein neuartiges Instrument für die wissenschaftliche und bibliothekarische Arbeit dar und wendet sich besonders an alle historisch arbeitenden Disziplinen der Forschung. Es wurde mittlerweile auf die Nachbarländer Deutschlands ausgedehnt. Neben dem „Handbuch der historischen Buchbestände in Österreich", das in vier Bänden die Sammlungen von mehr als 250 Bibliotheken beschreibt, entstand das „Handbuch deutscher historischer Buchbestände in Europa", eine Übersicht über Sammlungen in ausgewählten Bibliotheken mit besonders großen und signifikanten Beständen. Gemeinsam dokumentieren die drei Abteilungen des Handbuchs die ältere mitteleuropäische Kulturgeschichte.

Die ehemalige *Benediktinerabtei Amorbach* in Franken (Bayern), seit der Säkularisation 1803 im Privatbesitz der Fürsten zu Leiningen, beherbergt im Konventbau (1789–1799) eine Bibliothek, die ein Meisterwerk des frühen Klassizismus ist. Schlichtes Weiß und Hellgrau beherrschen die Dekoration des Raumes einschließlich der Bücherschränke und der fein geschnitzten Treppenaufgänge. Der heute kaum noch wachsende Bestand (31.000 Bände) ist im „Handbuch der historischen Buchbestände" verzeichnet.

Zusammenarbeit bei der Benutzung und der Information

Herausragendes Beispiel für die Zusammenarbeit der deutschen Bibliotheken auf dem Sektor der Benutzung ist die *Fernleihe*, auch *Überregionaler* oder *Deutscher Leihverkehr* genannt. Sie kann auf eine ins 19. Jahrhundert reichende Tradition zurückblicken; heute stellt sie eine Standarddienstleistung dar, gerät jedoch in Konkurrenz zu modernen, die Diskrepanz zwischen schnellem Nachweis und langsamer Lieferung überwindenden Systemen der Dokumentbestellung und Dokumentdirektlieferung.

Die *Württembergische Landesbibliothek in Stuttgart* war bis zur Gründung des Bibliotheksservicezentrums Baden-Württemberg Standort des Zentralkatalogs. Die 1765 gegründete Bibliothek besitzt herausragende Alt- und Sonderbestände, darunter eine berühmte Bibelsammlung, und betreibt mit dem Hölderlin-Archiv, das Herausgeber der Internationalen Hölderlin-Bibliographie ist, eine eigene Forschungsstelle. Integriert ist die Bibliothek für Zeitgeschichte, eine Spezialbibliothek zur Kriegs- und Zeitgeschichte nach dem Ersten Weltkrieg.

Überregionaler Leihverkehr

Keine Bibliothek konnte früher und kann noch viel weniger heute alle von ihren Benutzern gesuchten Bücher, Zeitschriften und anderen Informationsträger besitzen. Deshalb entwickelte sich bereits zu Beginn des 20. Jahrhunderts ein auf dem Prinzip der gegenseitigen Aushilfe beruhender Leihverkehr. Heute erstreckt sich der *Überregionale Leihverkehr* auf das gesamte Bundesgebiet. Er dient ausdrücklich der Förderung von Forschung und Lehre. Darüber hinaus vermittelt er wissenschaftliche Literatur für Ausbildung, Fort- und Weiterbildung und zur Berufsarbeit.

Um einen Überblick über die Buchbestände der deutschen Bibliotheken zu gewinnen und den Überregionalen Leihverkehr zu steuern, wurden nach dem Zweiten Weltkrieg *regionale Zentralkataloge* aufgebaut, die sich teilweise mit den Ländergrenzen deckten, sie zum Teil aber auch überschritten. Die zumeist an großen, mit regionalen Aufgaben betrauten Bibliotheken angesiedelten Zentralkataloge gingen inzwischen teilweise in die Hände der *regionalen Verbundzentralen* über. Die heute noch in der Bundesrepublik Deutschland bestehenden Zentralkataloge haben ihre Standorte in den insgesamt zehn Leihverkehrszentralen Berlin, Dresden, Frankfurt am Main, Göttingen, Halle, Hamburg, Jena, Köln, München und Stuttgart.

Für den sich vorzugsweise in der eigenen Region abspielenden Leihverkehr stellten die Zentralkataloge lange Zeit unentbehrliche Instanzen für die Vermittlung gesuchter Literatur dar. Bis zum Beginn der 1990er Jahre wiesen alleine die sieben Zentralkataloge der damaligen Bundesrepublik über 50 Millionen Titel nach. Heute sind die Zentralkataloge nur noch für den Nachweis der nicht maschinenlesbar vorliegenden Altbestände von Relevanz. Ihre Aufgabe, den Leihverkehr zu steuern, übernahmen die Verbunddatenbanken und in jüngerer Zeit Suchmaschinen wie der KVK oder die DigiBib.

Die Anzahl der Bestellungen im Leihverkehr verdoppelte sich im Zeitraum zwischen 1966 und 1978 von einer auf zwei Mio. Im Jahre 1995 wurden schon mehr als drei Mio. Fernleihbestellungen aufgegeben; inzwischen liegt die Zahl der erhaltenen Bestellungen im gebenden Leihverkehr bei 4,9 Mio. (2005). Auch die Zahl der am Leihverkehr teilnehmenden Bibliotheken hat sich ständig vermehrt. Gegenwärtig sind mehr als 1.100 Bibliotheken zum Überregionalen Leihverkehr zugelassen. Ihre Namen und Sigel (Kennungen) werden in einem Sigel-Verzeichnis aufgeführt, das die Staatsbibliothek zu Berlin als zentrale Sigelstelle herausgibt.

Neben dem Überregionalen Leihverkehr existieren weitere Ebenen des Leihverkehrs. Innerhalb eines lokalen kommunalen Bibliothekssystems gibt es in der Regel einen *internen Leihverkehr* zwischen der Zentralbibliothek und den Stadtteilbibliotheken oder der Fahrbibliothek. In einigen Bundesländern wurde ein *Regionaler Leihverkehr* aufgebaut, der Überleitungen in den nationalen Leihverkehr zulässt. Schließlich ist der *Internationale Leihverkehr* zu nennen, an dem die Bibliotheken der Bundesrepublik Deutschland ebenfalls teilnehmen. Clearingstelle für den Internationalen Leihverkehr ist die Staatsbibliothek zu Berlin.

Die *Universitätsbibliothek Hannover* und die *Technische Informationsbibliothek* (Niedersachsen) sind in den vergangenen Jahrzehnten ständig gewachsen. Zum 1965 errichteten Neubau kamen 1986 und 1991 weitere Gebäude und 2002 ein zusätzlicher Standort hinzu. Das Benutzungsangebot vor Ort umfasst heute acht Fachlesesäle mit zusammen über 400 Arbeitsplätzen. Die TIB wird gemeinschaftlich von Bund und Ländern finanziert, erwirtschaftet aber durch Dienstleistungen wie z.B. subito in steigendem Umfang eigene Mittel.

Elektronische Dokumentlieferdienste

An die Stelle des traditionellen Leihverkehrs tritt zunehmend eine neue Form der „Fernleihe", die sich vor allem die Beschleunigung der *Dokumentlieferung* zum Ziel gesetzt hat (Dokumentdirektlieferung). Sie bedient sich der Möglichkeiten der modernen Informations- und Kommunikationstechnologie und spielt sich nicht mehr zwischen zwei Bibliotheken ab, sondern direkt zwischen Bibliothek und Benutzer. Sie setzt voraus, dass der Benutzer Zugang zu den Literaturdatenbanken hat. Da die Bibliotheken und Verbundsysteme ihre Datenbanken mittlerweile als OPAC im Internet anbieten, ist diese Voraussetzung erfüllt. Unter Nutzung der Möglichkeiten elektronischer Bestell- und Vertriebswege sind im vergangenen Jahrzehnt eine Reihe von – kostenpflichtigen – *Document-Delivery-Diensten* entstanden.

Die Deutsche Zentralbibliothek für Medizin in Köln bietet verschiedene Bestell- und Lieferformen für Aufsatzkopien aus ihrer Sammlung von 8.000 biomedizinischen Zeitschriften an. Über TIBORDER-Online liefert die Technische Informationsbibliothek Hannover Aufsätze, Bücher, Reports und Mikroformen an jede gewünschte Adresse. Daneben wird der Online-Sofort-Zugriff auf elektronische Zeitschriftenartikel angeboten. Auch die Deutsche Zentralbibliothek für Wirtschaftswissenschaften, Leibniz-Informationszentrum Wirtschaft, in Kiel und Hamburg, unterhält einen national und international nutzbaren Dokumentlieferdienst für Bücher und Aufsatzkopien.

Mehrere Universitätsbibliotheken bieten für die Literaturbestände ihrer Sammelschwerpunkte einen *Sondersammelgebiets-Schnelllieferdienst* an. Aufsatzkopien und – mit Einschränkungen – Monografien werden dem Benutzer direkt zugesandt, auch ins Ausland. Die Verbundzentralen haben ähnliche überregionale Bestellsysteme aufgebaut, ergänzt um weitere Dienstleistungen: Der Nachweis aller digitalisierten Dokumente und elektronisch verfügbaren Volltexte, das Angebot von Zeitschrifteninhaltsdatenbanken, die Verbindung von CD-ROM-Datenbanken mit einem Bestellsystem sind dafür Beispiele. Wie sehr die neue Form der „Fernleihe" in Anspruch genommen wird, zeigt die Zahl der Aufträge, die beispielsweise beim Ende 2006 eingestellten Online-Bestellsystem *GBVdirekt* bei mehreren hunderttausend Bestellungen pro Jahr lag.

Zum bedeutendsten überregionalen Dokumentlieferdienst ist inzwischen *subito* geworden, ein 1994 als „Bund-Länder-Initiative zur Beschleunigung der Literatur- und Informationsdienste" initiiertes Projekt. Subito versteht sich seitdem als ein kundenorientiertes Dienstleistungsunternehmen, das marktwirtschaftlich operiert und international wettbewerbsfähig ist. Mitglieder bzw. Lieferanten des 2003 eingetragenen Vereins *subito – Dokumente aus Bibliotheken e.V.* sind leistungsfähige Universal- und Spezialbibliotheken, gegenwärtig 35 Institutionen. Die hauptamtlich geführte Geschäftsstelle befindet sich in Berlin.

Der Dokumentlieferdienst ermöglicht die Online-Recherche wie auch die Bestellung und direkte Lieferung von Fachliteratur an den Benutzerarbeitsplatz und nutzt dafür das Internet. Er umfasst sowohl Zeitschriftenaufsätze, die in Kopie verschickt werden, als auch Bücher, Sammelwerke, Dissertationen und andere rückgabepflichtige Literatur. Die Bestellung geschieht auf elektronischem Wege, die Lieferung der Aufsatzkopien kann elektronisch, per Fax oder per Post erfolgen. Die Frist, in der eine Bestellung erledigt wird, beträgt entweder drei Werktage (Normaldienst) oder nur einen Werktag (Eildienst), jeweils unter Ausschluss des Samstags.

Die Kosten richten sich nach der Form und der Schnelligkeit der Lieferung und nach der Kundengruppe, der ein Nutzer angehört: Hier wird zwischen Schülern/Studenten, kommerziellen Nutzern und Privatpersonen unterschieden. Ein besonderer Preis gilt für den *subito Library Service*, ein Angebot, das ausschließlich für Bibliotheken im In- und Ausland eingerichtet wurde.

Mit dem Library Service kann eine Bibliothek ihren Benutzern einen 72-Stunden-Lieferdienst für Zeitschriftenaufsätze anbieten. Welcher Kunde welchen Dienst wahrnehmen kann, hängt davon ab, ob der Nutzer seinen Wohnsitz im deutschsprachigen Raum hat oder außerhalb. Zum deutschsprachigen Territorium zählen die Länder Deutschland, Österreich, Liechtenstein und die Schweiz, alle übrigen Länder gehören zum Territorium international.

Seit mehreren Jahren unternehmen deutsche und internationale Verleger rechtliche Schritte gegen subito, um die Einstellung der Dokumentlieferung und des Fernleihverkehrs mit Bibliotheken im In- und Ausland zu erreichen. Mit der Einbeziehung einer Urheberrechtsabgabe in die subito-Entgelte, die jedes Jahr in Höhe mehrerer Millionen Euro als Tantieme an die Verwertungsgesellschaft Wort abgeführt wird, konnte zunächst eine Einigung erreicht werden. Die Dokumentlieferung an Endnutzer ins nicht deutschsprachige Ausland musste subito 2003 einstellen. Weitere Klagen sind derzeit noch nicht entschieden. Sollte sich die Verlegerseite vor Gericht durchsetzen, wäre in Deutschland die Versorgung von Forschung und Lehre mit nicht am Ort vorrätiger Literatur schwerwiegend beeinträchtigt.

Trotz der Einschränkungen konnte subito in den vergangenen Jahren sein Bestellvolumen kontinuierlich steigern. Im Jahre 2005 lag es bei 1,3 Mio. Bestellungen. Gemeinsam mit anderen Dokumentliefersystemen trägt subito damit wesentlich zur Verbesserung der Informationsversorgung in Deutschland bei. Alle genannten Dokumentlieferdienste ergänzen die traditionelle Fernleihe. Wie sich diese „Lieferlandschaft" künftig deutschland- und europaweit neu ordnen wird, ist nur schwer vorherzusagen.

Kooperative Informationsdienste

Die *Deutsche Internetbibliothek* (DIB) läuft seit ihrer Initiierung im Jahr 2000 durch ein Bibliothekenkonsortium unter Initiative der Stadtbibliothek Bremen, der Bertelsmann Stiftung und des DBV als ein überregionales Kooperationsprojekt von Öffentlichen und Wissenschaftlichen Bibliotheken. Gemeinsam betreiben heute 94 beteiligte Bibliotheken aus Deutschland, Österreich und der Schweiz eine kostenfreie E-Mail-Auskunft sowie einen qualitätsgeprüften, thematisch geordneten und annotierten Linkkatalog deutschsprachiger Websites im Umfang von mehr als 6.350 Web-Adressen. Nutzer der DIB haben die Möglichkeit, Wissensfragen unterschiedlicher Art an das bibliografische Internetportal zu richten und bekommen diese zeitnah und kompetent von den Bibliotheken beantwortet. Die Koordinationsstelle ist bei den Städtischen Bibliotheken in Dresden angesiedelt, die technische Server-Betreuung beim Bibliotheksservice-Zentrum Baden-Württemberg in Konstanz. 2005 wurden rund 470.000 Besucher der DIB-Homepage und 3,5 Mio. Seitenzugriffe verzeichnet, die Zahl der E-Mail-Anfragen lag bei 4.900.

Ähnliche virtuelle und kooperative Auskunftsverbünde mit einem thematischen Schwerpunkt im Bereich der wissenschaftlichen Information haben das Hochschulbibliothekszentrum in Köln mit „DigiAuskunft" und das Bibliotheksservice-Zentrum Baden-Württemberg in Konstanz mit „InfoDesk" aufgebaut.

Zu den Wissenschaftlichen Bibliotheken, die sich an der Deutschen Internetbibliothek beteiligen, zählt die *Universitätsbibliothek Kiel* (Schleswig-Holstein). Die zeitgleich mit der Universität 1665 gegründete Bibliothek bezog 2001 ein neues Hauptgebäude. Es empfängt den Besucher mit einem Zitat André Gides in großer Leuchtschrift außen über dem Haupteingang: „Manche leuchten wenn man sie liest". Typisch für Bibliotheksneubauten sind die großzügigen Freihandbereiche mit vielen Leseplätzen.

6 Die Zukunft der Bibliothek, die Bibliothek der Zukunft

Rahmenbedingungen und Strategieüberlegungen

Welche Zukunft haben Bibliotheken? Wird es in zehn oder zwanzig Jahren noch Bibliotheken in der Form geben, wie wir sie heute kennen? Ist ihr Ende mit dem Fortschreiten der digitalen Revolution eingeläutet worden, werden sie womöglich durch automatisierte Datenbanken und Suchmaschinen verdrängt oder gar ersetzt werden? Wenn aber trotz mancher Unkenrufe Bibliotheken weiterhin existieren sollten: Wie werden sie künftig aussehen? Sind sie vielleicht nur noch eine Idee, ein virtueller Raum oder bleiben sie ein physischer Ort mit umbauten Mauern und einem Dach?

Solche Fragen stellen sich Entscheidungsträger und Finanziers, Wirtschaft und Öffentlichkeit und nicht zuletzt die Bibliothekare in zunehmendem Maße. Die Fragen sind berechtigt, denn manche Visionäre und Futurologen malen das Bild der Bibliothek von morgen und übermorgen in düsteren Farben und sehen ihre Zukunft voller Skepsis. Aber es gibt auch viele optimistische Stimmen, die der Bibliothek gute Überlebenschancen geben und sie auch in fernerer Zukunft immer noch als einen realen Ort verstehen, der geprägt sein wird von emsig tätigen Informationsspezialisten, von Regalen und Informationstheken, Arbeitstischen mit Computerbildschirmen und einer beflissenen Stille.

Nicht nur in Deutschland, aber hier ganz besonders, sind in den letzten Jahren innerhalb der bibliothekarischen Fachwelt viele gewohnte Sicherheiten bezüglich Aufgabe und Selbstverständnis der Bibliothek verloren gegangen. Das Bücherlesen ist unter dem Einfluss digitaler Medien längst nicht mehr so selbstverständlich. Unheilspropheten verkünden das Ende des Buches. Alles wandelt sich. Auch die Bibliotheksbenutzer des 21. Jahrhunderts haben sich verändert: Sie sind besser ausgebildet, reicher, mobiler und mündiger als noch vor 20 Jahren. Die modernen

Ein Beispiel für die Kombination eines umgenutzten historischen Gebäudes mit einem zeitgemäßen Neubau ist die *Landesbibliothek Mecklenburg-Vorpommern in Schwerin* (Mecklenburg-Vorpommern). Die 1779 gegründete Bibliothek war 118 Jahre in unmittelbarer Nachbarschaft des Domes, aber äußerst beengten Verhältnissen untergebracht, ehe sie 2004 ein neues Quartier beziehen konnte. Den repräsentativen, im Stil der Mecklenburger Renaissance errichteten Altbau, ein früheres Offizierswohnhaus, in dem sich die Verwaltung der Bibliothek befindet, verbindet eine Glasbrücke mit dem modernen Ergänzungsbau, der Freihandbereiche und Magazinflächen beherbergt.

Kunden entscheiden sehr bewusst, was sie mit ihrer Freizeit anfangen, denn Freizeit ist knapp geworden. Die Bibliothek hat auf dem Freizeitmarkt mit anderen Einrichtungen zu konkurrieren. Zeitgleich vollzieht sich ein Wandel in den öffentlichen Verwaltungen, die beginnen, einzelne Dienste zu privatisieren und ihre Einrichtungen einer strengen Kosten-Leistungsrechnung zu unterziehen.

Der massive gesellschaftliche, wirtschaftliche und technologische Umbruch des letzten Jahrzehnts wirft eine Reihe wichtiger Fragen auf: Werden neue Technologien die Bibliotheken schon bald in den virtuellen Raum verlegen und sie durch eine vernetzte Weltbibliothek im Cyberspace ersetzen? Werden die Archive, Museen und Bibliotheken der Welt zu einem gigantischen vernetzten Menschheitsgedächtnis verschmelzen? Alle Teile des heutigen Systems allgemeiner und wissenschaftlicher Kommunikation, das aus Verlagen, Bibliotheken, Datenbankherstellern, Autoren und Lesern besteht, werden angesichts der radikalen Umbrüche ebenso in Frage gestellt wie die Printmedien Buch oder Zeitschrift – letztlich sind sie alle neu zu definieren. Sind heute, im Jahr 2007, Bibliotheken noch die Hauptlieferanten von Informationen aller Art für Wissenschaft und Bildung, so lassen bestimmte Entwicklungen schon erkennen, dass sie in fünf bis zehn Jahren nur noch einer unter mehreren Informationslieferanten sein werden. Aber mit welchen Konsequenzen?

Aus heutiger Sicht lassen sich mit Blick in die nahe Zukunft fünf *Rahmenbedingungen* formulieren, die hier in Form von Thesen zur Diskussion gestellt werden:

Die *Hochschule für Film und Fernsehen „Konrad Wolf" Potsdam-Babelsberg* (Brandenburg), die älteste und größte von fünf Medienhochschulen in Deutschland, bildet Studierende im Bereich von Film und Fernsehen aus. Ihr Anliegen ist die Verbindung künstlerischer und wissenschaftlicher Studiengänge mit einem theoriebegleiteten, praxisbezogenen Studium. Die Lage des modernen, im Jahre 2000 bezogenen Hochschulgebäudes, in dem sich auch die Bibliothek befindet, inmitten der Babelsberger Medienstadt kommt diesem Ansatz entgegen. In den sog. „Fischköpfen" befinden sich die Abspielgeräte für Videofilme.

- These 1: *Bildung* schlechthin wird im fortgeschrittenen 21. Jahrhundert die elementare Frage sein, die die gesamte Gesellschaft, vor allem die Wirtschaft, entscheidend beeinflussen wird.
- These 2: Nicht die Beschaffung der Information wird im kommenden Jahrzehnt das Problem sein, sondern die *Beschränkung auf das Wesentliche und das Richtige*: Qualität statt Quantität steht mehr denn je im Vordergrund.
- These 3: Der *Marktplatz Bibliothek*, der reale Begegnung von Menschen ermöglicht, muss anders gestaltet sein als der einsame Platz vor dem Computerbildschirm mit seinem Ausblick in das „global village" Internet.
- These 4: Die Bibliothek von morgen muss als *gebäudegebundener Raum* vorhanden und als selbstverständlicher Teil des Kulturlebens einer Gemeinde in das gesellschaftliche Leben integriert sein; ohne ein Bibliotheksgebäude würde eine Stadt seelenlos und seine Bürger könnten in einem virtuellen Gebilde global vernetzter Maschinen keinen eigentlichen Halt mehr finden.
- These 5: Das *Verhältnis gedruckter Medien und digital gespeicherter Medien* wird sich in den nächsten zehn Jahren 50 zu 50 einpendeln, der Non-Book-Bereich wird in den nachfolgenden Jahrzehnten dann nur noch unwesentlich steigen.

Das Anwachsen der Medienvielfalt wird ohne Frage die Bibliotheksentwicklung weiterhin im positiven wie negativen Sinne mitbestimmen. Hohe Investitionskosten bei der Einführung neuer Speicher und neuer Lesegeräte wirken für die Träger vielfach abschreckend, besonders wenn ihre Zukunftschancen und die künftige Marktpräsenz noch nicht absehbar sind. Die *elektronischen Bücher* (E-Books), die um das Jahr 2000 als lukrativer Zukunftsmarkt gesehen und bald darauf als mediale Randerscheinung belächelt wurden, erleben in jüngster Zeit eine unerwartete Renaissance mit offenkundig vorzüglichen Marktchancen für das nächste Jahrzehnt. Dieses Beispiel belegt die schwierige Einschätzbarkeit von technischen Innovationen, seien es neue Speichermedien oder neue Vertriebswege via Internet.

Das Umfeld, in dem Verlage, Buch- und Medienproduzenten mit ihren traditionellen wie auch digitalen Medien agieren, wird sicher mit eine entscheidende Rolle für die Zukunft der Bibliotheken spielen. Der Markt der elektronisch verfügbaren Periodika ist besonders für die Wissenschaftlichen Bibliotheken ein elementarer Aspekt. Ein Großteil der Fachzeitschriften erscheint längst nur noch als *E-Journal*, wenngleich die gedruckten Zeitschriften weiterhin eine hohe Akzeptanz beim Kunden haben. Die von einigen Verlagen in Gang gesetzte Preisspirale verstärkt die Ablösung der gedruckten Versionen. Für den Autor Dieter E. Zimmer scheint es daher keine Frage zu sein, dass die neuen digitalen Publikationsformen den Buchdruck und die traditionelle Bibliothek ablösen werden. Das Gedruckte werde, so meint Zimmer, zwar weiterhin vorhanden sein, aber zunehmend nur noch am Rande existieren. Er glaubt an jene virtuelle Weltbibliothek, die in raschem Tempo im Entstehen begriffen ist und in der in zehn bis zwanzig Jahren mehr zu finden sein dürfte als in der größten konventionellen Bibliothek.

Die fundamentale Bedeutung von Bibliotheken wird nach Meinung vieler Fachleute und Autoren aus verschiedenen Gründen nach wie vor verkannt bzw. politisch nicht umgesetzt. Wichtigste Gründe hierfür sind das unzureichende politische Bewusstsein über die Funktionen der Bibliothek und das mangelnde Vertrauen in die Innovationsfähigkeit dieser Jahrtausende alten Institution, der man offenbar nicht zutraut, den neuen Anforderungen der Informationsgesellschaft gerecht werden zu können. Die Folge dieser Missachtung ist eine seit längerer Zeit stagnierende Förderung, die sich in den letzten fünf Jahren in manchen Fällen zu einer echten Unterfinanzierung verschlechtert hat. Es ist offenkundig den Bibliothekaren und den Bibliothekslobbyisten in Deutschland noch nicht gelungen, die in den angelsächsischen und skandinavischen Ländern eindeutig gefestigte Rolle der Bibliothek als zentrale Informations- und Bildungseinrichtung auch hierzulande glaubhaft und nachhaltig in den Köpfen der Entscheidungsträger zu verankern.

Das 2004 von der Bertelsmann Stiftung und der BID unter dem Titel „Bibliothek 2007" herausgegebene nationale Strategiepapier beschreibt ein Soll-Modell für eine neue, zeitgemäße Bibliotheksstruktur, auf dessen Basis eine fachliche und politische Diskussion über die künftige Konzeption der Bibliotheken zumindest in Teilen entstanden ist und noch fortgeführt werden soll. Die Datenbasis für das Projekt lieferte das Meinungsforschungsinstitut Infas mithilfe zahlreicher Umfragen. Besonders interessant darin sind die Ergebnisse zur Frage, „wie Bibliotheken von ihren Kunden gesehen werden". Zusammenfassend lässt sich sagen: Bibliotheken werden als freundlich, aber nicht freundlich genug angesehen. Mit den atmosphärischen Eindrücken ist nur die Hälfte der Kunden zufrieden. Der Bedeutung der „Bibliothek als Ort", d.h. der

Die *Mediathek Neckarsulm* (Baden-Württemberg) bietet ihren Benutzern ein zeitgemäßes Medienangebot aus Büchern, Zeitschriften, Tonträgern, Filmen, digitalen Medien und Internetquellen und versteht sich zugleich als ein Ort der Begegnung für Jung und Alt. Der 2004 eröffnete Neubau mit seinen markanten, unterschiedliche Materialien zeigenden Außenfassaden will das Wissen so transparent werden lassen wie das Gebäude selbst. Die Architekten Bechler und Krummlauf hatten den Anspruch, an die Stelle früherer Bibliotheksarchitektur ein Konzept zu setzen, das den Stellenwert elektronischer Medien und die Zukunft des Buches neu ergründet und baulich umsetzt. Durch ihre Aufteilung in zwei Gebäude, erreichbar durch einen gläsernen Verbindungsgang, werden lebhafte und ruhige Zonen voneinander getrennt.

baulichen und räumlichen Gestaltung, wird zu wenig Aufmerksamkeit geschenkt. Wenn dazu noch ein unzureichendes, wenig aktuelles Angebot kommt, das zu einer durch aktuelle Sparmaßnahmen drastisch verschärften Bedarfslücke führt, dann erhöht das den Grad der Unzufriedenheit zusätzlich.

Ein großes Problem stellen die „Bilder im Kopf" vieler Bürger und auch politisch Verantwortlicher dar, wenn es um Öffentliche Bibliotheken geht. Oft gebrauchte Synonyme wie Volksbücherei, Leihbücherei und Leseratten, wenn von Bibliotheksnutzern die Rede ist, verraten, dass einseitige, häufig durch negative Erinnerungen oder eingeschränkte Erfahrungen mit der lokalen Bibliothek gespeiste Grundeinstellungen den Blick auf Entwicklungsmöglichkeiten und Chancen verstellen. Da sich gesellschaftliche Anforderungen und Erwartungen der Bürger grundlegend geändert haben, wäre es höchste Zeit, endlich die Bibliotheken ins Zentrum der Bildungs- und Kulturplanung zu rücken und alle Image fördernden Anstrengungen zu unternehmen, die traditionell-antiquierten und falschen Vorstellungen von der Lese-, Leih- und Studienbibliothek über Bord zu werfen.

Das Strategiekonzept „Bibliothek 2007" sieht den wichtigsten Schritt zur Zukunftssicherung des deutschen Bibliothekswesens in der Gründung einer auf Bundesebene koordinierenden Instanz, einer *BibliotheksEntwicklungsAgentur* (BEA), die in Form einer Stiftung des öffentlichen oder privaten Rechts als zentraler Impulsgeber zur Erneuerung der Bibliotheken auftreten soll. Der Bibliothekssektor, der den gesellschaftlichen Anforderungen auch zukünftig gerecht werden soll, braucht – wie erfolgreiche ausländische Vorbilder lehren – ein abgestimmtes Miteinander von lokaler Initiative und zentraler Steuerung und Unterstützung. Zielgerichtete Investitionen in die Bildungssysteme und die forcierte Entwicklung von Bibliotheken innerhalb vernetzter Bildungsangebote wären auf allen Ebenen ein fundamentaler Beitrag zur Sicherung der Zukunfts- und Wettbewerbsfähigkeit Deutschlands. Von den Besten lernen und durch sinnvolle Programme das Beste fördern, Qualitätsstandards einführen und mehr Wettbewerb durch Ranking zulassen, konstruktive Entwicklungsplanung und Qualitätssicherung betreiben, Distributionsstrategien entwickeln und mehr Kooperationen unterstützen — das alles sind Schlagworte, von denen sich die Initiatoren des Konzepts neue Impulse für das deutsche Bibliothekswesen erhoffen.

Die Zukunft der Bibliothek steht ganz stark im Kontext des Schlagwortes „Local Access, Global Information". Politischer Wille sollte es sein, die Bibliotheken aller Sparten in die Lage zu versetzen, die Digitalisierung der Medien, des Medientransports, der Auskunftstätigkeit und der Strukturierung des Wissens voranzutreiben und dabei modellgebend, wegweisend und kundenorientiert zu sein. Gleichzeitig müssen Bibliotheken als Anlaufstelle für Kulturerzeugnisse, für Veranstaltungen, für Nachfragen fungieren. In jedem Fall müssen auch betriebswirtschaftliche Gesichtspunkte stärker beachtet werden als das in der Vergangenheit geschah.

Bilder und Modelle der Öffentlichen Bibliothek von morgen

Die im Jahr 2003 anlässlich der Erstauflage dieses Buchs veranlasste Umfrage unter einem Dutzend Fachkollegen brachte eine Reihe interessanter Einschätzungen über die „Bibliothek der Zukunft" hervor. Als Schlagwörter, die zukünftige Funktionen und Aufgaben beschreiben, werden der Bibliothek von morgen zwei Begriffsvarianten modellhaft zugeordnet:

Modell 1: Mehr als drei Viertel der Befragten sehen die Bibliothek der Zukunft überwiegend in einer Mischung aus Mediathek und Infothek, Callcenter und Bürgeramt in Verbindung mit der zusätzlichen Rolle eines Lernortes und der Funktion eines Buchmuseums.

Modell 2: Mehr als die Hälfte der Befragten betrachten die Bibliothek der Zukunft auch in einer überwiegenden Mischung aus Dokument-Center und Volltextserver, wobei die Rolle als Kulturzentrum mit Internet-Café integriert ist.

Die meiste Zurückhaltung und Skepsis gab es hinsichtlich der Vorstellung, die zukünftige Bibliothek werde in Richtung eines Rechenzentrums tendieren, das überwiegend als Datenzentrale mit eventuell angeschlossenem Internetcafé agiere und noch einige museale Buchbestände in einer gesonderten Abteilung vorhalte. Auch

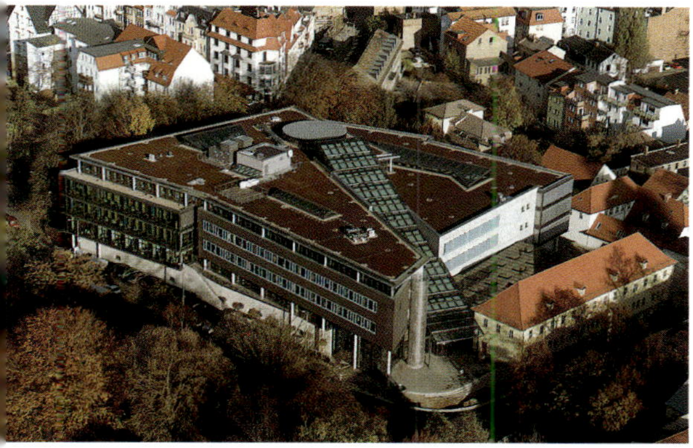

Der 2001 eröffnete Neubau der *Thüringer Universitäts- und Landesbibliothek in Jena* (Architekten: Heckmann, Kristel, Jung) mag als Antwort auf die Frage gelten, ob Bibliotheken im Zeitalter der Datennetze noch ein Gebäude brauchen. Das einschichtige Bibliothekssystem Jenas, das über vier Mio. Bestandseinheiten verfügt, besteht aus der Zentralbibliothek und aus rund 25 im Stadtgebiet verteilten Teil- und Zweigbibliotheken, deren Zahl aber schrittweise verringert werden soll.

der Gedanke, die Bibliothek von morgen werde zum reinen Bürgerbüro umfunktioniert, stieß bei einem größeren Teil auf Ablehnung.

Wie könnte die Bibliothek – hier im Besonderen die Öffentliche Bibliothek – von morgen wirklich aussehen, ohne an dieser Stelle in allzu visionäre Vorstellungen zu verfallen? Der Bibliothekar Klaus Dahm hat für einen Aufsatz 2005 vier nachdenkenswerte Modelle entwickelt, die Gegenwart und Zukunft plastisch miteinander verbinden.

Die „Wohlfühlbibliothek"

Wie die Diskrepanz zwischen der Zahl aktiver „Entleiher" und der weitaus höheren Anzahl der ermittelten „Besucher" belegt, existiert offensichtlich ein erheblicher Bedarf an öffentlich zugänglichen, sozialen Kommunikationsräumen. Schon heute ist die Cafeteria aus einer modernen Bibliothek nicht mehr wegzudenken. Angenehm möblierte Räume, sog. „Living Rooms", etablieren sich in angelsächsischen Bibliotheken, in denen sich die Besucher zwanglos zum Gespräch, zum Surfen im Internet, zum Kaffeetrinken oder zu entspanntem Lesen aufhalten können. Bei der Planung und Konzeption künftiger Bibliotheken muss mehr denn je einer erlebnisorientierten Innenarchitektur und der Gestaltung variabler, „funktionsfreier" Räume höhere Aufmerksamkeit gewidmet werden. Zudem werden Öffnungszeiten bis in die Abendstunden und am Wochenende zur Selbstverständlichkeit werden. Die Bibliothek von morgen ist ein Ort kollektiver Inspiration, ein Ort mit Ambiente und Stil, wo man sich gerne aufhält und zwanglos der Welt der Informationsrecherche, der Bücher und modernen Medien begegnet.

Die Verbund-Bibliothek

Zeitgemäß ausgestattete Bibliotheken erweisen sich längst auf allen Ebenen der Bildungsbiografie als barrierefreie und für alle Bevölkerungsschichten benutzbare Dienstleister zur Informations- und Wissensvermittlung. Da keine Bibliothek alles vorrätig halten kann, wird die Öffentliche Bibliothek von morgen Teil eines noch stärker vernetzten Bibliotheksverbundes sein müssen, der Zugang zu einem vielfach höheren Gesamtangebot an Literatur und Medien erlaubt. Ein Katalogverbund in Form einer gemeinsamen Mediendatenbank wird dann besonders effektiv, wenn die Kunden das Verbundangebot gleichermaßen am individuellen Wohn-, Schul- oder Arbeitsort nutzen können. Konsequenter als bisher sind die bibliothekarischen Dienstleistungen in einem Verbundmix von Öffentlichen und Wissenschaftlichen Bibliotheken auszubauen; dieser garantiert auch organisatorisch, dass der Kunde jede Bibliothek des Verbundes mit nur einem Bibliotheksausweis benutzen und jedes über das Internet bestellte Medium in der „Stammbibliothek" entleihen oder gegen Zusatzgebühr sich nach Hause zuschicken lassen kann.

Die Kombinationsbibliothek

An nicht wenigen Orten gibt es heute oftmals ein Neben- oder gar Gegeneinander von Bibliotheken unterschiedlicher Trägerschaft und Funktionen, ohne dass Kooperationen vereinbart worden sind. Gerade in wirtschaftlich schwieriger Zeit sollte bei jeder Investition die Möglichkeit von Synergien geprüft werden. Eine zukunfts-

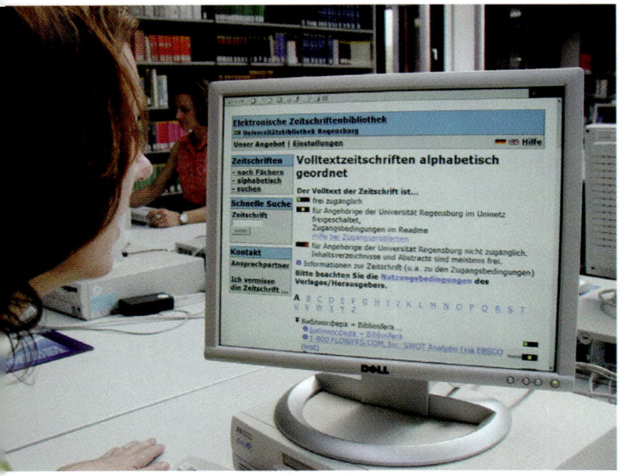

Mit der Imagekampagne „Deutschland – Land der Ideen" präsentierte sich die Bundesrepublik im Jahr der Fußballweltmeisterschaft 2006 als fortschrittliches und fantasiereiches Land. Unter den „365 Orten im Land der Ideen", die aus einer Zahl von 1.200 Bewerbern ausgewählt wurden, befinden sich mehrere Bibliotheken, die mit ihrer Innovationsfreudigkeit die Jury überzeugen konnten. Neben der *Universitätsbibliothek Regensburg* (Bayern) mit ihrem Erfolgsprodukt „Elektronische Zeitschriftenbibliothek" wurden die Philologische Bibliothek der FU Berlin, das IKMZ Cottbus, die TIB Hannover, die Internationale Jugendbibliothek in München, die Herzog August Bibliothek in Wolfenbüttel sowie das Deutsche Literaturarchiv in Marbach ausgezeichnet.

trächtige Option wäre die bauliche, räumliche und organisatorische Fusion von mehreren kleinen Bibliotheken zu einer größeren Einheit. Dort wo mehrere Kultur- und Bildungseinrichtungen in einer Stadt existieren, ist ihre direkte räumliche Zusammenlegung zu prüfen. In diesem Sinne könnten bei entsprechendem Raumangebot zum Beispiel Heimatmuseum, Schulbibliothek, Medienzentrum, Archiv, Volkshochschule, Kunstgalerie und Bibliothek zu einem leistungsstarken Informations- und Medienzentrum zusammengefügt werden.

Die Stadtbibliotheks-Agentur

Die oftmals anzutreffende Träger- und Funktionsvielfalt von Bibliotheken in Groß- und Mittelstädten ließe sich, wenn eine räumliche Zusammenführung aus unterschiedlichen Gründen nicht realisierbar oder wenig sinnvoll erscheint, auch auf andere Weise zu einem vernetzten Bibliothekssystem weiterentwickeln. Im Besonderen sind hier die zahlreich entstandenen Schulbibliotheken gemeint, die meist noch wie kleine Inseln losgelöst voneinander bestehen. Die Stadtbibliothek der Zukunft kann hierbei zu einer integrierenden und koordinierenden Bibliotheksagentur werden. An zentraler Stelle befindet sich eine „schulbibliothekarische Arbeitsstelle" für alle Schulen der Stadt: Sie schult und berät das Personal, sorgt für den Buch- und Medienerwerb aller Partner, für die fachgerechte Erfassung und Einarbeitung des Bestands, koordiniert den Personaleinsatz und erstellt wichtige Leistungsbilanzen.

Vision und Wirklichkeit bei den Wissenschaftlichen Bibliotheken

Ebenso wie die Vertreter aus dem öffentlichen Bibliothekssektor entwickeln auch Fachleute aus dem wissenschaftlichen Bibliotheksumfeld Visionen und Pläne für die Gestaltung der bibliothekarischen Zukunft. Doch auch wenn bisweilen in die weite Zukunft geschaut wird, wie es in der ersten Auflage dieses Buches namhafte Vertreter des Buch- und Bibliothekswesens getan haben, darf der Blick auf die zukunftsnahen, zum Teil längst eingesetzten Entwicklungen nicht versperrt werden. Diese werden durch die sich stetig verändernde Rolle der Bibliotheken in der sog. Informationsgesellschaft bestimmt, in der Information zu einer grundlegenden Ressource geworden ist und in der Informationsmedien aller Art eine zentrale Bedeutung zukommt. In allen Teilen der Gesellschaft ist der Bedarf an Information gestiegen, zugleich aber auch das Informationsangebot, das sich vielfach schon als Überangebot darstellt. Die Bibliotheken beteiligen sich an der Deckung des Informationsbedarfs mit traditionellen und elektronischen

Vielleicht noch stärker als heute werden die Menschen künftig darauf achten, dass ihre Bibliothek eine ästhetisch ansprechende Architektur aufweist und ihnen über die Funktion als Wissensspeicher hinaus ein sinnlich erfahrbares Ambiente zur Entspannung und Kommunikation bietet. Die Ende 2000 eröffnete *Gemeindebücherei Neufahrn* (Bayern), errichtet in Form eines Schiffes mit einem „Bug" aus Glas, mit unterschiedlichen Fensterformen und einem lichtdurchfluteten Treppenhaus, könnte den Weg in die moderne Bibliotheksarchitektur weisen.

Medien, wodurch sich Charakter, Funktion und Selbstverständnis der Bibliothek wandeln. Dazu im Folgenden einige Beobachtungen und Thesen. Sie beziehen sich grundsätzlich auf alle Bibliothekstypen; besonders deutlich machen sich die veränderten Informationsanforderungen jedoch im Bereich von Wissenschaft, Forschung und Lehre bemerkbar, weshalb die Wissenschaftlichen Bibliotheken vom Funktionswandel der Bibliothek merklich stärker betroffen sind als die Öffentlichen – zumindest für die nächste Dekade.

Zunächst einmal gilt es festzuhalten, dass sich alle Visionäre geirrt haben, die vom Ende des Buchzeitalters und vom alleinigen Siegeszug der elektronischen bzw. digitalen Medien überzeugt waren. Das Buch, oder allgemeiner, die gedruckten Medien konnten ihren Platz behaupten, weil sie gegenüber den „Neuen Medien" unzweifelhaft mehrere Vorzüge aufweisen – so etwa die Unabhängigkeit von elektrischer Energie und technischer Nutzungshilfe, die allgegenwärtige Verwendungsmöglichkeit, die nachgewiesene Langlebigkeit, die leichtere Lesbarkeit längerer Texte, die Authentizität des Werkes usw., ganz abgesehen von ästhetischen, bibliophilen und sonstigen buchbezogenen Aspekten. Diese Erkenntnisse gelten bis hinein in die Wissenschaft, in der weitere Gesichtspunkte wie Qualitätssicherung, Reputation, Nachweis wissenschaftlicher Qualifizierung usw. eine Rolle spielen. Es ist davon auszugehen, dass sich langfristig das Medium behaupten wird, das für den jeweiligen Zweck einer bestimmten Nutzerschaft am Besten geeignet ist.

Auf der einen Seite sind die Bibliotheken Kulturinstitutionen, die den Auftrag haben, das kulturelle Erbe und das gedruckt überlieferte Wissen zu archivieren, zu erschließen und zu konservieren, damit es heutigen und zukünftigen Generationen zur Verfügung steht – mal abgesehen von den kultur- und kommunikationsfördernden Aktivitäten, die Bibliotheken seit jeher entwickeln. Auf der anderen Seite sind die Bibliotheken Bildungseinrichtungen, und das bedeutet in diesem Zusammenhang, dass sie Orte sind, in denen sich über vielfältigste Angebote und Maßnahmen zwei Schlüsselkompetenzen erwerben lassen: *Lese- und Medienkompetenz*. Während die Öffentlichen Bibliotheken vor allem Programme zur Vermittlung elementarer Lesekompetenz und zum sicheren Umgang mit gedruckten Medien anbieten, die sich überwiegend, aber keineswegs ausschließlich an Kinder und Jugendliche wenden, bieten die Wissenschaftlichen Bibliotheken die Voraussetzungen zur Erlangung von Lesefähigkeiten auf akademischem Niveau. Lesekompetenz wiederum ist eine Vorbedingung für die nächste elementar wichtige Fähigkeit, nämlich Informationen zu suchen, zu verwerten und in Wissen umzusetzen. Die Bibliothek hat folglich den Nutzer, der Informationen benötigt, ebenso zu bedienen wie den Leser, der belletristische Literatur sucht.

Nicht nur die Expertenbefragungen, sondern auch die Bibliotheksstatistiken besagen, dass der Zuwachs an gedruckten und mehr noch an digitalen Medien ungebrochen ist und dass als Folge demografischer Trends und bildungspolitischer Grundsatzentscheidungen die Benutzungszahlen der Bibliotheken auch weiterhin steigen werden. Da auf der anderen Seite die Bibliotheksetats eher stagnieren als wachsen werden, müssen sich die Bibliotheken von der früher dominierenden Bestandsorientierung zugunsten einer stärkeren Nachweis- und Beschaffungsorientierung verabschieden (access contra holding). Besonders die Wissenschaftlichen Bibliotheken wachsen hierbei in eine Funktion hinein, die als *Wissensmanagement* bezeichnet wird.

Auch Gremien wie der Wissenschaftsrat sind davon überzeugt, dass die gedruckten Medien ihre hohe Relevanz für die Informationsversorgung von Forschung und Lehre behalten werden, zugleich aber auch die Bedeutung der digitalen Publikationen merklich zunehmen wird. Konsequenterweise erwächst aus dieser Doppelfunktion auf absehbare Zeit ein Typus von Wissenschaftlicher Bibliothek, der eine Mischung aus gedruckten und digitalen Publikationen und Informationsquellen vorhalten muss – die *Hybride Bibliothek*. Da mit Etatzuwächsen nicht zu rechnen ist, muss das Verhältnis zwischen beiden Mediengattungen austariert und im Hinblick auf Angebot und Nachfrage kontinuierlich neu justiert werden.

Allerdings zeichnet sich eine gewisse Spaltung hinsichtlich des Informationsbedarfs und der Art seiner Befriedigung ab: Während in den Natur- und Ingenieurwissenschaften, in der Medizin und Informatik die gedruckten Medien nicht länger als primäre Informationsquelle angesehen werden und die Bibliothek sogar ihre vorherrschende Rolle als Informationsdienstleister verlieren wird, bleibt für die Angehörigen der übrigen Wissenschaften die Bibliothek das Archiv der gedruckten Bestände, wenngleich auch in den „Buchwissenschaften" der klassische Bestandsaufbau infolge wirtschaftlicher Zwänge und fortschreitender Digitalisierung zurückgeht. Damit steht insbesondere die Hochschulbibliothek vor der schwierigen Aufgabe, unterschiedlichen Wissenskulturen gerecht zu werden.

Die Digitale Bibliothek

Vor allem aber geht es um die Verbreiterung des Angebots an elektronischen Informationsangeboten im Rahmen der *Digitalen Bibliothek*. Auch wenn dem Wissenschaftsrat der Ausbau der Hochschulbibliotheken zu Zentren der Versorgung mit digitalen Informationen und Publikationen anfangs noch zu zögerlich erschien, so haben die Bibliotheken diese Entwicklung inzwischen beschleunigt. Die in der zeitgenössischen Publizistik vertretene Meinung, die Digitalisierung der gesamten Gesellschaft sei ein Kulturauftrag und infolgedessen hätten die Bibliotheken die Verpflichtung, sich durch Digitalisierung aller überlieferten Schriftzeugnisse selber überflüssig zu machen, ist zwar von bibliothekarischer Seite energisch zurückgewiesen worden; gleichwohl heißt gegenwärtig das Zauberwort nahezu aller Bibliotheken „Digitalisierung".

Zahlreiche Wissenschaftliche Bibliotheken haben begonnen, ausgewählte Bestände in eigener Regie oder in Zusammenarbeit mit Partnern zu digitalisieren. Seit Jahren arbeiten in München und Göttingen *Digitalisierungszentren*, die auch Auftragsarbeiten durchführen. Seit 2005 entsteht auf kooperativer Basis ein zentrales Nachweis- und Zugangssystem für frei verfügba-

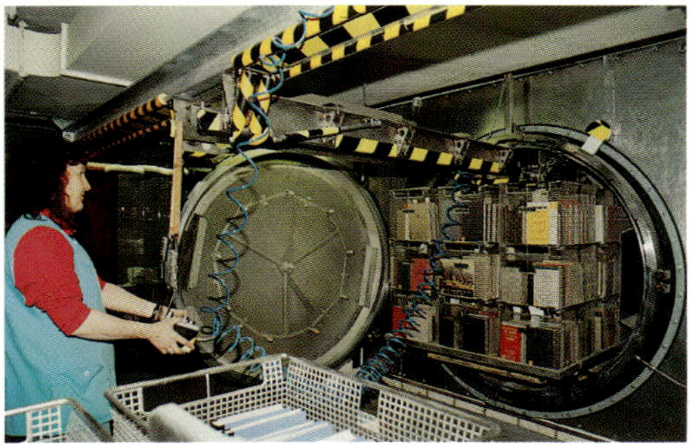

Schätzungen zufolge sind von den rund 135 Mio. nach 1840 in Deutschland erschienenen Büchern rund 12 % bereits zerfallen und damit unbenutzbar geworden; weitere 30 % sind so stark vergilbt, dass sie zur Vermeidung weiterer Beschädigung eigentlich der Benutzung entzogen werden müssten. Zur Rettung der Bücher kommt nur in besonderen Fällen die Einzelrestaurierung, ansonsten die Massenentsäuerung in Frage, wie sie u.a. das *Zentrum für Bucherhaltung GmbH in Leipzig* (Sachsen) durchführt.

re retrodigitalisierte Bibliotheksmaterialien, das *Zentrale Verzeichnis Digitalisierter Drucke*. Dieses Portal verschafft nicht nur einen Überblick über digitale Sammlungen und digitale Bibliotheken, sondern spiegelt zugleich die erstaunliche Vielfalt der Digitalisierungsprojekte wider, welche darauf schließen lässt, dass die hinter der Digitalisierung sichtbar werdende „Philosophie" breit gefächert ist.

Die Frage, ob die totale Digitalisierung finanzierbar oder wirtschaftlich ist, wird von bibliothekarischer Seite eher verneint. So ist beispielsweise vorgerechnet worden, dass die Kosten für die Digitalisierung aller Bestände der Bayerischen Staatsbibliothek den Handelswert dieser Bestände um das Doppelte übertreffen würden. Deshalb wird es darauf ankommen, eine strenge Auswahl zu treffen, die wissenschaftliche, nachfrageorientierte, konservatorische und rechtliche Gesichtspunkte einbezieht. Den Wettlauf mit finanzstarken kommerziellen Digitalisierungsprojekten wie beispielsweise Google Print können die Bibliotheken sicherlich nicht gewinnen; die Stärke der Bibliotheksangebote liegt nicht in der Quantität, sondern in der Qualität, vor allem aber auch in der Sicherung des freien Zugangs und der langfristigen Verfügbarkeit.

Gemeinsam mit den deutschen Forschungsinstitutionen und vielen wissenschaftlichen Organisationen unterstützen auch die bibliothekarischen Verbände die Chancen, die das Internet zur umfassenden und interaktiven Repräsentation des menschlichen Wissens unter Einschluss des kulturellen Erbes und mit der Garantie des weltweiten Zugangs bietet. Die *Open Access-Bewegung* propagiert, neben der klassischen Form der Wissensverbreitung zugleich die alternativen Möglichkeiten des Internets nach dem „Prinzip des offenen Zugangs" zum Austausch wissenschaftlicher Erkenntnisse zu nutzen.

Das „Prinzip des offenen Zugangs" setzt idealerweise die aktive Beteiligung jedes einzelnen Produzenten von wissenschaftlicher Erkenntnis und jedes Verwalters von kulturellem Erbe voraus. Jeder Autor bzw. Rechteinhaber hat bei dieser Publikationsart allen Benutzern das freie Zugangs- und Nutzungsrecht zu übertragen und außerdem eine vollständige Fassung seiner Veröffentlichung auf dem Archivserver einer

Die von der DFG geförderten Digitalisierungszentren in München (Bayern) und Göttingen (Niedersachsen) unterstützen den Aufbau der Verteilten Digitalen Forschungsbibliothek durch die Bereitstellung und Präsentation digitaler Ressourcen. Das *Münchener Digitalisierungszentrum* (MDZ) an der Bayerischen Staatsbibliothek (Bild) führt eigene Projekte durch, bietet aber auch Auftragsdigitalisierung an. Neun Sondersammelgebietsbibliotheken unter Führung Göttingens bildeten 1999 ein Konsortium zur Digitalisierung von Zeitschriftenbeständen (*Digizeitschriften*), dessen Mitgliederzahl laufend wächst.

vertrauenswürdigen, die Open Access-Bewegung unterstützenden Institution zu hinterlegen, damit die Langzeitverfügbarkeit gewährleistet ist.

Da das alternative Publikationsmodell der klassischen Form der Wissensverbreitung durch Verlage Konkurrenz macht, stehen die Verleger dem Open Access-Publishing kritisch gegenüber. Gleiches gilt für viele Autoren, die für die Produzenten, aber auch für die Rezipienten wissenschaftlicher Erkenntnisse ein Sicherheitsrisiko sehen; sie sorgen sich um die Qualitätssicherung der Veröffentlichungen, die Integrität der Daten und die Langzeitverfügbarkeit der Dokumente ebenso wie um die Anerkennung ihrer Internetpublikationen in der wissenschaftlichen ‚Community' als Voraussetzung persönlicher Reputation und Karriere.

Die *Langzeitarchivierung elektronischer Publikationen* stellt zweifellos eine große Herausforderung dar. Mit dem neuen Gesetz über die Deutsche Nationalbibliothek ist die rechtliche Voraussetzung geschaffen worden, die in

Das *Göttinger Digitalisierungszentrum* (GDZ) nahm den 600. Geburtstag Johannes Gutenbergs zum Anlass, alle 1282 Seiten des Pergamentexemplars der Gutenberg-Bibel der Staats- und Universitätsbibliothek Göttingen (Niedersachsen) einzuscannen und im Internet und als CD-ROM-Ausgabe anzubieten. Zwischen dem ersten Druck, der von Gutenberg mithilfe der neuen Technik hergestellt wurde, und der Digitalisierung eben dieses Druckes im Jahre 2000 liegt eine Spanne von rund 550 Jahren Buch- und Bibliotheksgeschichte.

Deutschland veröffentlichten „Medienwerke in unkörperlicher Form" zu sammeln und zu sichern, damit sie für die Allgemeinheit auf Dauer nutzbar sind. Erweiterungen des Sammelauftrages um die Netzpublikationen zugunsten der regionalen Pflichtexemplarbibliotheken sind auch auf Länderebene beabsichtigt. Schon seit Jahren werden die technischen, bibliothekarischen und organisatorischen Voraussetzungen der Langzeitarchivierung entwickelt und erprobt. Mit *Nestor – Kompetenznetzwerk Langzeitarchivierung und Langzeitverfügbarkeit digitaler Ressourcen* steht seit 2003 eine Informations- und Kommunikationsplattform für alle an diesem Thema interessierten Partner und für alle Aspekte der Langzeitarchivierung zur Verfügung.

Das 2004 gestartete Projekt *Kopal – Kooperativer Aufbau eines Langzeitarchivs digitaler Informationen* ergänzt Nestor auf dem Gebiet der Technik, der Softwareentwicklung und der Arbeitsabläufe. Es soll den Weg weisen, wie arbeitsteilig ein vertrauenswürdiges digitales Archiv aufgebaut werden kann, das die Integrität, Authentizität und Verfügbarkeit der gespeicherten digitalen Objekte langfristig sichert. 2006 ist Kopal als *Digitales Langzeitarchiv* in Betrieb gegangen; mehrere zehntausend elektronische Dokumente der beiden Projektpartner, Deutsche Nationalbibliothek und Staats- und Universitätsbibliothek Göttingen, sind inzwischen archiviert worden, darunter 47.000 elektronische Hochschulschriften, die die DNB seit 1997 von allen deutschen Hochschulen erhalten hat. In der nächsten Projektstufe werden Migrations- und Emulationsprozesse getestet, welche die langfristige Interpretierbarkeit und damit Benutzbarkeit der Dokumente sicherstellen sollen.

Eine weitere Herausforderung für die Bibliotheken stellt das *Internet* dar. Suchmaschinen wie Google, die heute offenbar schon mehr als zehn Millionen Websites erfassen und Angebote wie Google Scholar, Google Print, Google Earth oder Google News stellen für die Bibliotheken ebenso eine spürbare Konkurrenz dar wie interaktive Plattformen nach dem Muster von Wikipedia und Weblogs, die auch als soziale Software bezeichnet werden und typisch für die Weiterentwicklung des Internets sind (*Web 2.0*). Ein großer Teil der Bibliotheksbenutzer einschließlich der Studenten und Hochschulangehörigen wählt als Einstieg in die Recherche die Suchmaschine und stößt erst im weiteren Verlauf seiner Suche auf die spezifischen Bibliotheksangebote. Die technische und logische Vernetzung der heterogenen Informationsquellen des Internets erscheint daher eine erfolgsversprechende Lösungsmöglichkeit zu sein.

Der beinahe übermächtigen Konkurrenz kommerzieller Anbieter werden die Bibliotheken quantitativ vermutlich nicht gewachsen sein; in qualitativer Hinsicht können sie sich mit ihren

Produkten nur dann behaupten, wenn sie an ihren hohen Qualitätsstandards festhalten. Dazu gehört eine hochwertige Erschließung aller wissenschaftlich relevante Ressourcen ebenso wie der Aufbau von fachspezifischen und interdisziplinären Suchmöglichkeiten und Navigationssystemen. Überregional bedeutsame Beispiele hierfür sind die *Virtuellen Fachbibliotheken* im Rahmen des nationalen Wissenschaftsportals Vascoda, aber auch umfassende Nachweis- und Zugangssysteme wie das *Datenbank-Infosystem* und die *Elektronische Zeitschriftenbibliothek*. Und so selbstverständlich wie die Bibliotheken das Internet für ihre Informationsangebote nutzen, so konsequent sollten sie auch die interaktiven Techniken des Netzes für die Kommunikation mit ihren Nutzern einsetzen.

Wie Erhebungen an verschiedenen Universitäten zeigen, wird von den Hochschulbibliotheken erwartet, dass sie die wissenschaftlich relevanten Internetquellen erschließen und über eine komfortable Suchmaschine zugänglich machen. Bibliotheken sollen als „Navigatoren im Wissensozean" fungieren, um dem Überangebot an Informationen bei gleichzeitiger begrenzter Aufnahmekapazität der Informationssuchenden mit geeigneten Werkzeugen zu begegnen. Darüber hinaus wird erwartet, dass die Bibliotheken ihr Angebot an elektronischen Medien und Dienstleistungen ausbauen, ohne die Pflege des Buch- und Zeitschriftenbestandes zu vernachlässigen, da das Buch in vielen Fachgebieten nach wie vor das Primärmedium ist. Der Ausbau der Digitalen Bibliothek impliziert nicht nur den Zugang zu elektronischen Zeitschriften und Volltexten, zu Datenbanken und sonstigen Internetquellen, sondern auch ein aktives *Informationsmanagement*. Dieses schließt den Aufbau von Portallösungen und Suchmaschinen ein, die das breit gefächerte Angebot an digitalen und konventionellen Informationsressourcen bündeln. Damit schaffen die Bibliotheken, ganz im Sinne der Hybriden Bibliothek, die Verbindung von digitaler und gedruckter Welt, die Teil ihrer Existenzsicherung sein könnte.

Zu den Wünschen namentlich der Studierenden zählen darüber hinaus die aktive Vermittlung von Informations- und Medienkompetenz sowie Hilfestellungen bei neuen Formen wissenschaftlichen Arbeitens (Online-Tutorial, elektronischer Semesterapparat usw.) und wissenschaftlichen Publizierens (elektronisches Publizieren, Multimedia-Präsentation usw.). Um diesen Anforderungen gerecht zu werden, brauchen die Bibliotheken eine entsprechende technische und organisatorische Infrastruktur und die Bibliothekare entsprechende Kenntnisse und Fähigkeiten.

Die Antwort der Bibliotheken auf die veränderten Anforderungen ihrer Nutzer mündet langfristig in ein *integriertes digitales Informationssystem*. Die Deutsche Forschungsgemeinschaft unterstützt den Aufbau eines solchen Gesamtsystems der wissenschaftlichen Informationsversorgung im Rahmen eines Förderprogramms, das bis zum Jahre 2015 reicht. Zu den einzelnen Themenfeldern gehört das elektronische Publizieren ebenso wie das Informationsmanagement einschließlich der Schaffung virtueller Forschungs- und Lernumgebungen.

Fazit und Ausblick

Bibliotheken, Öffentliche wie Wissenschaftliche, können ihre Dienste in der dargestellten Weise für den Bürger nur dann erbringen, wenn ihre Existenz gesichert ist und wenn sie von ihren Trägern mit adäquaten Sach- und Personaletats ausgestattet werden. Die Frage nach der Zukunft der Bibliothek hat demnach nicht nur eine inhaltliche und technologische, sondern auch eine politische Dimension. Es gilt deutlich zu machen, nicht allein gegenüber den politisch Verantwortlichen, sondern auch gegenüber den Medien und der gesamten Bevölkerung, dass Bibliotheken in der Informationsgesellschaft eine Schlüsselrolle zufällt. Dieser Rolle und den daran anknüpfenden Erwartungen können die Bibliotheken nur dann gerecht werden, wenn sie die Herausforderungen der Informationsgesellschaft erkennen und annehmen, wenn sie die Spielräume für technologische Innovationen und organisatorische Verbesserungen konsequent nutzen und den politischen, finanziellen und strukturellen Schwachstellen des deutschen Bibliothekswesens mit Effektivität und Effizienz begegnen. Dann bleiben die Bibliotheken auch in Zukunft das, was sie schon immer waren: Portale, die viele Wege und Möglichkeiten öffnen.

Anhang

Die Autoren

Jürgen Seefeldt, geb. 1953,
Studium des öffentlichen Bibliothekswesens in Köln. Tätigkeiten als Dipl.-Bibliothekar an der Stadtbücherei Hamm, der Fachbibliothek bei den Vereinigten Elektrizitätswerken Westfalen in Dortmund; 1979-85 stellv. Amtsleiter der Stadtbücherei Herne, 1985-1991 Leiter der Kreisbüchereien Unna; 1991-2004 Leiter der Landesbüchereistelle Rheinland-Pfalz in Koblenz, seit 2004 Standortleiter im Landesbibliothekszentrum Rheinland-Pfalz. Lehraufträge an der FH Köln und der FHÖB in Bonn. 1995-98 Mit-Hrsg. der Fachzeitschrift „BuB", 1998-2001 Mitglied des Bundesvorstands des DBV, seit 1998 Geschäftsführer des DBV-Landesverbandes Rheinland-Pfalz. Verfasser zahlreicher Beiträge. Mitautor des Buches „Seefeldt/Metz: Unterhaltungsliteratur in Öffentlichen Bibliotheken", der 3. Auflage des Handbuches „Busse-Ernestus-Plassmann-Seefeldt: Das Bibliothekswesen der Bundesrepublik Deutschland" und des Studienbuches „Bibliotheken und Informationsgesellschaft in Deutschland – eine Einführung" (Plassmann, Rösch, Seefeldt, Umlauf).

Dr. Ludger Syré, geb. 1953,
Studium der Geschichte und Germanistik in Freiburg, München und Tübingen und Promotion in Osteuropäischer Geschichte; Ausbildung zum Wissenschaftlichen Bibliothekar in Tübingen und Köln; seit 1987 Fachreferent für Geschichte, Mitbearbeiter der Landesbibliografie von Baden-Württemberg und Leiter der Technischen Abteilung an der Badischen Landesbibliothek in Karlsruhe; Lehrbeauftragter am Institut für Geschichte der Universität Karlsruhe; zwischen 1992 und 2002 zwei Jahre im Vorstand und acht Jahre im Vereinsausschuss des Vereins Deutscher Bibliothekare sowie sieben Jahre Vorsitzender des VDB-Landesverbandes Baden-Württemberg; Autor zahlreicher Buch- und Zeitschriftenveröffentlichungen.

Bildnachweis

Bildnachweis (in Abfolge des Erscheinens im Text)

Barbara Lison, S. 7 (B. Lison)
Stadtbibliothek Ulm, S. 8 (Scan, M. Dukeck)
Universitätsbibliothek / IKMZ Cottbus, S. 9 (R. Schuster)
Codex Rotundus, Dombibliothek Hildesheim, S. 11 (L. Engelhardt)
Evangeliar Heinrichs des Löwen, Herzog August Bibliothek, Wolfenbüttel, S. 12 (HAB)
Schedelsche Weltchronik, Fürstl. Hohenzoll. Hofbibliothek Sigmaringen, S. 13 (C. Seelbach)
Berthold-Missale, Württembergische Landesbibliothek Stuttgart, S. 13 (Württ. LB)
Bibliothek, Benediktinerkloster Ottobeuren, S. 14 (C. Seelbach)
Staatsbibliothek zu Berlin, S. 14 (C. Seelbach)
Staatsbibliothek Bamberg, S. 15 (C. Seelbach)
Universitäts- und Landesbibliothek Sachsen-Anhalt, Halle/Saale, S. 16 (ULB Halle)
Reichstagsbibliothek, S. 17 (Bildarchiv Preuß. Kulturbesitz, Berlin)
Deutsche Bücherei, Leipzig, S. 17 (C. Seelbach)
Bibliothek der Hansestadt Lübeck, S. 18 (J. Fligge)
Stadt- und Landesbibliothek Potsdam, S. 19 (C. Seelbach)
Weltkarte von Mercator und Hondus, Staatsbibliothek zu Berlin, S. 20 (Staatsbibliothek zu Berlin)
Universitätsbibliothek Leipzig, S. 21 (Fa. Ahrend-Mauser)
Universitäts- und Forschungsbibliothek Erfurt/Gotha, S. 22 (S. Müller-Naumann)
Landschaftsbibliothek Aurich, S. 28 (C. Seelbach)
Universität Bochum, S. 29 (Uni Bochum)
Universitätsbibliothek Eichstätt, Wirtschaftswiss. Zweigbibliothek Ingolstadt, S. 30 (C. Seelbach)
Herzogin Anna Amalia Bibliothek, Studienzentrum, S. 31 (U. Schwarz, Klassik Stiftung Weimar)
Buchhandlung in Karlsruhe, S. 32 (Bad. LB, B. Ehlig)
Zentralbibliothek der Kath. Universität Eichstätt, S. 35 (C. Seelbach)
Fürst Thurn und Taxis Hofbibliothek, Regensburg, S. 35 (L.W. Splitta, Fürst Thurn und Taxis Zentralarchiv)
Deutsche Nationalbibliothek, Frankfurt am Main, S. 37 (DNB)
Deutsches Musikarchiv, Berlin, S. 38 (C. Seelbach)
Staatsbibliothek zu Berlin – Preuß. Kulturbesitz, Haus 2, S. 39 (C. Seelbach)
Bayerische Staatsbibliothek, München, S. 40 (BSB München)
Deutsche Zentralbibliothek für Medizin, Köln, S. 41 (ZBMED)
Landesbibliothek Oldenburg, S. 42 (C. Seelbach)
Leibniz-Rechenmaschine, Hannover, S. 43 (Gottfried Wilhelm Leibniz Bibliothek - Niedersächsische Landesbibliothek Hannover)
Staats- und Stadtbibliothek Augsburg, S. 43 (C. Seelbach)
Bibliothek der Franckesche Stiftungen, Halle/Saale, S. 44 (W. Ziegler)
Universitätsbibliothek München, Historicum, S. 45 (J. Feist, ekz)
Codex Manesse, Walter von der Vogelweide, Universitätsbibliothek Heidelberg, S. 46 (Lossen, UB Heidelberg)
Deutsche Zentralbibliothek für Wirtschaftswissenschaften, Kiel , S. 48 (L. Roth, ZBW)
Autografen, Deutsches Literaturarchiv, Marbach, S. 49 (DLA, Marbach)
Johannes a Lasco Bibliothek, Emden, S. 50 (T. Riehle)
Stadtbibliothek Landau, S. 51 (J. Feist, ekz)
Stadt- und Landesbibliothek Dortmund (außen), S. 52 (J. Feist, ekz)
Stadt- und Landesbibliothek Dortmund (innen), S. 52 (C. Seelbach)
Artothek der Stadt- und Landesbibliothek Potsdam, S. 53 (C. Seelbach)
Fahrbibliothek der Stadtbibliothek Koblenz, S. 54 (J. Seefeldt)
Bücherbus der Stadtbibliothek Karlsruhe, S. 54 (StB Karlsruhe)
LBZ-Zeitschrift „bibliotheken heute" mit Abbildung der Bibliotheca Bipontina, Zweibrücken, S. 57 (LBZ)
Stadtbücherei Westerstede, S. 58 (J. Feist, ekz)
Stadtbibliothek Bernburg/Saale, S. 59 (J. Feist, ekz)
Jugendbibliothek Schloß Blutenburg, München, S. 60 (C. Seelbach)
Schulbibliothek des Friedrich-Spee-Gymnasiums, Trier, S. 61 (Fr.-Spee-Gymnasium)
Jugendbibliothek der Stadtbibliothek Bremen, S. 62
Ausleihtheke der Stadtbüchereien Düsseldorf, S. 65 (ekz, Reutlingen)
Multimedia-Lesesaal der Deutschen Nationalbibliothek, Frankfurt am Main, S. 68 (C. Seelbach)
Stadtbibliothek „Heinrich Heine" Halberstadt, S. 73, (J. Feist, ekz)
Einschlagmaschine der ekz, Reutlingen, S. 78 (J. Feist, ekz)
Stadtbibliothek Gütersloh GmbH, S. 79 (C. Seelbach)
Philologische Bibliothek der Freien Universität Berlin, S. 83 (P. v. Recklinghausen)
Niedersächsische Staats- und Universitätsbibliothek Göttingen, S. 84, (SUB Göttingen)
Lesesaal der Staatsbibliothek zu Berlin – Preußischer Kulturbesitz, Haus 2, S. 85 (C. Seelbach)
Lesesaal der Badischen Landesbibliothek, Karlsruhe, S. 86 (C. Seelbach)
Sächsische Landesbibliothek – Staats- und Universitätsbibliothek Dresden, S. 87 (M. Weimar)
Lesesaal der Sächsischen Landesbibliothek – Staats- und Universitätsbibliothek Dresden, S. 87 (H. Ahlers)
Historischer Lesesaal der Universitätsbibliothek Tübingen, S. 88 (C. Seelbach)
Augusteerhalle der Herzog August Bibliothek in Wolfenbüttel, S. 89 (Herzog August Bibliothek)
Stadtbibliothek Würzburg, S. 91 (C. Seelbach)
Rokoko-Bibliothekssaal der Herzogin Anna Amalia Bibliothek, Weimar, S. 96 (Herzogin Anna Amalia Bibliothek)
Bibliothek der ehem. Benediktinerabtei Amorbach, S. 97 (C. Seelbach)
Württembergische Landesbibliothek, Stuttgart, S. 97, (J. Siener, WLB)
Universitätsbibliothek Hannover und Technische Informationsbibliothek, Hannover, S. 98 (TIB)
Universitätsbibliothek Kiel, S. 100 (B. Grimmenstein)
Landesbibliothek Mecklenburg-Vorpommern, Schwerin, S. 101 (Kummer)
Bibliothek der Hochschule für Film und Fernsehen „Konrad Wolf" Potsdam-Babelsberg, S. 102 (HS Potsdam-B.)
Mediathek Neckarsulm, S. 103 (D. Strauss)
Thüringer Universitäts- und Landesbibliothek, Jena, S. 105 (P. Scheene, Universität Jena)
Universitätsbibliothek Regensburg, S. 106 (K. Hoibl)
Gemeindebücherei Neufahrn, S. 107 (J. Feist, ekz)
Zentrum für Bucherhaltung GmbH, Leipzig, S. 108, (C. Seelbach)
Münchener Digitalisierungszentrum der Bayerischen Staatsbibliothek, München, S. 109 (MDZ)

Alphabetisches Verzeichnis der Abbildungen nach Orten

Bibliotheken des Jahres (Nationaler Bibliothekspreis)

2000: Stadtbibliothek Halberstadt (Sachsen-Anhalt)
2001: Johannes a Lasco Bibliothek Emden (Niedersachsen)
2002: Staats- und Universitätsbibliothek Göttingen (Niedersachsen)
2003: Stadtbücherei Würzburg (Bayern)
2004: Städtische Bibliotheken Dresden (Sachsen)
2005: Stadtbüchereien Hamm (Nordrhein-Westfalen)
2006: Universitätsbibliothek Cottbus IKMZ (Brandenburg)

Weiterführende Fachinformationen (in Auswahl)

Monografien und Jahrbücher

Aufbruch als Ziel – BID und „Bibliothek 2007" :
Zum Abschluss der sechsjährigen Amtszeit Georg Ruppelts als Sprecher von Bibliothek & Information Deutschland / Hg.: Bibliothek & Information Deutschland e.V. – Hildesheim u.a. : Olms, 2006. – 249 S. : Ill.

Bau- und Nutzungsplanung von wissenschaftlichen Bibliotheken /
Erarbeitet im NA Bibliotheks- und Dokumentationswesen unter Mitwirkung einer Expertengruppe des Deutschen Bibliotheksinstituts (DBI). Hrsg.: DIN Deutsches Institut für Normung e.V. – 2. Aufl. – Berlin [u.a.] : Beuth, 1998. – VI, 69. – (DIN-Fachbericht ; 13).

bibliothek compact 2007 : mit BIB-Mitgliederverzeichnis / bearb. von Petra Hauke. – Bad Honnef : Bock + Herchen, 2007. – 288 S. Erscheint jährlich.

Bibliothek 2007 :
Strategiekonzepte / Bertelsmann Stiftung ; Bundesvereinigung Deutscher Bibliotheksverbände (Hrsg.). Von Gabriele Beger u.a. – 3. Aufl. – Gütersloh : Verl. Bertelsmann Stiftung, 2004. – 40 S.

Bibliotheken '93 :
Strukturen, Aufgaben, Positionen / Bundesvereinigung Deutscher Bibliotheksverbände. – Berlin :

Deutsches Bibliotheksinstitut ; Göttingen : Niedersächsische Staats- u. Univ.-Bibliothek, 1994. – VI, 182 S. : Ill.

Bibliotheken und Informationsgesellschaft in Deutschland :
eine Einführung / Engelbert Plassmann, Hermann Rösch, Jürgen Seefeldt, Konrad Umlauf. – Wiesbaden : Harrassowitz, 2006. – X, 333 S.

Bibliotheken 2040 :
Die Zukunft neu entwerfen / Red. Rob Bruinzeels u. Nicole van Tiggelen. Übers. von Uta Klaassen. – Bad Honnef : Bock + Herchen, 2003. – 83 S. : Ill., graf. Darst., Kt.

Bibliothekspolitik in Ost und West :
Geschichte und Gegenwart des Deutschen Bibliotheksverbandes / hrsg. von Georg Ruppelt. – Frankfurt am Main : Klostermann, 1998. – VI, 322 S.; (Zeitschrift für Bibliothekswesen und Bibliographie : Sonderhefte ; 72).

Berufsbild 2000 – Bibliotheken und Bibliothekare im Wandel /
erarb. von der Arbeitsgruppe "Gemeinsames Berufsbild" der BDB e.V. Unter Leitung von Ute Krauß-Leichert. – 2., unveränd. Nachdr. der dt. Fassung, erg. um die engl. Version. – Wiesbaden : Dinges und Frick, 2000. – 125 S.

Buch und Buchhandel in Zahlen /
hrsg. vom Börsenverein des Deutschen Buchhandels e.V. – Frankfurt a.M. : MVB Marketing- u. Verlagsservice des Buchhandels. – ISSN 0068-3051 – 2005. – 104 S. : Tab., graf. Darst., Kt. – Erscheint jährl.

Buzás, Ladislaus :
Deutsche Bibliotheksgeschichte des Mittelalters / Ladislaus Buzás. – Wiesbaden : Reichert, 1975. – 191 S.; (Elemente des Buch- und Bibliothekswesens ; 1).

Buzás, Ladislaus :
Deutsche Bibliotheksgeschichte der Neuzeit (1500 – 1800) / Ladislaus Buzas. – Wiesbaden : Reichert, 1976. – 203 S.; (Elemente des Buch- und Bibliothekswesens ; 2).

Buzás, Ladislaus :
Deutsche Bibliotheksgeschichte der neuesten Zeit (1800 – 1945) / Ladislaus Buzas. – Wiesbaden : Reichert, 1978. – 215 S.; (Elemente des Buch- und Bibliothekswesens ; 3)

Entscheidungssammlung zum Bibliotheksrecht /
hrsg. von der Rechtskommission des Deutschen Bibliotheksinstituts u.a. Erarbeitet von: Jürgen Christoph Gödan u.a. 2., überarb. u. erw. Aufl. – Wiesbaden: Harrassowitz, 2003. – 656 S.

Erfolgreiches Management von Bibliotheken und Informationseinrichtungen :
Fachratgeber für die Bibliotheksleitung und Bibliothekare / Hrsg.: Hans-Christoph Hobohm, Konrad Umlauf. – Hamburg: Verl. Dashöfer, 2002. – 700 S. – Loseblattausgabe

Ewert, Gisela ; Umstätter, Walther :
Lehrbuch der Bibliotheksverwaltung / auf d. Grundlage d. Werkes von Wilhelm Krabbe u. Wilhelm Martin Luther völlig neu bearb. von Gisela Ewert u. Walther Umstätter. – Stuttgart : Hiersemann, 1997. – XV, 204 S.

Gaus, Wilhelm :
Berufe im Informationswesen : ein Wegweiser zur Ausbildung ; Archiv, Bibliothek, Buchwissenschaft, Information und Dokumentation, Medizinische Dokumentation, Medizinische Informatik, Computerlinguistik, Museum / Wilhelm Gaus. – 5., vollständig überarbeitete Aufl. – Berlin [u.a.] : Springer, 2002. – 310 S.

Grundlagen der praktischen Information und Dokumentation /
Ein Handbuch zur Einführung in die fachliche Informationsarbeit / Rainer Kuhlen u.a. [Hrsg.]. Begr. von Klaus Laisiepen. – 5., völl. neu gefasste Ausg. – München : Saur, 2004. – XLVIII, 910 S.
Band 1: Handbuch zur Einführung in die Informationswissenschaft und -praxis
Band 2: Glossar

Gutachtensammlung zum Bibliotheksrecht :
Gutachten, Stellungnahmen, Empfehlungen. – Red.: Jürgen Christoph Gödan. – Wiesbaden: Harrassowitz, 2002. – XIV, 618 S. (Bibliotheksrecht; Bd. 1)

Hacker, Rupert :
Bibliothekarisches Grundwissen. – 7., neubearb. Auflage. – München: Saur, 2000. – 366 S.

Handbuch der Bibliotheken Deutschland, Österreich, Schweiz.
12. Aufl. – München : Saur, 2006.

Jahrbuch der Deutschen Bibliotheken / hrsg. vom Verein Deutscher Bibliothekare. – Wiesbaden : Harrassowitz. – Bd. 61 (2005/2006). – 659 S. – Erscheint alle zwei Jahre.

Jahrbuch der Öffentlichen Bibliotheken /
hrsg. vom Berufsverband Bibliothek Information e.V. Bearb. von Petra Hauke. – Bad Honnef Bock + Herchen, Ausg. 2006/07. – 2006. – 364 S. – Erscheint alle zwei Jahre.

Jochum, Uwe :
Kleine Bibliotheksgeschichte / von Uwe Jochum. – 2., durchgesehene. und bibliografisch ergänzte Aufl. – Stuttgart : Reclam, 1999. – 232 S.; (Universal-Bibliothek ; Nr. 8915 : Reclam Wissen).

Die moderne Bibliothek :
ein Kompendium der Bibliotheksverwaltung / hrsg. von Rudolf Frankenberger und Klaus Haller. – München : Saur, 2004. – 449 S.

Plassmann, Engelbert; Seefeldt, Jürgen :
Das Bibliothekswesen der Bundesrepublik Deutschland : ein Handbuch / von Engelbert Plassmann und Jürgen Seefeldt. – 3., völlig neubearbeitete Auflage des durch Gisela von Busse und Horst Ernestus begründeten Werkes. – Wiesbaden : Harrassowitz Verlag – XII, 510 S. : zahlr. Kt. u. Ill.

Politik für Bibliotheken :
die Bundesvereinigung Deutscher Bibliotheksverbände (BDB) im Gespräch ; Birgit Dankert zum Ende ihrer Amtszeit als Sprecherin der BDB / hrsg. von Georg Ruppelt. – München : Saur, 2000. – 208 S.

Rechtsvorschriften für die Bibliotheksarbeit /
Bundesvereinigung Deutscher Bibliotheksverbände (Hg.). – 4., überarb. u. erw. Aufl. – Wiesbaden : Harrassowitz, 2004. – XIV, 865 S.

Regionalbibliotheken in Deutschland:
mit einem Ausblick auf Österreich und die Schweiz / hrsg. von Bernd Hagenau. – Frankfurt am Main : Klostermann, 2000. – 467 S., 1 Kt.; (Zeitschrift für Bibliothekswesen und Bibliographie : Sonderheft ; 78).

Seidel, Stefanie :
Die schönsten Räume, die wertvollsten Sammlungen; Deutschland, Östtereich, Schweiz. – München: Callwey, 1995. – 191 S., zahlr. Ill.

Spezialbibliotheken in Deutschland /
Red. Petra Hauke. Unter Mitarb. Von Gisela Bartz. – Bad Honnef: Bock und Herchen, 1996 – 2002. Bd. 1–5.

Umlauf, Konrad :
Bestandsaufbau an öffentlichen Bibliotheken / Konrad Umlauf. – Frankfurt a.M. : Klostermann, 1997. – 413 S. – (Das Bibliothekswesen in Einzeldarstellungen).

Umlauf, Konrad :
Medienkunde / Konrad Umlauf unter Mitarbeit von Daniella Sarnowski. – 2., aktual. und neu gefasste Aufl. – Wiesbaden : Har-

rassowitz, 2006. – 350 S. – (Bibliotheksarbeit 8)
Umlauf, Konrad :
Moderne Buchkunde / Konrad Umlauf. – 2., aktual. u. neu gefasste Aufl. – Wiesbaden : Harrassowitz, 2005. – 191 S. – (Bibliotheksarbeit ; 2)
Umstätter, Walther :
Einführung in die Katalogkunde : vom Zettelkatalog zur Suchmaschine / von Walther Umstätter u. Roland Wagner-Döbler. – 3. Aufl. d. Werkes von Karl Löffler, völl. neu bearb. – Stuttgart : Hiersemann, 2005. – XI, 171 S. : graf. Darst.
Verein Deutscher Bibliothekare 1900 – 2000 :
Festschrift / hrsg. von Engelbert Plassmann u. Ludger Syré. – Wiesbaden : Harrassowitz, 2000. – 408 S.
Wie viele Bibliotheken brauchen wir? /
hrsg. von Rolf Busch. – Bad Honnef : Bock + Herchen, 2004. – 294 S. (Beiträge zur bibliothekarischen Weiterbildung ; 17).
Wissenschaftskommunikation im Netzwerk der Bibliotheken :
mit Beitr. von W. Umstätter u.a. – Berlin : BibSpider, 2005. – 195 S. : graf. Darst.

Zeitschriften

ABI-Technik : Zeitschrift für Automation, Bau und Technik im Archiv-, Bibliotheks- und Informationswesen. – München : Verlag Neuer Merkur.
Erscheint vierteljährlich.

Auskunft : Zeitschrift für Bibliothek, Archiv und Information in Norddeutschland / hrsg. im Auftr. des Landesverbandes Hamburg im DBV. – Nordhausen : Bautz.
Erscheint vierteljährlich.

Bibliothek : Forschung und Praxis. – München : Saur.
Erscheint viermonatlich.

BiblioTheke : Zeitschrift für katholische Bücherei- und Medienarbeit / hrsg. vom Borromäusverein. – Bonn : BV.
Erscheint vierteljährlich.

Bibliotheken heute / hrsg. vom Landesbibliothekszentrum Rheinland-Pfalz. – Koblenz (u.a.) : LBZ.
Erscheint vierteljährlich

Bibliotheksdienst / Redaktion, Herstellung und Vertrieb: Zentral und Landesbibliothek Berlin.
Erscheint monatlich.

Bibliotheksforum Bayern : BFB / Hrsg. von der Bayerischen Staatsbibliothek. – München : Saur.
Erscheint viermonatlich.

B.I.T.-Online : Zeitschrift für Bibliothek, Information und Technologie mit aktueller Internet-Präsenz. – Wiesbaden : Dinges & Frick.
Erscheint vierteljährlich.

BuB : Forum für Bibliothek und Information ; Fachzeitschrift des BIB e.V., Berufsverband Information Bibliothek. – Bad Honnef : Bock und Herchen.
Erscheint zehnmal jährlich.

Buchprofile für die katholische Büchereiarbeit / Hrsg.: Borromäusverein e.V. Bonn und St. Michaelsbund. – Bonn : BV.
Erscheint vierteljährlich.

Dialog mit Bibliotheken : Fachzeitschrift über die Deutsche Nationalbibliothek, ihre Aktivitäten, ihr Dienstleistungsangebot. – Frankfurt am Main : DNB.
Erscheint viermonatlich.

Der Evangelische Buchberater : Zeitschrift für Buch- und Büchereiarbeit / Hrsg.: Deutscher Verband Evangelischer Büchereien. Göttingen : DVEB.
Erscheint vierteljährlich.

Information - Wissenschaft und Praxis : Nfd / Hrsg. von der Deutschen Gesellschaft für Informationswissenschaft und Informationspraxis. – Wiesbaden: Dinges & Frick.
Erscheint vierteljährlich.

LIES – Lesen, Informieren, Erleben in der Schulbibliothek : Arbeitshilfen und Informationen für Schulbibliotheken ; eine Schriftenreihe für die Arbeit in den zentralen Schulbibliotheken des Landes Rheinland-Pfalz / Hrsg. von der Kommission Zentrale Schulbibliotheken. – Neustadt/Weinstr. : LBZ
Erscheint halbjährlich.

MB : Mitteilungsblatt der Bibliotheken in Niedersachsen und Sachsen-Anhalt / Hrsg.: Arbeitsgemeinschaft der Bibliotheken in Niedersachsen ; Arbeitsgemeinschaft der Bibliotheken in Sachsen-Anhalt. – Hannover : Niedersächsische Landesbibliothek.
Erscheint vierteljährlich.

ProLibris : Mitteilungsblatt / hrsg. vom Verband der Bibliotheken des Landes Nordrhein-Westfalen und den Bezirksregierungen. – Bonn : ULB.
Erscheint viermonatlich.

Zeitschrift für Bibliothekswesen und Bibliographie : vereinigt mit Zentralblatt für Bibliothekswesen ; ZfBB : Organ des wissenschaftlichen Bibliothekswesens. – Frankfurt am Main: Klostermann.
Erscheint zweimonatlich.

Internet-Adressen

Arbeitsgemeinschaft der Spezialbibliotheken
www.aspb.de
Bayerische Staatsbibliothek
www.bsb-muenchen.de
Bertelsmann Stiftung
www.bertelsmann-stiftung.de
Berufsverband Information Bibliothek
www.bib-info.de
Bibliothek & Information International (BII)
www.bi-international.de
Bibliotheksindex (BIX)
www.bix-bibliotheksindex.de
Bibliotheksportal des Kompetenznetzwerks für Bibliotheken
www.bibliotheksportal.de
Bibliotheksservice-Zentrum Baden-Württemberg
www.bsz-bw.de
Bibliotheksverbund Bayern
www.bib-bvb.de/
Büro der Europäischen Bibliotheksverbände
www.eblida.org.
Bibliothek & Information Deutschland e.V. (BID)
www.bideutschland.de
Datenbank-Infosystem
www.bibliothek.uni-regensburg.de/dbinfo/
Deutsche Bibliotheksstatistik (DBS)
www.bibliotheksstatistik.de
Deutsche Forschungsgemeinschaft – Wissenschaftliche Literaturversorgungs- und Informationssysteme
www.dfg.de/lis
Deutsche Gesellschaft für Informationswissenschaft und Informationspraxis
www.dgi-info.de
Deutsche Internet-Bibliothek (DIB)
www.internetbibliothek.de
Deutsche Nationalbibliothek
www.ddb.de
Deutscher Bibliotheksverband
www.bibliotheksverband.de
Deutscher Bildungsserver
www.bildungsserver.de
DigiAuskunft
www.hbz-nrw.de/angebote/digiauskunft/Digitale Bibliothek
www.digibib.net
ekz-Bibliotheksservice GmbH
www.ekz.de
Elektronische Zeitschriftenbibliothek
www.bibliothek.uni-regensburg.de/ezeit

Fachstellen-Server
www.fachstellen.de
Fortbildungsportal für Bibliothek und Information der HAW
www.wissenbringtweiter.de
Gemeinsamer Bibliotheksverbund (GBV)
www.gbv.de
Goethe-Institut
www.goethe.de
Hessisches Bibliotheksinformationssystem
www.hebis.de
Hochschulbibliothekszentrum NRW
www.hbz-nrw.de
ID2010 (Informationsgesellschaft Deutschland 2010)
www.bmwi.de/BMWi/Navigation/Technologie-und-Innovation/informationsgesellschaft,did=6090.html
IFLA-Nationalkommitee Deutschland
www.ifla-deutschland.de
InfoDesk
titan.bsz-bw.de/cms/entwickl/virtausk
Karlsruher Virtueller Katalog (KVK)
www.ubka.uni-karlsruhe.de/kvk.html
Kirchlicher Verbundkatalog (KIVK)
www.kivk.de
Kompetenznetzwerk für Bibliotheken (KNB)
www.bibliotheksportal.de
Kooperativer Bibliotheksverbund Berlin-Brandenburg
www.kobv.de
Sammlung Deutscher Drucke
www.ag-sdd.de
Staatsbibliothek zu Berlin PK
www.sbb.spk-berlin.de
subito
www.subito-doc.de
Vascoda
www.vascoda.de
Verband der Bibliotheken des Landes NRW
www.vbnw.de
Verein Deutscher Bibliothekare (VDB)
www.vdb-online.org
Virtuelle Deutsche Landesbibliographie
www.landesbibliographie.de
Zeitschriftendatenbank (ZDB)
www.zeitschriftendatenbank.de

Sachregister (Namen, Institutionen, Abkürzungen